GÜTERSLOHER VERLAGSHAUS
DIE VISION EINER NEUEN WELT

Claudia Christ
Ferdinand Mitterlehner

No Bullshit

Mutiger Mann sein

GÜTERSDIE
LOHERVISION
VERLAGSEINER
HAUSNEUENWELT

INHALT

1 VERLETZT

1.0. Einleitung

Ein dickes Lob an alle Männer: Mit dem verinnerlichten Glaubenssatz »man(n) muss alles ganz alleine hinbekommen« sind Männer wirklich erfindungsreich geworden, selbst schwierigste Situationen zu meistern.
»Männer weinen heimlich« – die prägnante Textzeile aus Herbert Grönemeyers Song »Männer« bringt es auf den Punkt. Unaussprechliche oder unangenehme Gefühle werden von Männern gerne ignoriert oder aus Hilflosigkeit völlig banalisiert oder knapp und bündig verbalisiert. Das ist doch Bullshit. »Alles chic« war die kurze WhatsApp-Antwort aus dem männlichen Bekanntenkreis auf eine sehr kritische familiäre Situation. »Männer haben auch Gefühle außer Hunger und Durst« war der versteckte Hinweis in einer Mail auf eine erlebte Kränkung.

Dieses erste Kapitel **Verletzt** macht Männern Mut, bei körperlichen und seelischen Verletzungen gut für sich zu sorgen und diese Wunden nicht mit einer lockeren Handbewegung abzutun. Mit dem eigenen Auto gehen viele Männer besser um als mit dem eigenen Körper und der Seele. Der BMW, VW, Mercedes etc. wird rechtzeitig betankt, gewaschen und poliert, das Check-Heft gepflegt und der Reifendruck kontrolliert. Auch so manche liebevolle Streicheleinheit erhält die Karosse. Die Identifikation mit dem fahrbaren Untersatz geht so weit, dass der stolze Besitzer den Parkplatz mit »ICH stehe da drüben« anzeigt.
Manche Männer haben im Auto ihren einzigen Rückzugsort, ein Faradaykäfig, der von äußeren Einflüssen abgeschirmt ist. Heftige Emotionen kann Mann mit der Tachonadel am Anschlag auf die Straße bringen und Ungerechtigkeiten mit

Hupkonzerten und wilden Anschuldigungen oder Drohgebärden kommentieren. Wir sagen dazu Bullshit. Mit der eigenen Gesundheit gehen Männer in der Regel nicht so pfleglich um, sondern sie gehen davon aus, dass diese auch ohne Fürsorge und Checkup 80 Jahre funktioniert. Das ist ein Trugschluss. Auch kleinere oder größere Schrammen werden lieber übersehen, verdrängt oder bagatellisiert, obwohl Körper und Seele schon deutliche Signale senden und die Energielampe auf Rot steht. Warum ist das so? Das Auto bekommt alles, die Gesundheit nichts.
Wegschauen gilt nicht: Es geht um Ihre Gesundheit und für ganz Mutige gibt es genug praktische Tipps, morgen auch direkt etwas zu verändern.

Dazu passend erreichte mich die Mail eines Freundes: »Ich habe mir eine Waage mit Körperfettmessung im Zweipunktsystem gekauft. Gewichtstechnisch bin ich mit 74kg zufrieden, aber im Bauchbereich dürften es einige Kilo weniger sein. Das bedeutet, ich sollte mal wieder etwas Bewegung einschieben, Ernährung auf reines Fleisch umstellen und weniger Brot, oder beides? Was würde Frau Doktor empfehlen?«
Die wichtigsten Punkte rund um die körperliche Gesundheit sind im **Kapitel 1.1. »Verwundet – Mit dem Körper fürsorglich umgehen«** benannt. Sie werden sicher einige »Roststellen« bei sich entdecken, die einer Ausbesserung bedürfen. Seien Sie mutig, nicht nur für Ihr Auto, sondern auch für sich selbst eine bessere Vorsorge zu organisieren. Und Oldtimer wollen auch besonders gehätschelt werden, denn Ersatzteile sind echte Mangelware.
Das **Kapitel 1.2.** nimmt das Thema **»Verpennt – Schlafstörungen und andere Symptome«** unter die Lupe. Die meisten Macken fangen ganz klein an und werden im Laufe der Zeit immer größer. Frühwarnsignale, dass hier etwas nicht stimmt, werden leider zu oft abgetan mit »das wird

schon wieder«, »ich sollte ja mal zum Arzt gehen, aber ...« Diese Ignoranz ist Bullshit. Insbesondere Schlafstörungen sind erste Anzeichen, dass der Körper und die Seele einfach nicht rundlaufen. Nehmen Sie das nicht auf die leichte Schulter, sondern ändern Sie etwas. Es muss wirklich nicht der Herzinfarkt oder der Bandscheibenvorfall sein, welche Sie zu einem abrupten Bremsmanöver im hektischen Leben zwingen. Wenn der Motor stottert, lassen Sie doch auch Ihr Auto in der Werkstatt überprüfen oder warten Sie ab, bis es auf der Autobahn liegen bleibt?
Ein sehr wichtiges und häufiges Phänomen in unserer Leistungsgesellschaft, die alles optimiert, funktionalisiert und profitabel macht, ist **Kapitel 1.3. Verbrannt – Burnout vorbeugen.** Besonders Männer sind häufig davon betroffen, da Vollerwerbstätigkeit plus Familie häufig mit chronischer Überforderung, ständiger Stressbelastung und inneren Sorgen verknüpft ist. Die eigenen Reserven werden bis zum Ende ausgeschöpft und leider nicht aufgeladen. Irgendwann geht dann gar nichts mehr. Richtig erahnt, keine Reserven zu haben ist Bullshit. Auch da ist es mutig, erste Warnzeichen, die blinkenden Kontrolllampen wie z.B. erhöhte Gereiztheit und Aggressivität oder das Gefühl der Energielosigkeit, wahrzunehmen und sich im Alltag zu entlasten. Wir wissen, dass Männer viele Argumente und Ausreden parat haben, im Hamsterrad weiter zu rennen wie bisher. »Nur noch das eine Projekt mache ich fertig ...«, »Wenn ich den LKW nicht durch die Nacht fahre, dann komme ich zu spät mit der Ladung« etc. Das ist Bullshit. Wer da nicht aufpasst, landet dann drei Jahre später in einer Erschöpfungsdepression und braucht lange Erholungszeiten.
Mit dem **Kapitel 1.4. Versucht – Irrwege der Abhängigkeit** sprechen wir ein wichtiges Thema der Männergesundheit an. Wie schnell ist aus einem Bier oder Glas Wein das zweite oder dritte geworden. Irgendwann werden Nikotin oder Alkohol zur Gewohnheit und Mann hat einfach nicht mehr die

Kontrolle. Wir stehen heutzutage einer Flut von schnellen »Ersatzglücksstoffen« (Alkohol, Nikotin, Hasch etc.) oder »Ersatzglückshandlungen« (Fernsehen, Internetgebrauch, Spielhallen, Frustkäufe, sexuelle Fantasien etc.) gegenüber. Immer griffbereit können diese Frustgefühle oder Unwohlsein schnell in gute Laune verwandeln. Nur das tolle Gefühl hält nicht lange an, die Schulden oder der körperliche Schaden schon.

In jedem Leben gibt es Höhen und Tiefen, Freude und Frust. Kennt ja auch jeder Mann. Aber wirklich eine Niederlage einstecken zu müssen, ist schon schwere Kost, die mit aller Wucht auf das Selbstwertgefühl geht. Im letzten Unterkapitel **Kapitel 1.5. Victory – Sieg und Niederlagen begegnen** zeigen wir Wege auf, die uns nach einer gescheiterten Mission wieder zum Leben erwecken, Hoffnung geben und die Kompetenzen wieder in das richtige Licht rücken. Im Sport ist es häufig zu sehen, wie Niederlagen verkraftet werden müssen. Der Lohn ist ein persönliches Wachstum und mehr Gelassenheit.

Im Kapitel »Verletzt« werden Männer aufgerüttelt, sich gut um ihre körperliche und seelische Gesundheit zu kümmern. Kleine Signale sollten als »gesundheitliche Seismografen« verstanden und wahrgenommen werden. Ziel ist es ja, dass möglichst nichts in die Brüche geht. Viele Ausreden, warum Mann keine Zeit hat etc. etc., sind einfach Bullshit.

Wir wollen Sie als Männer ermuntern, sich neugierig Ihrer emotionalen und verletzbaren Seite zu stellen, rechtzeitig Hilfe anzunehmen und schneller die Weichen in Richtung Wohlbefinden und guter Lebensbalance zu stellen.

Zahlen, Daten, Fakten und mutiger Mann sein

Damit wir noch besser überzeugen können, wird bei jedem Kapitel des Buches die **Rubrik »Zahlen, Daten und Fakten«** auftauchen, damit jede Ausrede im Keim erstickt werden

kann. Wir wollen klare Fakten schaffen – No Bullshit. Und immer wenn wir Männer bei Ablenkungsmanövern »ertappen«, werden sie mit einem No Bullshit-Kommentar aufgerüttelt. Verstecken gilt nicht. Männer, die sich auf Entdeckungsreise wagen, werden Neues entdecken.
In der **Rubrik »Mutiger Mann sein«** sind viele Lösungsansätze und »Mutmacher« aufgelistet, um doch die Komfortzone zu verlassen und Dinge zu verändern.

1.1. Verwundet – Mit dem Körper fürsorglich umgehen

Ein Stich ins Wespennest, denn fürsorglich mit dem Körper umzugehen, ist für das starke Geschlecht leider mehr ein Fremdwort als ein alltägliches Vorgehen. Die Männer tun sich mit der Erhaltung ihrer Gesundheit schwerer als die Frauen, und wir möchten diesem Sachverhalt gerne nachgehen.
Gesundheit ist nach der Weltgesundheitsorganisation (WHO) nicht »die Abwesenheit von Krankheit, sondern das körperliche, seelische und geistige Wohlbefinden, dort wo wir leben, spielen und arbeiten. Gesundheit ist kein statischer Zustand, sondern muss jeden Tag wieder neu hergestellt werden.«
In dieser Aussage steckt alles Wesentliche drin. Es geht um das eigene Wohlbefinden, um Fürsorglichkeit, um Achtsamkeit mit sich – an jedem Tag und in allen Facetten des Lebens. Diese Worte scheinen aber bei den Männern mit »soft skills«, Duftkerzen oder »Gefühlskram« verbunden zu sein, also wirklich nichts für starke Typen. Das ist eher peinlich. Dies lässt sich auch durch jahrelange Beobachtung im Fitnessstudio erhärten, wo die Kurse für Pilates, Aerobic, Muscle Fire und Yoga überwiegend von Frauen besucht werden. Allenfalls die Kraftgeräte und noch mehr der Krafttraining-Bereich lassen Männermuskeln schwellen und damit auch den Selbstwert. Aber dann auch bitte nicht das kleine Gewicht draufgepackt, sondern das große. Immerhin

hat sich in dem Body-Krafttraining-Bereich das »Tandem Training« durchgesetzt, ganz im Sinne der Blutsbrüderschaft von Winnetou und Old Shatterhand. »Gemeinsam seid ihr stärker als zwei einzelne Krieger!« Finden wir gut.

Coole Sprüche – coole Ausstattung

Beim Lauftraining oder anderen Ausdauersportarten ist es ähnlich. Zunächst werden die Pulsuhren mit möglichst viel Tamtam auf Vordermann gebracht und gestartet. Das neueste Modell soll ja auch Beachtung finden. Es werden nebenbei Informationen über die besten Trainingspläne ausgetauscht und wie viel Strecke in welcher Geschwindigkeit heute zu absolvieren ist. Und dann fällt der innere Startschuss und los geht's. Achtsamkeit für den eigenen Körper ist dabei nicht angesagt. Laufen bis der Puls rast, der Muskel schmerzt, die Bänder gezerrt und das Knie irgendwann knirscht. Kleine Wehwehchen kann man allerdings noch eine Zeit lang mit Schmerzmitteln, Bandagen und Physiotherapie kurieren. Auch wilde Ernährungstipps machen unter Männern die Runde, wie man mit Eiweiß, Energieriegeln, Basenpulver oder magerem Fleisch am Abend den Leistungsstand verbessern kann. Informiert sind die Männer schon und das gesetzte Ziel liegt häufig am oberen Ende. Als aktuelles Beispiel zu diesem Thema ist der Trainings-Wochenplan von Raimund hier abgedruckt, der vorsorglich zur Information per Mail an die mitreisenden Mallorca-Radfahrer verschickt wurde. Dazu schrieb Raimund auffallend viele Zeilen mit Maximalwörtern (markiert);
»Da ich mich schon für Ende April in ein weiteres **Top-Ereignis** eingebucht habe, habe ich für Malle einen Trainingsplan erstellt, den ich euch in der Anlage beifüge. Hier findet die Grundlagenausdauer genügend Platz. Demnach wird es **sehr sehr viele Runden** durch die Gärten geben – ohne viel Autoverkehr. Daneben tummle ich mich an den Tagen 2 + 3 **im langen Ost-West-Tal** zwischen Pollenca und dem **Anstieg**

zum Berg Richtung Kloster Lluc, um **erste Intervalle** zu fahren. An Tag 4 soll es 3-mal auf den **ersten Berg** Richtung Cap Formentor gehen. An Tag 7 dasselbe nochmals, aber **mit mehr Tempo.**«

No Bullshit – da meint es einer ernst: Sport, Sport und nochmal Sport – aber hat so eine Reise nicht auch einen sozialen Aspekt? Geht es nicht darum, in der Gruppe aktiv zu sein, Erlebnisse zu teilen?

Vor zwei Wochen wurde ich Teilnehmer einer typischen Szene in der Sauna. Ich landete zufällig am Freitagabend in der Aufguss-Sauna, die in unserem Studio ca. vierteljährlich stattfindet. Torsten, der »Saunameister«, schwenkte mit einer riesigen Borussia-Dortmund-Fahne (die könnte je nach Vorliebe auch anders aussehen) heiße Luft durch die Reihen, während sich die Männer Slibowitz aus Plastikbechern einverleibten. Dazu der Spruch »Ey Torsten, mach doch hier keine Kindersauna«, wobei alle schon fast am Kollabieren waren und die Augen vor Menthol-Eisminze brannten. Coole Sprüche und das maximale Rausholen ist hier die Devise.

Gesundheit als Lebensmaxime

Es gibt aber auch die andere Fraktion von Männern, die ihre Gesundheit mit allen zur Verfügung stehenden Mitteln optimieren. Messgeräte gibt es ja dafür genug am Markt, wie z.B. Schrittzähler, Pulsmesser mit Kalorienverbrauch, Höhenmetern, Kilometerzähler, Radcomputer, Tauchcomputer, Navigationsinstrumente usw. usw. – allein mit dieser Aufzählung könnten wir Seiten füllen. Es gibt keine Sportart, die nicht vermessen werden kann und wo Zahlen einem sagen, wie es mir geht. Der Kühlschrank gibt Meldung, wenn sich zu wenig Gemüse und Obst in den auf 10 Grad temperierten Fächern befindet, und der professionelle Smoothie-Mixer steht natürlich neben dem Profi-Kaffeevollautomaten – Preis nach oben offen. Wichtig ist dabei noch, den Weber-Grill nicht unerwähnt zu lassen – für das Kobe-Rind oder das Grillgemüse am Samstagabend. Der Weber-Grill scheint das Lagerfeuer des modernen Mannes zu sein. In diesen Kreisen ist auch vegan und Yoga erlaubt inklusive der japanische Tee-Zeremonie im Wellnesshotel, dient diese Haltung doch der vollkommenen Gesundheit und dem Stopp des Alterungsprozesses. No Bullshit – Bei vielen Männern geht es oft um »ganz oder gar nicht«. Ist dieser Pseudo-Perfektionismus wirklich sinnvoll?

Couchpotato

Eine weitere Gruppe von Männern scheint die Gesundheit vergessen zu haben. Da werden ohne nachzudenken alle industriellen Supermarktprodukte mit viel Salz, Fett, Zucker und Konservierungsstoffen in sich hineingeschaufelt, bis der Bauch anschwillt und der Blutzuckerwert in die Höhe schnellt. Vervollständigen kann man diesen Raubbau noch durch das Weglassen jeglicher Bewegung und dem Konsum von Alkohol und Nikotin. Beim heimatlichen Sofaschmaus neben dem Flachbildschirm und dem 24-Stunden-TV-Programm runden Chips, Cola, Käse, Erdnüsse und andere hochkalorischen Leckereien wahrscheinlich folgendes Gefühl ab: »Das hab ich voll verdient; jetzt ist Feierabend.« Immerhin werden zwischendurch die Kurznachrichten und der Sportsender angeklickt. »WIR haben die Italiener/Spanier/ Argentinier etc. heute richtig fertiggemacht; 3:1«. WIR sind ja so sportlich.

Volle Pulle

Die Achtsamkeit für die eigene Gesundheit ist bei männlichen Jugendlichen auch noch in der Findungsphase. Eine Szene aus einer ICE-Fahrt von Berlin nach Frankfurt ist nachhaltig im Kopf geblieben. Im Großraumabteil saßen Samstagabend ca. 50 Fahrgäste den üblichen Bahnaktivitäten nachgehend, wie z.B. Filme schauen, Musik hören (beides mit und ohne Kopfhörer), lautstark per Handy die zweiminütige Verspätung ankündigen, den Döner/das Käsebaguette/die Gummibärchen mampfen, Zeitschriften blättern oder konzentriert arbeiten. In Göttingen enterte eine alkoholisierte Gruppe männlicher Jugendlicher laut grölend den Waggon. Der Schaffner verschwand und nach einer Weile auch alle 50 Mitreisenden. Eine wahre Völkerwanderung machte sich mit Sack und Pack auf den Weg, einen freien Platz im nächsten Waggon zu suchen. No Bullshit – das ist nicht normal. Der Anteil der Jugendlichen, die bereits Alkohol konsumiert haben, steigt mit zunehmendem Alter rasch an. Das Rauschtrinken spielt vor allem ab dem 14. Lebensjahr eine Rolle, bei 17-jährigen männlichen Jugendlichen zu 40 Prozent.

Diese Szenen sollen den männlichen Umgang mit dem Thema »fürsorglicher mit sich umgehen« aufgreifen und zum Nachdenken anregen. Es geht nicht darum, mit dem erhobenen Zeigefinger daherzukommen, sondern darum, den Männern einen Spiegel vorzuhalten, um manches eingeschliffene Verhalten zu ändern. Es lohnt sich.

1.1.1. Zahlen, Daten, Fakten – Männer achtet auf eure Gesundheit!

Zum Nachdenken:

- Männer leben fünfeinhalb Jahre kürzer als Frauen
- gehen seltener zum Arzt
- arbeiten mehr und gefährlicher als Frauen
- folgen immer noch dem eingeimpften »harten« Männlichkeitsbild
- konsumieren mehr Drogen, sind in mehr Unfälle verwickelt, verüben öfter Suizide und sind sowohl Täter als auch häufiger Opfer von Gewalt

Lebenserwartung

Fünfeinhalb Jahre weniger Lebenszeit – das ist doch eine Schreckensbotschaft! Warum ist das so? Zum einen sind die Gesundheitsrisiken der von Männern ausgeführten Tätigkeiten (schwere und gefährliche körperliche Arbeit) höher, zum anderen sind die Lebensarbeitszeiten deutlich länger als die der Frauen. Die Kombination »Familie und Beruf« ist erstaunlicherweise gesundheitsförderlich. Ein weiterer Faktor ist das »eingeimpfte Männlichkeitsleitbild« von hart, schmerzunempfindlich, hohe Leistungsbereitschaft und erfolgreich. Zu schnell werden kleine körperliche Warnsignale wie Schlafstörungen oder Magen-Darm-Beschwerden übersprungen und weitergemacht. Jungen spielen gefährlicher, Pubertierende verhalten sich risikoreicher (Drogen, Unfälle, Suizide) und fügen sich gegenseitig mehr Verletzungen zu.

Gesundheit und gesundheitliche Lage von Männern

- hohe Gesundheitsrisiken durch Rauchen, Fehlernährung, Bewegungsmangel und Alkohol
- weniger Vorsorgeuntersuchungen (z.B. Hodenkrebs) und Arztbesuche durch Männer
- Gesundheitsangebote sind weniger auf Männer ausgerichtet und Öffnungszeiten mit deren Arbeitszeiten häufig nicht vereinbar
- sozialer Status und ein soziales Netzwerk fördern die Gesundheit

Die gesundheitliche Lage der Männer ist leider schlechter als die der Frauen, was durch Gesundheitsrisiken wie Rauchen, Fehlernährung, Bewegungsmangel oder Alkohol bedingt ist. Des Weiteren steigt die Rate der Krebserkrankungen bei Männern im stärkeren Maß an. No Bullshit Männer – geht rechtzeitig zum Arzt und nutzt die Vorsorge. Neben dem Verhalten der Männer müssen auch die Angebote im Gesundheitssystem angeschaut werden, die insgesamt we-

niger auf die Bedürfnisse der Männer ausgerichtet sind. Seit 1900 und verstärkt seit 1975 werden dabei mehr die Frauen in den Fokus genommen (Brustkrebsscreening, Angebote rund um die Geburt, Sexualberatungsstellen, Hautkrebs). Erst seit wenigen Jahren gibt es auch ein Männergesundheitsportal der Bundeszentrale für gesundheitliche Aufklärung (BZgA). Für die Männer ist es schwieriger, Gesundheitsangebote wahrzunehmen, da die Öffnungszeiten mit den Arbeitszeiten von Männern häufig nicht vereinbar sind (94 Prozent der berufstätigen Männer arbeiten ganztags, 85 Prozent aller Teilzeitbeschäftigten sind Frauen).
Es wird selten erwähnt, aber die überwiegende Anzahl der Mitarbeiter des Gesundheitswesens ist weiblich (Pflegepersonal, medizinisch-technische Berufe, Arzthelferinnen, Hebammen, Beratungsstellenmitarbeiter, Hausärzte), sodass vielleicht auch manchmal der Blick auf die Männer verloren geht.

Gesundheitsbezogene Lebensqualität und gesunde Lebenserwartung

Lebensqualität (siehe WHO Definition Gesundheit) schließt physische, psychische und soziale Dimensionen mit ein. Studien zeigen, dass der soziale Status und die Einbettung in ein soziales reales Netzwerk (Freunde, Familie) die Gesundheit der Männer stärkt.

Jungengesundheit

- »äußere Umstände« wie Unfälle, Suizide, Transportmittelunfälle sind bei 2/3 der jungen Männer der Grund für eine hohe Sterblichkeit
- erhöhte vorsätzliche Selbstschädigung (riskantes Verhalten im Verkehr, Aggressionen, Aggressionen gegen sich, Depressionen, Suizid)
- niedriger sozialer Status führt mehr zu einem riskanten Verhalten (Rauchen, Essen, Fernsehkonsum, Gewalt)

Mit zwei Drittel (66 Prozent) der Fälle sind »äußere Umstände«, wie Unfälle und Suizide, mit großem Abstand der häufigste Grund, weshalb Jungen, männliche Jugendliche und junge Männer sterben. Auffällig ist, dass dreimal mehr Jungen als Mädchen durch Transportmittelunfälle sterben, und je älter Jungen und junge Männer werden, desto höher steigt auch die Todesursache »vorsätzliche Selbstbeschädigung«. Die im Geschlechtervergleich mehr als doppelt so hohe Zahl der gestorbenen Jungen zwischen 15 und 20 Jahren lässt sich auf Männlichkeitserwartungen (riskantes Verhalten im Verkehr bzw. Verkehrsunfälle) und nicht erreichte Männlichkeitsideale (Aggression gegen sich selbst, Depression, Suizid) zurückführen. Jungen mit einem niedrigen Existenz- und Bildungsstatus verhalten sich insgesamt deutlich riskanter in Bezug auf ihre Gesundheit (Rauchen, Fernsehkonsum, problematisches Essverhalten, Gewalt) als Jungen mit einem höheren Status.

Gesundheit um die Lebensmitte und im Alter

- In der Lebensmitte kommt es zu körperlichen, hormonellen und psychischen Veränderungen
- wichtige Lebensthemen stehen auf dem Prüfstein: das eigene Männlichkeitskonzept, die Partnerschaft, die berufliche Entwicklung, die eigene Vergänglichkeit, die neue Rolle als Opa

Bei Männern um das 50. Lebensjahr kann es in vielen Bereichen zur Destabilisierung kommen. An der Midlife-Crisis ist also wirklich etwas dran. Manche Lebensveränderungen werden als »kritische Ereignisse« erlebt und mit körperlichen und psychischen Reaktionen beantwortet. Neuanpassungen oder Verleugnungen dieser Erlebnisse sind im Rahmen von individuellen Verarbeitungsprozessen spürbar.

- Wahrnehmung körperlicher Veränderungen, einer eingeschränkten Leistungsfähigkeit und Sexualität
- Beeinträchtigung des bisherigen »perfekten« Männerkonzepts
- Kinder sind aus dem Haus
- Veränderte Wahrnehmung der eigenen Partnerschaft
- Erhöhtes Trennungsrisiko und mögliche neue Beziehungsaufnahme mit einer jüngeren Frau mit Kinderwunsch (»späte Väter«)
- Stagnation der beruflichen Entwicklung
- Konfrontation mit chronischen Erkrankungen
- Konfrontation mit dem Tod eigener Eltern oder Gleichaltriger
- Konfrontation mit der neuen Rolle als »Opa«

Auch hormonelle Veränderungen, insbesondere der sinkende Testosteronspiegel, spielen bei dem fortschreitenden Alterungsprozess eine große Rolle mit körperlichen, psychischen und funktionalen Veränderungen (Reduktion der Muskel- und Knochenmasse; Abnahme der Erektionsqualität; Müdigkeit, depressive Verstimmung, Reizbarkeit). In dieser Zeitspanne erleben wir mehr Fragen nach dem Sinn im Leben und dem Wunsch, nützlich zu sein und Erfahrungen weiterzugeben.

Das Konzept »Starker Mann«

Nein, es ist nicht alles in Ordnung mit der Gesundheit der Jungen und Männer. Ein verinnerlichtes »starkes und perfektes Männerkonzept« führt zu einem »wilden Treiben« in der Pubertät und zu Bagatellisierung, Übergesundheit oder völliger Vernachlässigung im Erwachsenenalter. Da »James Bond 007« auch nicht »altersschwach« werden darf, beginnt besonders um das 50. Lebensjahr ein erneutes Aufkeimen und Beweisen des »Immer-noch-starken« Männerbildes. Da tun sich doch einige Irrwege auf. No

Bullshit – unerreichbaren Leistungsbildern nachzujagen kostet einen hohen Preis.

Der Mann als Opfer von Gewalt

Ein Thema, welches vielfach verschwiegen wird und bei Männern extreme Schamgefühle hervorruft, ist der psychische, körperliche, sexuelle und institutionelle Missbrauch von Männern. Die Dunkelziffer ist hoch, da Männer diese Erlebnisse meist jahrelang für sich behalten und es wenige Stellen gibt, an die sie sich wenden können. Die »Scham der Unmännlichkeit«, sich nicht gewehrt zu haben, lässt Männer schweigen. Mittlerweile gibt es Gewaltschutzwohnungen für Männer und aufklärende Internetseiten wie *www.gib-dich-nicht-geschlagen.de* sowie einige Männerberatungsstellen. Männer haben Angst, sich mit ihrer Offenbarung lächerlich zu machen und nicht ernst genommen zu werden. Der »geschlagene« Mann ist immer noch ein Tabu unserer Gesellschaft.

Die statistische Datenlage ist sehr schwach, da es noch wenige Erhebungen zu diesem Thema gibt. Das Bundesministerium für Familie, Senioren, Frauen und Jugend (Die Männer sind da nicht erwähnt in diesem Ministerium) gab 2004 eine größere Pilotstudie zum Thema »Gewalt gegen Männer« in Auftrag.

- *Psychische Gewalt:* Drei von fünf Männern geben an, in ihrer Kindheit und Jugend schikaniert, schwer beleidigt, eingeschüchtert oder gedemütigt worden zu sein; zwei von fünf Männern berichten, dass sie von Älteren oder Erwachsenen über Dinge informiert wurden, die sie belasteten und sie niemandem weitererzählen sollten; jeder achte Mann ist als Kind oder Jugendlicher erpresst oder zu etwas gezwungen worden
- *Sexualisierte Gewalt*: betrifft ca. jeden zwölften Mann (von unangenehmen Berührungen bis zum jahrelangen Missbrauch)

- *Körperliche Gewalt:* Jeder zehnte Mann gibt Androhung von Gewalt oder wütendes Wegschubsen in der Öffentlichkeit an; drei bis fünf Prozent berichten über heftige Bedrohung auch mit Waffen und treten, stoßen, schlagen; ein Prozent berichten, verprügelt oder zusammengeschlagen worden zu sein; Eine Studie aus dem Jahr 2014 in sechs europäischen Städten kam zu dem Ergebnis, dass 3,5 Prozent der Frauen angaben, im Jahr zuvor Opfer eines körperlichen Angriffs geworden zu sein, 4,1 Prozent der Männer
- *Arbeit:* etwa jeder achte Mann ist von Vorgesetzten oder Kollegen/-innen schwer beleidigt, eingeschüchtert oder aggressiv angeschrien worden; jeder elfte Mann hat Verleumdungen erlebt oder Hänseleien und Abwertungen
- *Häusliche Gewalt:* jedem vierten Mann widerfuhr einmal oder mehrmals mindestens ein Akt körperlicher Gewalt durch die aktuelle oder letzte Partnerin; fünf bis zehn Prozent berichten von »leicht geohrfeigt«, »gebissen und gekratzt«, »schmerzhaft getreten, gestoßen«, »durch Gegenstände verletzt. Psychische häusliche Gewalt erfolgt in Form von Eifersucht, Kontrolle, Bestimmung, soziale Isolierung; laut BKA waren 2012 ca. 20.000 Männer Opfer von häuslicher Gewalt, die angezeigt wurde, 2015 waren es ca. 23.200

Widerfahrene Gewalt hat Einfluss auf Körper und Seele

In unserer Akademie erleben wir nach außen toll funktionierende Männer, die sich nach gefasstem Vertrauen verschiedene Formen von Gewalterlebnissen von der Seele reden. Erlebte Gewalt macht nicht gesund und führt in vielen Fällen zu einer »Opfer-Täter-Umkehr« aus einer ohnmächtigen Wut und Hilflosigkeit heraus. Im Sinne der seelischen, körperlichen und sozialen Gesundheitsidee möchten wir Männer dazu ermutigen, sich rascher zu offenbaren, um die Kette von widerfahrener Gewalt zu unterbrechen. No Bullshit: Formen von Gewalt sind Grenzüberschreitungen, die nicht zu tolerieren sind

Szenen

Zuckerschwankungen verbergen Gewalt

Hinter einer schwer einzustellenden Zuckerkrankheit oder einem schwankenden Bluthochdruck steckten dann bei einem 51-jährigen Mann heftige kindliche Gewalterfahrungen. Er war von seinem Hausarzt an uns überwiesen worden, der sich Sorgen um den Patienten machte. Allein schon das Erleben, Unaussprechliches doch mit einer Vertrauensperson geteilt zu haben, kann innere Spannungen lösen und damit günstige Einflüsse auf die Gesundheit haben. Sowohl der Zucker als auch der Blutdruck waren nach einiger Zeit im Normbereich.

Ängste, entdeckt zu werden, steigern den Blutdruck

Ein 58-jähriger Meister in einem Betrieb (seit fast 30 Jahren dort angestellt und geschätzt) mit einer koronaren Herzerkrankung konnte erstmalig in seinem Leben berichten, dass er nicht lesen und schreiben kann. »Ich habe mich immer bisher irgendwie durchmogeln können und Ausreden gefunden und mir alles so gemerkt. Jetzt mit den ganzen Computern komme ich in Schwierigkeiten und habe ständig Angst.« In der Schulzeit wurde er wegen seiner Lese-Rechtschreib-Schwäche zum einen extrem gehänselt, zum anderen von den psychisch kranken Eltern nicht unterstützt. Selbst seine beiden Söhne und der Arbeitgeber hatten keine Ahnung von dem »Lesedoppelleben« ihres Vaters. Unter der inneren Anspannung »entdeckt zu werden« litt natürlich sein Blutdruck und sein Sozialverhalten.

Der psychischen Gewalt zu trotzen, kostet Energie

Die psychisch zerstörerische Kraft der eigenen Mutter, die sich im Rollenmissbrauch »sei du mir der bessere Ehemann, dein Vater ist der letzte« und abwechselndem Liebesentzug äußerte, beantwortete ein 49-jähriger Akademiker zum einen mit einer »familiären Trotzburg« (sehr frühe Heirat und fünf eigene Kinder) und einer steilen Karriere. Dies war nur mit einer enormen Energieleistung zu schaffen, die letztlich in die Depression und erst durch therapeutische Begleitung wieder herausführte.

Aus Hilflosigkeit wird Robin Hood

Die erlebte Hilflosigkeit seinem häufig alkoholisieren Vater gegenüber versuchte ein 32-jähriger Bankangestellter, durch extreme Beschützerinstinkte für die Mutter und die Schwester in der aktiven Form zu kaschieren. Für die beiden »Schutzbefohlenen« war er der »starke Mann«. Dieses »Robin-Hood-Prinzip« wiederholte sich dann in seiner Beziehung, in dem er aus Mitleid motiviert mit einer Frau aus einem gewalttätigen Elternhaus zusammenzog. Diese Frau schikanierte ihn aber nach einiger Zeit, kontrollierte alle seine Anrufe, isolierte ihn von seinen Freunden und schlug bei heftigen Wutausbrüchen auf ihn ein. »Ich war immer schuld, konnte nichts dagegensetzen, fühlte mich wie Abfall und habe mich nicht gewehrt. Irgendwann hatte ich dann genug und bin erst mal zu einer Beratungsstelle. Ich habe viel Geld verloren, da meine Freundin mich immer gedrängt hat, teure Sachen zu kaufen. Es war ein Albtraum.«

Extreme machen stumm

Ein 85-jähriger Mann wird von seinem Urologen nach der Diagnose Prostatakrebs an uns verwiesen mit der Bitte um Begleitung bei seiner Erkrankung. Er erzählt zunächst sehr wenig von sich, aber umso mehr von seinen zwei großen Enkelkindern, die ihm viel Freude machen und für die er ein »richtiger Opa« sein konnte. »Mit denen habe ich immer gebastelt und Geschichtenabende am Kamin verbracht«, sind seine Erinnerungen. »Mit meinem Sohn konnte ich das nicht. Den habe ich immer angehalten eine gute Ausbildung zu machen. Leistung zählte.« Auf die Frage »Kennen Sie das, immer zu leisten?« antwortet er: »Ich musste doch, es gab ja nichts nach dem Krieg. Da hatte ich keine Zeit für Firlefanz, sondern habe versucht, die Familie zu ernähren. Und ich hatte lange mit meiner Beinverletzung zu tun. Zerlumpt und verwundet kam ich heim.« Danach wechselte er abrupt das Thema.

Wir nehmen bei älteren Menschen ein lebenslanges Schweigen über erlebte Extreme wahr, die niemals in der Familie ausgesprochen wurden. Das ist ja auch alles andere als einfach. Manchmal können wir als Therapeuten noch »Zeuge« werden von Kriegserlebnissen, die zwar lange zurückliegen, aber endlich mal ausgesprochen werden dürfen. Das kollektive Schweigen der »Kriegskinder« ist ein notwendiger »Schutzmantel« gewesen für unsere Großeltern und Eltern, aber mit Auswirkungen auf die nächsten Generationen.

Das Thema »Gewalt gegen Männer« ist nicht einfach, doch ist unser Anliegen in »No Bullshit« eben nicht mehr zu schweigen, sondern Mut zu machen, das Tabu aufzulockern. An dieser Stelle ist es wichtig, auch die verletzende Seite von Männern gegenüber Frauen in Form von sexualisierter, körperlicher oder ökonomischer Gewalt zu benennen.

Die Tabelle gibt einen Überblick über die »Orte« und die »Formen« der widerfahrenen Gewalt von Männern und Frauen.

	Psychische Gewalt	Körperliche Gewalt	Sexualisierte Gewalt	Institutionelle Gewalt
Familie Täter sind zu 50 Prozent Frauen und zu 50 Prozent Männer 40 Prozent der Frauen erleben körperliche, sexualisierte oder psychische Gewalt	Rollenmissbrauch Junge/Mädchen als Ersatzmann/-frau Libidinöse Besetzung des Jungen/des Mädchen Liebesentzug Psychisch kranke Eltern Alkoholmissbrauch der Eltern	Androhung von Gewalt Schläge Sadistische Handlungen	Unangenehme Berührungen Jahrelanger Missbrauch Deutlich mehr sexualisierte Gewalt an Frauen	
Öffentlichkeit/ Kindergarten/ Schule/ Ausbildung Freizeit 80 Prozent männliche Täter	Erpressung Zu etwas gezwungen werden Ausgrenzung Hänseln	Androhung von Gewalt Wegschubsen Ernsthafte Bedrohung Schlägereien		Kindergarten Schule auf Ämtern durch Gerichte
Arbeit 80 Prozent der Täter sind Männer	Einschüchterungen Verleumdungen Hänseleien, Lächerlich machen Mobbing			Arbeitgeber hat die Macht Entlassungsandrohung
Häusliche Gewalt ca. 23 Prozent der Männer und 25 Prozent der Frauen haben in ihrem Leben häusliche Gewalt erfahren	Soziale Isolierung Ökonomische Kontrollgewalt Eifersucht Soziale Kontrolle Einschüchterung und Abwertung Manipulation durch Mitleid Manipulation durch Kinder Stalking	Aggressives Verhalten Wegschubsen Ohrfeigen Kratzen/ Beißen Tritte Gegenstände schmeißen	Aufdrängung von sexuellen Bedürfnissen Erzwingung von sexuellen Handlungen	Jugendamt Gerichte Familiengerichte

Besondere Gewaltkontexte Gefängnis Krankenhaus Psychiatrie Heim Religiöse Gemeinschaften	Demütigung Herabwürdigung Kontrolle Manipulationen	Androhung von Gewalt Schläge	Alle Formen von sexuellem Missbrauch	Starke Ausübung von institutioneller Gewalt in diesen Einrichtungen
Kriegserlebnisse Wenig Männer können darüber reden	Erinnerung an Extremsituationen Erlebte Traumata Schwere Ängste Depressionen Posttraumatische Belastungsstörungen Schikane Unterdrückung	Schwere körperliche Verletzungen Permanente Ängste vor Verletzungen Eingesperrt sein Folter	Alle Formen von sexuellem Missbrauch	Stärkste Ausübung institutionalisierter Gewalt

Tabelle: Überblick – Formen von Gewalt an Männern und Frauen (Christ/Mitterlehner 2017)

Kurze Zusammenfassung

Gesundheit ist das seelische, körperliche, geistige und soziale Wohlbefinden, nicht das Protzen um mehr Hantelgewicht, das meiste Geld oder die Anzahl der gelesenen Bücher. Es geht vielmehr darum, sich selbst achtsam zu begegnen und Signale des Körpers und der Seele als Frühwarnsysteme zu verstehen. Da werden kostspielige Seismografen zur Warnung vor Erdbeben installiert, um sofort handeln zu können und Schäden zu verhindern, bei den Männern werden körperliche und seelische Frühwarnsignale allerdings noch zu häufig übersehen. Keiner geht gerne zum Arzt oder zum Therapeuten, aber das wäre angebracht, um wirkliche Schäden wie z.B. einen Herzinfarkt oder Depressionen zu verhindern.

Auch möchten wir Männer unbedingt ermutigen, die eigene Scham zu überwinden und sich bei Gewalterfahrungen sofort an geeignete Stellen zu wenden. Nur so kann das Thema enttabuisiert und können soziale Abstiege oder Traumafolgestörungen wie Ängste, Depressionen, Gewaltbereitschaft und Sucht verhindert werden.

1.1.2. Mutiger Mann sein – Signale wahrnehmen und handeln

Dieser 51-jährige Mann hat viele seelische und körperliche Signale wahrgenommen, die ihn in unsere Akademie geführt haben. Er braucht Hilfe dabei, etwas in seinem Leben zu ändern. Seine Lebenssituation beschreibt er in einem Selbstbericht sehr eindrücklich:

»Ich fühle mich häufig traurig über meine Lebenssituation und bin ausgepowert. Es gibt Zeiten (besonders wenn die Umsätze sehr schlecht sind), wo ich sehr nervös bin, ständig rumzappel und an meinen Fingernägeln (was ich schon seit meiner Kindheit tue) kaue. Ich gehe morgens um halb acht aus dem Haus, komme gegen 19.00 Uhr wieder heim, mache gerade mal zwei bis drei Wochen frei im Jahr, fahre nicht in den Urlaub, weil ich es mir mit fünf Personen nicht leisten kann, und sehe, wenn ich auf meine Steuererklärung schaue, keinen richtigen Erfolg. Habe manchmal über mehrere Tage Kopfschmerzen und schlafe schlecht, da ich meine Probleme nachts verarbeite. Sexuelle Probleme habe ich keine, da ja nichts mehr läuft ☺ (dreimal letztes Jahr, einmal dieses Jahr).«

Die richtige Lebensbalance finden

Ein leicht verständliches Modell, sich einen Überblick über die wichtigsten vier Lebenssäulen (Körper, Beruf, Kontakte, Werte) zu verschaffen, hat der iranische Arzt und Psychotherapeut Nossrat Peseschkian entwickelt. Auch der deutsche Philosoph, Theologe und Psychologe Hilarion Petzold beschrieb gleichartige Grundfesten. Klar strukturierte Modelle, die sich in unserer praktischen Arbeit mit Männern sehr gut bewährt haben.

Mit diesem »Kurz-TÜV« für Ihre Lebensbalance können Sie in wenigen Minuten eine Idee bekommen, in welche Lebensbereiche Sie viel Energie investieren und welche Lebensbereiche womöglich unterentwickelt sind. Je mehr Sie sich in einem guten Gleichgewicht befinden, umso weniger können Störfelder von außen Sie aus den Angeln heben.

Auch kann dieser »Kurz-TÜV« immer wieder im Jahr als Orientierung dienen, ob Sie sich noch auf dem Kurs des körperlichen, seelischen und geistigen Wohlbefindens bewegen oder der Eisberg schon vor Ihnen steht. Wie bei einem großen Dampfer müssen Kurskorrekturen rechtzeitig eingeleitet werden, um eben nicht mit Hochgeschwindigkeit gegen die Eisschollen zu krachen.

Das persönliche Balancemodell –
Ziel: Mehr Toleranz gegenüber Störungen

(nach Nossrat Peseschkian)

Körper und Leib
Einstellung zu sich selbst
Gesundheit, Krankheit, Ernährung,
Bewegung, Entspannung, Genießen
Sexualität, Bedürfnisse, Vorsorge

Werte und Normen
Beziehung zum Sinn
Hobbys, Musik, Kunst, Literatur,
Spiritualität, Kreativität, Vision

Leistung und Finanzen
Einstellung zur Disziplin
Beruf, Identität, finanzielle Sicherung
Organisation, Disziplin

Kontakte und Familie
Beziehung zu anderen
Gemeinsamkeit, Zeit für sich selbst
Sozialer Rückhalt, Familie, Freunde
Vereine, Kontaktaufnahme

Körper und Leib
Hinterfragen Sie ehrlich, wie Sie mit Ihrem eigenen Körper und Ihren eigenen Bedürfnissen umgehen. Sorgen Sie ausreichend für sich? Nehmen Sie Frühsignale Ihres Körpers und der Seele ernst? Was ist mit der Ernährung, dem Gewicht, dem Blutdruck, den Zuckerwerten? Wann waren Sie das letzte Mal bei einer Vorsorgeuntersuchung beim Hausarzt? Können Sie Momente auch genießen? Sind Sie zufrieden mit der Sexualität, mit Ihrem Geschlecht? Fühlen Sie sich in Ihrem Körper wohl? Welche körperlichen und seelischen Wünsche sind vielleicht offen oder nie ausgesprochen worden? Haben Sie Freude an Bewegung, körperlicher Anstrengung und Entspannung? Was bereitet Ihnen Stress? Welche Erkrankungen hatten Sie schon? Nehmen Sie Medikamente ein?

Leistung und Finanzen
Sind Sie zufrieden mit Ihrem Beruf? Welche Erfahrung konnten Sie schon sammeln? Welche Fähigkeiten haben Sie entwickelt? Wie sieht es mit Ihrer finanziellen Sicherheit aus? Fällt Ihnen Disziplin und Organisation leicht? Haben Sie Weiterbildungen besucht? Welchen beruflichen Werdegang haben Sie?

Kontakte und Familie
Wie gestalten Sie Beziehung zu anderen? Gehen Sie gerne in Kontakt und suchen das Gespräch? Sind Sie eher unsicher? Haben Sie Familie und Kinder? Wie sieht Ihre Lebensform aus? Auf wen können Sie sich verlassen? Wem vertrauen Sie sich an? Sind Sie schon enttäuscht worden? Haben Sie Erfahrungen mit Gruppen (Verein, Musik etc.)? Welche Rolle übernehmen Sie im Kontakt mit anderen (der Clown, der Helfer, der Nörgler, der Rebell, der Nichtsnutz, der Showmaster, der Lehrer, der Held)? Wer war Ihnen ein gutes Vorbild?

Werte und Normen
Welche Wertehaltung verfolgen Sie? Haben Sie sich schon Gedanken über existenzielle Themen gemacht (Krankheit, Tod, Geldsorgen, Niederlagen, Gewalt)? Haben Sie Interesse an Literatur, Kunst, Musik, Politik? Haben Sie Hobbys, die Sie gerne ausüben? Haben Sie Tiere? Sind Sie kreativ und probieren mal was aus? Wie wichtig ist Ihnen Geld und Vermögen? Wie/ Wo positionieren Sie sich im Bereich der Spiritualität? Was ist Ihre eigene Vision im Leben?

So könnte eine Tabelle aussehen, die Sie für sich ausfüllen.

Eigene Notizen	**Positiv**	**zu verbessern**
Körper und Leib		
Leistung und Finanzen		
Kontakte und Familie		
Werte und Normen		

Mutiger Mann sein heißt, sein eigenes Gesundheitsverhalten kritisch und wohlwollend zu überdenken und dauerhaft für eine gute Lebensbalance zu sorgen. Manche Männer neigen dazu, kurzfristige Extremmanöver nach dem Motto »zwei Jahre habe ich nichts gemacht und gestern am Fußballplatz da habe ich volle Pulle gegeben« zu starten. No Bullshit. Das führt allenfalls zu Verletzungen. »Ständig und beharrlich«, das ist in Punkto Gesundheit die Devise, klingt vielleicht nicht so sexy, dafür gibt es eine »Dauerbefriedigung«.
Mutiger Mann sein heißt, Zeit und Aufmerksamkeit in die Entwicklung des eigenen Körpergefühls zu investieren, statt technische Geräte für abstrakte Rückmeldungen zu programmieren.

1.2. Verpennt – Schlafstörungen und andere Symptome

Diese Mail eines 35-jährigen Mannes, selbstständig in der Automobilbranche, erreichte uns vor einigen Wochen. Sie ist im »Männerjargon« kurz und knapp formuliert:
»Irgendetwas stimmt glaub ich nicht mit mir – ☺ Schlaf weniger als 2 Stunden.«
Wir haben in unserer Akademie gelernt, solche kurz gefassten Aussagen sehr ernst zu nehmen und die innere Not dahinter zu verstehen. Die Übersetzung des Satzes lautet etwa so: »Ich weiß nicht mehr, wie ich meine Firma am Laufen halten soll. Ich arbeite Tag und Nacht, es gibt keine Ruhezeiten, und ich möchte einfach nichts mehr müssen. Alles ist mir zu viel. Wenn mich jemand kalt erwischt, raste ich fast aus.«

Schlafstörungen sind frühe Warnzeichen

Schlafstörungen sind sehr frühe Warnzeichen von Überlastung und individuellem Stress. Die seelischen und körperlichen Funktionen kommen nicht mehr zur Ruhe, die nächtliche Regeneration fällt weg. Unser Alltagsleben ist komplizierter als vor 100 Jahren und gönnt uns keine Pausen mehr. Schliefen wir vor hundert Jahren noch ein, als es dunkel wurde, begleiten uns heutzutage Radio, Fernsehen, Internet, Mobil-Phones, Facebook & Co, WhatsApp und Tageslichtlampen an 365 Tagen im Jahr rund um die Uhr. Ablenkung und Anspannung verfolgen uns permanent. Beruflich und privat sind wir immer abrufbar, sodass der natürliche Tag-Nacht-Rhythmus verloren geht.
Die Arbeitswelt hat sich in den letzten 50 Jahren rapide verändert. Die geregelte Arbeitszeit ist in vielen Fällen nur noch die Ausnahme. Komplexe Maschinen in Fabriken müssen von Menschen rund um die Uhr bedient werden. Polizei, Feuerwehr, Krankenhäuser und Pflegeheime erfordern 24

Stunden pro Tag Arbeitseinsatz. Piloten, Eisenbahner und Taxifahrer bringen uns zu jeder Minute und Stunde ans erforderliche Ziel. Der Straßenverkehr rollt Tag und Nacht, um uns mit den erforderlichen Waren zu versorgen. Wir sind, nicht zuletzt auch durch Homeoffice-Arbeitsplätze, dauerhaft »on demand«. Ein englisches Wort beschreibt dieses Phänomen als »Social Jet Lag« und meint damit, dass unsere innere Uhr wie bei einem Langstreckenflug völlig durcheinandergeraten ist.

Freizeit ist Programm

Auch in der Freizeit sind Dauerprogramm und ständige Aufmerksamkeit die Regel geworden. Die schlichte Wanderung mutiert zur musikgestreamten Pokemon-Jagd mit argentinischem Erlebnisgrill, AIDA-Kreuzfahrten mit Dauerbespaßung plus völlig überladenen »all inclusive« Büfetts rund um die Uhr boomen wie nie und Abenteuerreisen in den hinterletzten Winkel dieser Erde sind ein Muss. Jede Alltäglichkeit und jede erreichte biografische Schwellensituation wie Abitur, Firmung oder Geburtstag werden zum »Event« mit aufwendig zusammengestellten kulinarischen Köstlichkeiten, großartigen Einladungen und abgestimmter Garderobe. Diese zahlreichen Anforderungen können wir nur bewältigen, wenn wir die Nacht zum Tage machen, was in der eingangs erwähnten Mail zur männlichen Routine wurde – Schlaf nur noch zwei Stunden.

Wenn die Nacht zum Tag wird

Neben der allgemeinen Rast- und Ruhelosigkeit, die Frauen und Männer zu gleichen Teilen betrifft, sind Männer immer noch dem Diktat »höher, schneller, weiter« und des Konkurrenzkampfes ausgesetzt, die neben ungelösten Beziehungsproblemen das starke Geschlecht sich des Nachts hin und her wälzen lässt. Nun gibt es mehrere Möglichkeiten, sich die dunkle Tageshälfte um die Ohren zu schlagen. Die eine

Fraktion grübelt bis in die Nacht über ungelöste Probleme, schwierige Alltagssituationen oder Geldsorgen, die andere Fraktion kann zwar einschlafen, ist aber ab zwei Uhr putzmunter und dann bis zum Aufstehen mit Sorgen beschäftigt. Am Frühstückstisch eines zweitägigen Firmentrainings erwähnte ein Mitarbeiter, wenig geschlafen zu haben. Die frotzelnde Antwort des Teamleiters war spontan »Ich hoffe, du hast die Zeit effektiv genutzt und gearbeitet«. Immer noch gilt die unbewusste Doktrin vom »der Indianer kennt keinen Schmerz«. Als ob das nicht schon genug wäre, fordern die Männer von sich selbst auch viel ab und stecken sich oft zu hohe Ziele. Beim kleinsten Hindernis explodieren Männer direkt, ihr Blut ist in Wallung, Kritiken anderer werden als Abwertung ihrer eigenen Person verstanden. Kurzum: »Mann« kommt einfach nicht zur Ruhe.

Einschlafhilfen

Bei akuter Schlaflosigkeit fühlt man sich spätestens nach der dritten Nacht unwohl bis richtig schlecht. Als »Einschlafhilfe« wird in der ersten Stufe der Verzweiflung das Fernsehprogramm auf allen Kanälen durchgezappt. Auch durch sexuelle Aktivität kann die Spannungsabfuhr erreicht werden. In der zweiten Stufe der Verzweiflung greift Mann zu Schlafmitteln und/der Alkohol in höherer Dosierung, die beide nicht selten ein Abhängigkeitspotential aufweisen und damit nicht zu empfehlen sind. Es beginnt ein Teufelskreis aus Übermüdung, Verzweiflung, Sorgen und Hilflosigkeit, der am Ende zu absonderlichen Entscheidungen und Impulshandlungen führen kann. NEIN, jetzt ist es keine gute Zeit, eine Immobilie zu kaufen, die Familie zu verlassen, den Job zu kündigen oder den ersten Fallschirmsprung zu wagen!

Schlafstörung – erstes Zeichen einer Depression?

Hinter Schlafstörungen können sich auch Depressionen und Ängste verstecken, die mit Unlust, Motivationsmangel und

Gereiztheit einhergehen. Eine knappe Zusammenfassung klarer Anzeichen einer Depression findet sich in der Mail eines 56-jährigen Schreinermeisters mit einem Zehn-Mann Betrieb wieder, geschrieben morgens 5.15 Uhr: »*Guten Morgen Frau Christ, so geht es nicht mehr weiter. Ich habe keine Motivation und Lust mehr momentan auf der Arbeit, mein Körper tut weh an verschiedenen Stellen, ich bin nur noch erkältet, Schnupfen etc., sehr gereizt, wenn was nicht klappt oder jemand mich ärgert, und total genervt und kraftlos irgendwas zu ändern.*« Lustlosigkeit, erhöhte Aggressivität, körperliche Erschöpfung und vermehrtes Aufsuchen des Hausarztes sind absolute Warnzeichen einer möglichen Depression, die nicht auf die leichte Schulter genommen werden sollten. Männer neigen in solchen Gemütsverfassungen zu riskantem Autofahren, sportlichen Verletzungen und irrwitzigen Impulshandlungen. No Bullshit: wenn echte Grenzen erreicht sind, ist Hilfe angesagt. Der Schreinermeister hat für sich verstanden, dass es so nicht mehr weitergeht, und eine Veränderung eingeleitet.

1.2.1. Zahlen, Daten und Fakten – ausreichend Schlaf hält fit

- Durchschnittliche Schlafzeit pro Nacht vor 100 Jahren: 8,9 Stunden
- Durchschnittliche Schlafzeit pro Nacht heute: ca. 7 Stunden
- 42 Prozent der Deutschen leiden unter kurzfristigen Schlafstörungen, jeder sechste Deutsche leidet an einer chronischen Schlafstörung
- Frauen neigen eher zu zentralen Schlafstörungen (bedingt durch Melatonin oder andere Hormone) wie Einschlaf- und Durchschlafstörungen, Männer eher zu obstruktiven Schlafstörungen (Blockierung der Atemwege wie Schnarchen, Schlafapnoe)

- 10 bis 15 Prozent der Männer im mittleren Alter schnarchen
- Drei bis vier Prozent aller Deutschen kennen das Restless-leg-Syndrom (zuckende oder kribbelnde Beine)
- Chronisch gestörter Schlaf reduziert die Arbeitsleistung um 25 Prozent
- Chronisch gestörter Schlaf macht dick und dumm

Schlaf – ein Jungbrunnen

Ohne Schlaf geht es nicht, denn die Liste der körperlichen und seelischen Folgen von Schlafmangel hat es in sich. Auf Schlafentzug reagieren Menschen nicht nur mit nachlassender Konzentration und verminderter geistiger Leistungsfähigkeit, sie werden mit Dauer des Schlafmangels zunehmend gereizter, launischer und haben Wahrnehmungsstörungen bis hin zu Suizidgedanken. Muskelspannung, Atmung, Herzschlag, Blutdruck, Körpertemperatur, Hormone, Stoffwechsel und andere Funktionen geraten durcheinander, wenn der natürliche Schlaf-Wach-Rhythmus längerfristig gestört wird.

Eng aufeinander abgestimmte Nervensignale und Hormone lassen uns schlafen oder wach sein und haben Einfluss auf die Körpertemperatur und das Immunsystem. Das Hormon Cortisol lässt uns morgens munter werden, die Hormone Melatonin und das Wachstumshormon sorgen für ausreichend Schlaf, Regeneration und Reparation von Zellschäden in der Nacht. Am »Heil- und Schönheitsschlaf« ist wirklich etwas dran. Wesentliche Körpervorgänge wie etwa der Blutdruck, die Verdauungstätigkeit oder die Muskelspannung verändern sich nachts. Sie werden zeitweise heruntergefahren, etwa der Blutdruck im Tiefschlaf, andere gerade dann angekurbelt, wie bestimmte Stoffwechselvorgänge. Wird der Schlaf nun mehrfach unterbrochen, steigt zum Beispiel auch der Blutdruck wieder an. Länger anhaltende Schlafprobleme können daher Bluthochdruck begünstigen oder die Zellregeneration erheblich stören. Das Gehirn lenkt während des Schlafes seine Aktivitäten um und nützt die Schlafenszeit für wichtige Aufräum- und Reparaturarbeiten. In anderen Bereichen werden nachts neue Verbindungen zwischen den Nervenzellen geschaffen. Neu Erlerntes wird so gefestigt und im Gedächtnis verankert. Wer gut schläft, lernt leichter und nachhaltiger.

Den Schlafrhythmus aus dem Takt bringen

Die verschiedenen Schlafstadien werden über fein abgestimmte Nervensignale im Gehirn gesteuert. Alles, was die Aktivität der Nervenbotenstoffe, die die Impulse weiterleiten, beeinträchtigt beziehungsweise verändert, stört auch den natürlichen Schlafrhythmus. So können zum Beispiel **Genussmittel** wie Kaffee, Nikotin oder Alkohol sowie bestimmte Medikamente den erholenden Schlaf beeinflussen. Das gilt ebenso für **Krankheiten**, die Herz- und Atemtätigkeit, Nerven, Muskeln oder Stoffwechsel in Mitleidenschaft ziehen. Eine wesentliche Rolle spielt die **Psyche.** Wenn die Gedanken um Sorgen, Ängste, ungelöste Probleme, Belastungen und Konflikte kreisen, werden weiter Stresshormone ausgeschüttet, der gesamte Organismus kommt nicht zur Ruhe. Für die Schlafarchitektur, wie Experten den Verlauf der unterschiedlichen Phasen bezeichnen, sind auch Hormone von Bedeutung wie Serotonin und Noradrenalin, die bei Depressionen ins Ungleichgewicht geraten. Schlafstörungen, vor allem das frühmorgendliche Aufwachen, können daher auf eine Depression hinweisen.

Auswirkungen von chronischem Schlafmangel Zu wenig Schlaf macht dick, dumm und krank«, sagt Schlafpapst Jürgen Zulley (vgl. Driessen B. 2009)	
Körperliche Folgen	**Seelische Folgen**
• Muskelanspannung • Zähneknirschen • Restless legs • Schnarchen • Schlafapnoe • Tagesschläfrigkeit • Sekundenschlaf bei der Arbeit oder am Steuer • Veränderung von Herzschlag und Blutdruck • Gewichtszunahme und Diabetes • Verminderte Regeneration von Zellen • Schlechte Immunabwehr • Erektionsstörungen	• Verminderte Konzentration • Aggressivität • Reizbarkeit • Trugwahrnehmungen • Geistige Abwesenheit • Selbstwertmangel • Ängste • Depressionen • Abnahme der Gedächtnisleistung

Schlafstörungen – ständig unter Strom

Wenn »Mann« ständig unter Strom steht und der innere und äußere Leistungsdruck nicht nachlassen, treten Teufelskreisgedanken auf. Es sind häufig die gleichen Fragen, die einen Mann abends nicht einschlafen lassen und ihn irgendwann dazu treiben, ab drei Uhr senkrecht im Bett zu stehen oder sich morgens lieber die Decke über den Kopf zu ziehen:

- Was erwartet mich morgen/heute?
- Werde ich mein Pensum schaffen?
- Wie kann ich es allen recht machen?
- Werde ich jemanden enttäuschen?
- Wie schaffe ich das Maximum in minimaler Zeit?

Auch sind etliche männliche Berufe wie Feuerwehr, Polizei, LKW-Fahrer, Piloten und zunehmend die Arbeit in Betrieben durch Schichtarbeit gekennzeichnet. Die innere Uhr gerät dabei völlig aus dem Takt und führt zu Problemen, in den Schlaf zu kommen.

Die Medizin kennt viele Arten von Schlafstörungen, die großen Gruppen sind wie folgt unterteilt:

Insomnia – dies ist die am meisten verbreitete Form der Schlafstörung mit Einschlafstörungen oder Durchschlafstörungen

Circadiane Schlafrhythmusstörungen – schlechter Schlaf und Müdigkeit sind dadurch bedingt, dass der Körper z.B. durch Schichtarbeit gezwungen ist, bei Nacht wach zu bleiben, und eigentlich schlafen möchte. Oder Menschen mit sehr terminbeladenen und angespannten Tagen, die sich in der Regel zu wenig Schlaf gönnen, haben große Schwierigkeiten wieder in einen normalen Schlafrhythmus zu finden

Schlafapnoe – das Gewebe im Kehlkopf kollabiert während des Schlafes, sodass die Luft nicht in die Lungen gelangen kann. Dies führt zu einem Mangel an Sauerstoff, der ein nächtliches Aufwachen bedingt. Tagsüber kommt es dann in der Folge zu starker Müdigkeit und Konzentrationsstörungen. Bluthochdruck, Schlaganfall und Herzinfarkt können dramatische Folgen sein. Männer sind von der Schlafapnoe zweimal so häufig betroffen wie Frauen.
Auch wenn Männer und Frauen ähnliche Schlafbedürfnisse und ein ähnliches Risiko haben, Schlafstörungen zu bekommen, sind die Arten von Schlafstörungen zwischen den Geschlechtern unterschiedlich. Männer tendieren eher zu obstruktiven Schlafstörungen, vor allem Schlafapnoe. Frauen hingegen neigen zu zentralen Schlafstörungen, die normalerweise die Fähigkeit, zu einer vernünftigen Zeit ein- und durchzuschlafen, betreffen.
Weniger mit der Biologie als mit sozial erlerntem klischeegetreuen Verhalten haben vermutlich auch die Geschlechterunterschiede beim Träumen zu tun. Männer berichten, eher von Sex und physischer Aggression zu träumen, während Frauen bevorzugt Kleidung und Haushaltsobjekte im Kopf herumschwirrten. Frauen erinnern sich häufiger an nächtliche Träume und Albträume, teilen sie eher Familie und

Freunden mit und scheinen sich mehr für Interpretationen dieser zu interessieren.

Frühaufsteher oder Schlafmütze – wie viel Schlaf brauchen wir?

Ungeachtet der ewigen Diskussionen zwischen **Lang- und Kurzschläfern**, Frühaufstehern und Nachtmenschen: Schlafmenge und Schlafzeiten bewegen sich zwar in einem gewissen Rahmen, sind jedoch von Mensch zu Mensch verschieden. Veranlagung, Alter und Gewohnheiten spielen hier eine Rolle. Den Ausschlag für eine ausreichende Schlafzeit gibt letztlich, **wie erholt sich ein Mensch am Morgen fühlt**, ob er tagsüber müde und unkonzentriert ist oder ob er den größten Teil des Tages voller Energie und geistig wie körperlich fit verbringt. Bei einigen ist das nach sechs Stunden Schlaf der Fall, bei anderen erst nach neun Stunden. Wissenschaftliche Studien weisen darauf hin, dass ein gutes Mittel von sieben bis acht Stunden Schlaf am effektivsten ist. So nahmen in Untersuchungen zu **Schlaf und Übergewicht** Menschen, die weniger als sechs Stunden pro Nacht schliefen, schneller an Gewicht zu als Normalschläfer mit sieben bis acht Stunden. Mehr Pfunde legten allerdings auch die zu, die neun Stunden und länger im Bett blieben. Andere Tests, die sich mit Schlafdauer und Lebenserwartung beschäftigten, legen ebenfalls nahe, dass ein Durchschnittsmaß der beste Jungbrunnen ist.

Jugendliche brauchen in der Regel mehr Schlaf als Erwachsene. Sie gehören auch häufiger zu den Langschläfern. Nach der Pubertät finden sie dann zu ihrem persönlichen Normalmaß. Im Alter kehrt sich das bei vielen um. Hier überwiegen die Frühaufsteher. Die Schlafmenge bleibt allerdings meist unverändert, nur verteilt sie sich auf Tag und Nacht, da ältere Menschen häufiger tagsüber ein Schläfchen halten. Zudem wird der Schlaf oberflächlicher, die Tiefschlafphasen nehmen ab.

Der Trend in unserer Gesellschaft geht jedoch eher in Richtung zu wenig Schlaf, da viele meinen, sich Schlaf nicht mehr leisten zu können oder zu wollen. Das ist Bullshit! Schlafmangel und Schlafstörungen verursachen oft folgenreiche Probleme für die Gesundheit und das Alltagsleben. Viele **Verkehrsunfälle** passieren zum Beispiel, weil der Fahrer übermüdet und damit weniger konzentriert ist oder deshalb in einen Sekundenschlaf fällt. Es lohnt sich in vieler Hinsicht, den Schlafstörern auf die Spur zu kommen und dann gezielt etwas gegen die unruhigen oder zu kurzen Nächte zu unternehmen.

1.2.2. Mutiger Mann sein – Schlafenszeit

Sicher kann man nicht ad hoc sein ganzes Leben umkrempeln, doch der 35-jährige Automobilhändler war mutig und hat wichtige Punkte in seinem Leben umgestellt, um wieder zu mehr Schlaf zu finden. Der erste Schritt ist ja bekanntlich der schwierigste: wahrzunehmen, dass etwas nicht stimmt und sich Hilfe zu suchen.

Wir konnten relativ schnell erarbeiten, dass zu wenige Pausen, ständige Erreichbarkeit gepaart mit der Sorge, das Geschäft am Laufen zu halten, nervige und achtlose Kunden und die Gedanken an die kranke Mutter zu einem Teufelskreis der ständigen Wachsamkeit geführt haben. Der Körper hatte auf diese Überflutung mit Herzrasen und ständiger Schlappheit reagiert. *»Ich kann keinen Meter Mountainbike mehr fahren, obwohl es mir immer Spaß gemacht hat.«* Am deutlichsten nahm der engagierte Autokenner wahr, dass er die Gespräche mit Kunden als extrem belastend empfand und auch im privaten Bereich alle Kontakte gegen null gefahren hatte. Deutliche Alarmzeichen, die Grund genug für Veränderungen waren.

Stress lass nach

Mit permanenten Gedanken, Sorgen und Überlastungsgefühlen kann kein Mensch Nachtruhe finden. Aus diesem Teufelskreis hilft auch nicht zwei Tage Motorrad fahren oder eine Woche Urlaub am Strand und dann geht es volle Pulle weiter. Es braucht eine sinnvolle Umstrukturierung der Belastungsfaktoren. Nur eingespielte Abläufe halten sich leider hartnäckig und werden mit allen Ausreden verteidigt »es geht nicht, weil ...« »Ich muss doch noch ...« »Nur noch diesem Auftrag« etc. Bullshit! Es geht immer anders.

Unser Autohändler konnte sich in der Arbeit Entlastung durch einen Kollegen verschaffen, und damit auch ein freies Wochenende im Monat für sich festlegen. Nicht einträgliche Autosparten kündigte er auf und konzentrierte sich auf ein kleineres Sortiment. Auf kostspielige Werbung verzichtete er zugunsten einer umfangreicheren persönlichen Kontaktaufnahme.

Ganz ehrlich, bei chronischem Schlafmangel hilft nur handeln, nicht aufschieben!

Tägliche Stress-Spitzen können mit kleineren Maßnahmen wie einem Entspannungsverfahren (Progressive Muskelentspannung, autogenem Training etc.), sportlicher Betätigung als Ausgleich, Musik hören, einem Hobby nachgehen etc. aufgefangen werden. Viele Männer betätigen sich gerne als Hobby-Köche oder schnappen sich zum Abendspaziergang den Terrier-Mischling. Wichtig ist ein regelmäßiges Ritual, welches die körperliche und seelische Entspannungsphase und damit die hormonelle Umstellung von Stress und Anspannung auf Regeneration einläutet.

Auch während des Tages helfen »Mini-Auszeiten« wie mehrfach bewusst tief durchzuatmen, die kleine Mittagspause, der Blick auf das letzte Urlaubsfoto, eine mediale Auszeit oder einfach mal lachen, um den Stresspegel nach unten zu fahren.

No Drugs

Uns lieb gewordene »Alltagsdrogen« wie Alkohol, Koffein oder Nikotin haben deutliche Einflüsse auf die hormonelle Regelung der normalen Schlafarchitektur. Vielleicht geht das Einschlafen schneller, aber der Tiefschlaf lässt dann auf sich warten und damit die Regeneration. Wir wollen nicht den Absacker an der Bar madig machen, vielleicht ist alles eine Frage des guten Maßes. »Too much drugs – Too less sleep«, so einfach ist die Regel.

Leichtes Essen

Wer stark in der seelischen und körperlichen Anspannung den ganzen Tag über seine Termine abarbeitet und auf zig Mails und Anrufe reagiert hat, zwischendurch noch 500 km gefahren ist, der zeigt eher ein absonderliches Essverhalten: Kaffee und Bockwurst an der Tanke, Red Bull plus den Käsekuchen bei der Arbeit und am Abend die gemischte Grillplatte beim Lieblingsgriechen inklusive Retsina oder Bier versteht sich. Es gibt noch andere Varianten wie Einkehr bei McDonalds & Co und den üppigen Brotzeitteller vor dem Fernseher zusammen mit Frau und Kindern.

Sie ahnen es schon, mit dieser abendlichen Magenfülle kann kein Mensch vernünftig schlafen, sondern setzt durch einen aufgeputschten Insulinlevel auch noch Bauchspeck an. Wir regenerieren am besten mit einem leichten Essen (z.B. gedünstetes Gemüse, Fisch, wenig Kohlenhydrate und wenig Fett) möglichst ohne zu viel Zucker. Und bitte lassen Sie die Chipstüte, die gesalzenen Erdnüsse und auch das Nutellaglas im Supermarktregal.

Stille und Dunkelheit

In der Nacht sollte tatsächlich Ruhe einkehren und es sollten alle Lärmquellen vor der Tür bleiben. Fernseher im Schlafzimmer ist keine gute Idee, auch nicht der laut tickende Wecker oder massiver Straßenlärm. Im Notfall helfen hier

Ohrstöpsel. Um ein rituelles Gefühl »jetzt bin ich sicher und in Ruhe« zu verankern, sollte das Bett nicht zur Laptop-Arbeitsstelle oder zum Kino umfunktioniert werden.
Licht signalisiert uns »Tag«, sodass der Körper blinkende Lampen, Kontrollleuchten, Handydisplays oder andere »Terrorlichter« als aktive Zeit verbucht und dem Schlaf ein Schnippchen schlägt. Gehen Sie doch mal detektivisch durch Ihr Schlafzimmer auf der Suche nach Lichtstörquellen. Und dann – weg damit. Eine sinnvolle Anschaffung sind Netzfreischalter zur Reduzierung des Elektrosmog.

Wohltemperiert

Am besten schläft Mann, wenn sowohl der Raum als auch das Bett eine angenehme Temperatur aufweist. Weder arktische Kälte noch Wüstenklima sind dem Schlaf zuträglich. Am Abend sinkt die Körpertemperatur etwas ab, um uns auf die Nachtruhe vorzubereiten. Als gute Raumtemperatur werden ca. 18 Grad Celsius angegeben. Für den Winter und für den Sommer empfehlen sich unterschiedliche Deckbetten.
Wer schnell friert oder sehr erschöpft und fröstelnd ins Bett sinkt, dem helfen Wärmflasche, warme Fußbäder oder Körnerkissen. Ja, unmännlich und unsexy, aber wenn der Schlaf dadurch leichter kommt, nur zu.

Medikamente

Wenn die Schlafprobleme überhandnehmen, können nach Absprache mit dem Hausarzt Schlafmedikamente zur Überbrückung eingenommen werden. Viele dieser Präparate, z.B. die Substanzklasse der Benzodiazepine machen auf Dauer süchtig, sodass dies nur für eine kurze Zeit eine sinnvolle Akutmaßnahme ist. Andere Präparate wie z.B. das Schlafhormon Melatonin, Antihistaminika oder niedrigpotente Neuroleptika sind auch im Einsatz. Zu den Alternativen zählen Kräuter aus der Natur wie Baldrian, Hopfen, Melisse,

Lavendel, Passionsblume und Johanniskraut – all diese Kräuter können den natürlichen Schlaf unterstützen. Eine gute Tasse Tee am Abend als festes Ritual kann der erste Weg aus der Krise sein.

Mutiger Mann sein – auf »Du und Du« mit dem Sandmann	
Stress reduzieren	Chronische Überlastungssituationen erfordern eine Umstellung des Alltags. Veränderungen sind immer möglich und dann auch notwendig.
Täglich »Mini-Auszeiten« nehmen	Alltägliche »Stress-Spitzen« können durch Entspannungstechniken, Innehalten, kurze Pausen, Humor etc. abgefangen werden.
No drugs	Koffein, Nikotin und Alkohol sind für einen regenerativen Schlaf nicht förderlich.
Leichtes Essen	In der Nacht wird zur Zellregeneration und auch zum Fettabbau das Wachstumshormon Somatotropin ausgeschüttet. Bei zu schweren, fettigen und zuckerhaltigen Abendmahlzeiten schießt Insulin in die Höhe, welches den Fettabbau verhindert und die Regeneration verhindert
Stille und Dunkelheit	Eine störende Geräuschkulisse, Fernsehen im Bett, blinkende Lichtquellen oder unzählige Kontrollleuchten sind Störfaktoren für einen guten Schlaf.
Wohltemperiert	Nicht zu warm und nicht zu kalt ist die Devise, Deckbetten nach den Jahreszeiten
Medikamente	Als Akutmaßnahme helfen Medikamente (bitte durch den Hausarzt verschreiben lassen), auch pflanzliche Mittel haben Einfluss auf den Schlaf. Auf Dauer hilft nur Umstellung der Gewohnheiten

1.3. Verbrannt – Burnout vorbeugen

Wenn wir chronischen Stress und Schlafstörungen als Teufelskreis immer weiter und weiter und weiter denken, so landen wir in der völligen körperlichen und seelischen Erschöpfung. Da wieder herauszukommen, dauert lange. Burnout (engl.: to burn out = ausbrennen) bezeichnet einen besonderen Fall berufsbezogener (auch familiärer) chronischer Erschöpfung, die seelische, soziale und körperliche Auswirkungen hat. Burnout ist inzwischen ein weltweites Phänomen geworden.

Ausgebrannt sein

»Frau Christ, ich habe genau zwei Wochen, dann muss ich wieder fit sein und funktionieren« lautete ein Auftrag eines Bankers. Sie ahnen, dass ich diesen Mann leider enttäuschen und seinen Zeithorizont auf ein halbes Jahr erweitern musste. Ein chronischer Erschöpfungszustand ist nicht auf die leichte Schulter zu nehmen und erfordert immer die Einsicht, dass es so nicht weitergeht. In der Folge sind dann eingeschliffene Lebensgewohnheiten zu verändern – ein schwieriges Unterfangen, denn nichts ist so hartnäckig wie »Gewohnheiten«. Das Thema Burnout oder chronische Stressbelastungen hat sowohl die Laien- als auch die Fachpresse in den letzten Jahren sehr beschäftigt. Internationale Kongresse nahmen das Thema Ausgebranntsein als Leitthema auf, sodass in Fachkreisen über dieses »moderne Phänomen« aus vielen Blickwinkeln diskutiert wurde. Es gibt zahlreiche Buchratgeber mit Titeln wie: »Burn-on«, »30 Minuten gegen Burnout«, »Burnout bei Lehrern«, »Burnout Syndrom: Infarkt der Seele«. Um diesem Phänomen zu Leibe zu rücken, sprossen gegen die »moderne Seuche« Burnout Seminare, Burnout Spezialisten, Burnout Kliniken, Mikronährstoffen gegen Burnout und weitere »Wunderwaffen« wie Pilze aus dem Boden. Seit sich einige Prominente wie der Musiker Eminem oder Sportler wie Fußballtrainer Ralf Rangnick oder Fußballer Sebastian Deisler oder der Skispringer Sven Hannawald öffentlich dazu bekannt haben, unter einer Erschöpfung bzw. Depression zu leiden, ist das Tabu auch bei Männern durchbrochen, sich externe Hilfe zu suchen. Burnout ist von der »**I**nternational **C**lassification of **D**iseases« (ICD-10) nicht als medizinische Erkrankung anerkannt, sondern gilt als Problem der Lebensbewältigung.

Erschöpfungsdepression

Der Übergang von einem Burnout in eine Erschöpfungsdepression ist fließend. Depressionen bei Männern werden häufig nicht erkannt, müssen aber ebenfalls unbedingt therapiert werden.

Viele Männer haben Ängste und auch heftige Schamgefühle, als »starker Mann« einen »Seelenheiler« zu kontaktieren. Nicht selten schubst die Ehefrau oder der beste Freund äußert sich sorgenvoll. Da gerade die Arbeit für Männer identitätsstiftend ist, scheint es doppelt problematisch, sich in diesem Bereich Schwächen einzugestehen. Burnout impliziert aber auch etwas Positives: »Ich habe mich sehr angestrengt, ich habe viel geleistet, ich habe für eine Sache gebrannt«. Mit dieser »Leistungs-Eintrittskarte« ist es auch Männern möglich, sich professionellen Rat zu holen und die hohe innere Hemmschwelle einer Psychotherapeutischen Praxis zu überwinden. Je leichter zugänglich (Öffnungszeiten, Verständnis, einfach Vereinbarung) ein Angebot für Männer gestaltet ist, desto eher wird es in Anspruch genommen. Erschöpft sein – aus einem hohen Leistungsanspruch heraus – entspricht dem funktionalistischem Denken und ist nicht negativ besetzt. Meist führt der Weg in die psychotherapeutische Praxis über den Hausarzt, den die »erschöpften Männer« häufig mit folgenden körperlichen und seelischen Beschwerden aufsuchen:

Körperliche und seelische Reaktionen bei Stressbelastungen

- Erschöpfungsgefühl / Müdigkeit und Schlafstörungen
- Gefühl der emotionalen Leere und Starrheit
- fehlende Empathie für die eigenen Bedürfnisse und die anderer Menschen
- starke Frustration und Gefühl der Aussichtslosigkeit
- herabgesetzte Belastbarkeit und Funktionieren im Alltag

- herabgesetzte Konzentration und Kurzzeitgedächtnis
- Angstgefühle oder Depressionen
- vermindertes Interesse an Sex
- Erektionsstörungen
- erhöhte Reizbarkeit, Nervosität und Anspannung
- diffuse Schmerzen und Muskelverspannungen/Kopfschmerz
- verschiedene Organbeschwerden

Die Kerze brennt schon seit Jahren

Viele Männer mit Burnout respektive Depressionen realisieren erst in der Rückschau, wie lange die Phase des »Ausbrennens« schon andauert. In der Regel sind es mehrere Jahre, in denen regelrecht alle Enden der Kerze angezündet wurden. Sich aus diesem Hamsterrad zu verabschieden, an dem häufig auch die berufliche / familiäre Anerkennung und das eigene Ego hängen, ist ein anspruchsvoller Weg. No Bullshit – keiner gerät von heute auf morgen in ein Burnout. Wir können Ihnen als Wegbegleiter dabei professionelle Hilfe nur wärmstens ans Herz legen. Alleine sind die notwendigen Schritte fast nicht zu bewerkstelligen.

Szene

Ein 42-jähriger Abteilungsleiter in der Versicherungsbranche meldet sich über unser Internetformular mit den Worten:
»Ich habe eine Überweisung und Empfehlung von meinem Hausarzt Herrn Dr. Müller wegen einer Belastungsstörung. Daher bitte ich um eine Terminvereinbarung.«
Im persönlichen Gespräch wirkte der Mann sehr angespannt, unter Strom und berichtete in hektischen Worten:
»Auf der Arbeit sehen wir nun der zweiten Umstrukturierungsmaßnahme in einem Jahr entgegen. Ich soll vier Mitarbeiter an eine andere Abteilung abgeben, aber für einen zusätzlichen Bereich verantwortlich sein. Die letzten Monate waren meine Leute und ich Tag und Nacht im Büro. Es gab wenig Pausen und noch

weniger Zeit mit meiner Familie. Jetzt am Wochenende kam es zu einem heftigen Streit mit meiner Frau, die mir nur Vorwürfe machte: »Du interessierst Dich überhaupt nicht mehr für uns.« Ich habe sie angebrüllt, ob sie denn überhaupt eine Idee hätte, was bei uns da abgeht. So gab ein Wort das andere. Geschlafen habe ich dann im Wohnzimmer. Zu Ihnen kann ich ja ehrlich sein, ich bin fix und alle, kann kaum schlafen und beruhige mich mit einer halben Flasche Wein am Abend. Wegen Kleinigkeiten raste ich aus. Mein Hausarzt hat mich jetzt eine Woche krankgeschrieben und mir dringend empfohlen, mich bei Ihnen zu melden. Nun bin ich da – was soll ich tun?«.

1.3.1. Zahlen, Daten, Fakten – männliche Erschöpfung bleibt oft unentdeckt

No Bullshit – hatten Sie bisher noch Ausreden an der Hand, die Zahlen sprechen Klartext!

- Bei Männern stieg die Anzahl der Fehltage aufgrund seelischer Leiden seit 2000 um 12,5 Prozent. Wegen depressiver Störungen gab es bei ihnen sogar 26,2 Prozent mehr Fehltage (DAK Gesundheitsreport 2011)
- Männliche Depressionen bleiben oft unentdeckt: Wutausbrüche, Kamikaze-Manöver mit dem Auto oder gewalttätige Übergriffe – die Ohnmacht schlägt häufig in Wut um
- Anstatt über die Wunden auf ihrer Seele zu klagen, sprechen Männer über greifbare, physische Probleme: Rückenschmerzen, Magen- oder Herzbeschwerden sind häufig körperlicher Ausdruck einer psychischen Erkrankung
- Frauen scheinen zwei- bis dreimal so häufig an Depressionen zu leiden, was statistisch dadurch verzerrt ist, dass Männer sich viel seltener Hilfe holen und die Depressionen häufig bei Männern nicht erkannt werden

- Männer begehen dreimal mehr Suizide als Frauen
- Bei Männern und Frauen mit niedrigem Sozialstatus werden etwa doppelt so häufig Depressionen diagnostiziert wie bei Menschen mit hohem Status. Auffällig dabei: Männer der Altersgruppe 30 bis 44 Jahre, die arbeitslos sind oder »gelegentlich/in Teilzeit« arbeiten, werden häufiger mit Depressionen diagnostiziert als gleichaltrige Frauen in der gleichen Lebenslage. (15,1 Prozent bei den Männern, 10,1 Prozent bei den Frauen). Bei den über 45-Jährigen haben sich die Zahlen wieder angeglichen: Hier wurde bei 15,8 Prozent der arbeitslosen Frauen und 15,4 Prozent der arbeitslosen Männer Depressionen festgestellt

Erste Anzeichen der Erschöpfung bzw. einer Depression

Auffallende Merkmale der Anfangsphase bei Burnout und Depressionen sind beispielsweise vermehrtes Engagement für bestimmte Ziele. Viele Betroffene gelten als aktiv, dynamisch, zupackend, ideenreich und engagiert. Sie arbeiten nahezu pausenlos, verzichten auf Erholungs- oder Entspannungsphasen und fühlen sich unentbehrlich. Der Beruf und auch die Versorgung der Familie werden zum hauptsächlichen Lebensinhalt. Es entsteht das Gefühl, eigentlich nie mehr richtig Zeit zu haben. Weitere Warnsignale eines drohenden Erschöpfungssyndroms oder einer Depression sind Hyperaktivität, Nichtbeachten eigener Bedürfnisse, Verdrängen von Misserfolgen. Hinzu kommen ständige Erschöpfung, chronische Müdigkeit, Konzentrationsschwäche und Schlafstörungen. Häufig suchen betroffene Männer Ablenkung und Trost in Alkohol, Nikotin, vielem Essen oder häufigeren Sex(-fantasien). Nicht wenigen macht im übrigen Leben auch eine zunehmende Sinnleere zu schaffen. No Bullshit – es ist nicht cool, einen übervollen Terminkalender vorzuweisen.

Langzeitfolgen

Chronische Erschöpfung führt zu einem Abbau von Engagement, welches zunächst in der Arbeit sichtbar wird: Desorganisation, Unsicherheit, Probleme bei komplexen Aufgaben und Entscheidungen, verringerte Leistungsfähigkeit und verminderte Motivation und Kreativität. Die Arbeit wird gerne auf den Dienst nach Vorschrift reduziert oder der Arbeitgeber subtil aggressiv in ein schlechtes Licht gerückt – »der Chef nervt ohne Ende«, »... das hat er nun davon, dass ich keine Lust mehr habe etc.«. Auch das Privatleben wird beeinträchtigt. Die Betroffenen ziehen sich immer mehr zurück, pflegen kaum mehr Freundschaften, trennen sich möglicherweise vom Partner/der Partnerin. Unternehmen sie nichts dagegen, droht soziale Vereinsamung und eine stärkere Wahrnehmung von Leere. Wir sind dabei in allen Symptomen einer Depression angelangt. Wichtig ist es, rechtzeitig professionelle Hilfe aufzusuchen.

Körperliche Auswirkungen

Der Körper steht physiologisch unter »Dauerstress«, in dessen Folge das Immunsystem geschwächt wird und es häufiger zu Infektionskrankheiten kommen kann. Weitere psychosomatische Erkrankungen sind Verspannungen, Schlafstörungen, Kreislaufprobleme, Verdauungs- und Essstörungen sowie bei fortgeschrittener Erkrankung auch Herzkrankheiten, Geschwüre im Magen-Darm-Trakt, schwerer Tinnitus und die Begünstigung von Krebserkrankungen. Auch gesteigerter Alkoholmissbrauch ist zu verzeichnen. In der Regel suchen Männer zuerst wegen dieser Symptome den Hausarzt auf – eine wichtige Anlaufstelle, um weitere sinnvolle Maßnahmen einzuleiten wie das obere Beispiel zeigt.

Ein weiteres Symptom, das überwiegend im Endstadium einer Depression auftritt, ist die existenzielle Verzweiflung. Die Einstellung zum Leben ist überwiegend negativ und das

Gefühl der Hilflosigkeit verdichtet sich zur totalen Sinnlosigkeit, die teilweise im Selbstmord enden kann.

Stressauslösende Faktoren in der Arbeit

Da überwiegend Männer Vollzeit arbeiten und immer noch das Bild vorherrscht, dass ein Mann Zeit seines Lebens Vollzeit in Lohn und Brot stehen muss, haben Arbeitsverhältnisse einen großen Einfluss auf das körperliche und seelische Wohlbefinden. Körperlich schwierige und teils auch gefährliche Arbeiten (Handwerk, Bau, Industrie), physikalisch beeinträchtigende Arbeiten (Chemie, Hitze, Lärm, Kälte) und Schichtarbeiten (LKW-Fahrer, Polizei, Feuerwehr etc.) werden vorwiegend von Männern ausgeführt. Kommen dann noch abwertende menschliche Bedingungen, Lohndumping und andere Konflikte hinzu, so ist der Arbeitsplatz eine Quelle von Stressbelastungen.
Im Arbeitsalltag sind folgende Faktoren neben der »normalen« Arbeitsanforderung und »Routine« von Mitarbeitern verschiedener Erwerbssparten als erhöhte seelische Belastungen benannt worden:

- ungenaue Anweisungen oder Vorgaben
- mangelnde Information und Beteiligung an Aufgabenstellung
- viele Störungen (z.B. Telefonate, ständiges Türöffnen, Großraumbüros)
- Zeitdruck
- Konflikte mit Kollegen / Vorgesetzten
- mangelnde Anerkennung und unbegründete Kritik
- Ausgrenzung aus einer Gemeinschaft / Isolation
- Konkurrenzkampf
- Angst vor Arbeitslosigkeit
- Langweilige Aufgaben / Monotonie
- Schichtarbeit oder ungünstige Arbeitszeiten
- lange Arbeitswege
- Mobbing

Einige Arbeitgeber sind durch die rasch steigende Zahl an Fehltagen durch körperliche und seelische Erschöpfung für das Thema sensibilisiert. Auch wurde 2014 der Arbeitsschutz um den Bereich der »Psychischen Gefährdungsbeurteilung« erweitert. Überlastung der Angestellten wird teuer und führt zur inneren Kündigung. Daher bieten spezielle Firmen den Mitarbeitern Seminare und Burnout-Check-up-Gespräche an, stellen Fitnessräume bereit, verbessern die Qualität des Essens in den Kantinen. Volkswagen sperrt z.B. ab 18:00 Uhr die Smartphones für die leitenden Mitarbeiter. Auf die betriebliche Gesundheitsförderung soll an dieser Stelle nicht weiter eingegangen werden, sie stellt aber ein sehr wichtiges Thema für die Männergesundheit dar.

Burnout-Persönlichkeit

Die innere Empfindung, ob ein Ereignis, der Kunde, der Arbeitsplatz als stressig oder nicht eingeschätzt wird, ist individuell. Gerade Menschen in helfenden Berufen, die Tag und Nacht Einsatz fordern, sind prädestiniert dafür, über ihre Grenzen zu gehen. Aber auch sehr funktionalistische Tätigkeiten (Bankgeschäfte, Controlling etc.) werden in der Frage nach ihrer Sinnhaftigkeit als stressauslösend eingestuft. Es gibt nicht DIE Burnout-Persönlichkeit, doch einige Charaktereigenschaften können dazu führen, sich selber unbemerkt zu überfordern und in einen Dauerstress zu bringen.

Nachfolgend sind die wichtigsten Charakterzüge aufgeführt, die (zu) viel Kraft fordern können:

- Hoher Perfektionismus – »ich muss das gut machen«
- Wenig Selbstwertgefühl – »ich wünsche mir Anerkennung von anderen«
- JA statt NEIN – »na gut, wenn du mich schon so bittest, dann bereite ich noch heute Abend die Präsentation vor; dann gehe ich am Samstag noch zum Kunden X«
- Geben statt Fordern – » o.k., Chef, ich werde die nächsten Nachtschichten übernehmen, es wird ja sonst so

schwierig, die Termine zu besetzen. Meine Frau wird verstehen, dass ich zum Geburtstagsfest zu spät komme«

- Innere strenge Normen – »erst die Arbeit, dann das Vergnügen«
- Wenig Delegationsfähigkeit – »wenn ICH nicht die Regale noch mal kontrolliere, dann steht sicher etwas falsch«
- Hohes Verantwortungsgefühl – »Schnelle Übernahme jeglicher Verantwortung«
- Starkes Interesse und Freude an der Arbeit – sich dadurch zu weiteren Aufgaben »verführen« lassen
- Aber auch die Empfindung der Sinnleere an der Arbeit führt zu einer Stressbelastung

Zwölf-Phasen-Modell des Burnout nach Freudenberger

Der Psychoanalytiker Herbert Freudenberger und die Journalistin Gail North haben 1992 einen Burnout-Zyklus vorgestellt, wie sich die verschiedenen Stadien einer seelischen und körperlichen Erschöpfung entwickeln. Nicht immer werden alle zwölf Stadien in der angegebenen Reihenfolge erlebt. Von den Medizinern und Psychotherapeuten wird gewarnt, dass hinter dem Ausgebranntsein eine behandlungsbedürftige Depression stecken kann, die nicht übersehen werden sollte und die einer professionellen Begleitung, manchmal auch einer medikamentösen und evtl. sogar stationären Behandlung bedarf. No Bullshit – bevor der eigene Sprit ausgeht, lieber zum ärztlichen Check-up!
Das 12-stufige Modell wird mit der »Tankfüllung« deutlich. Fast jeder Mann dürfte sich in eines dieser Stadien einordnen können und möglicherweise zum Nachdenken angeregt werden, bevor die Tankleuchte auf Rot springt. Spätestens ab der vierten Stufe ist wirklich der **mutige Mann** gefragt, der innehält und was ändert. »Wehret den Anfängen« ist die gute Devise.

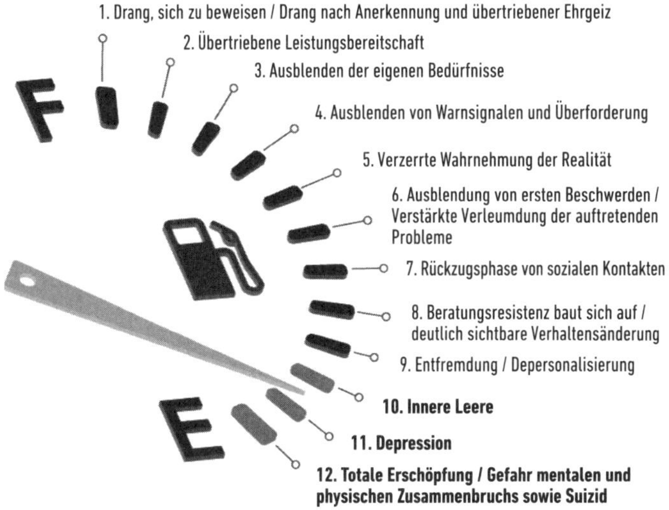

Phasen-Modell des Burnout nach Freudenberger
(Bild aus www.burnout-selbsthilfe-luebeck.de)

Damit die einzelnen Phasen dieses Modells nachvollziehbar sind und sich jeder selbst einordnen kann, sind die Symptome und besonderen physischen, psychischen und interaktionellen Merkmale in der folgenden Tabelle zusammengefasst. Dabei sind die Angaben von Freudenberger durch eigene Erfahrungen aus unserer Arbeit ergänzt.

12-Phasen-Modell des Burnout nach Freudenberger / North, 1992 (erweitert und ergänzt durch Christ / Mitterlehner 2012)

Phasen	Merkmale	Besonderes
Stadium 1: Der Zwang, sich zu beweisen	übertriebene Ansprüche an sich, Perfektionismus, Daueranspannung, verstärktes Tempo, »Turbo«	Evtl. Schlafstörungen, Verspannungen
Stadium 2: verstärkter Einsatz	Schlechtes Gewissen, dadurch verstärkter Einsatz, vermehrtes Verantwortungsgefühl, massive Dringlichkeit von Aufgaben	Weitere körperliche Warnsignale

Stadium 3: Vernachlässigung eigener Bedürfnisse	Reduzierte Aufmerksamkeit und Sensibilität für sich selbst, Verleugnung eigener Bedürfnisse, häufige kleinere Fehlleistungen und Unfälle	Verändertes Essverhalten, Verletzungen
Stadium 4: Verdrängung von Konflikten und Bedürfnissen	Verleugnen, Rationalisieren und Verschieben von Konflikten, Ersatzbefriedigungen (z.B. Essen, Sex, Auto), chronische Müdigkeit, gesundheitliche Einbrüche	Arztbesuche wegen verstärkter Symptome, evtl. Selbstmedikation (Schmerzmittel, Schlafmittel, Alkohol), evtl. teure Anschaffungen
Stadium 5: Umdeutung von Werten	Das Zwischenmenschliche verliert an Wert, adäquate Emotionen gehen verloren, zunehmende Berechnung und Härte, übertriebenes Kontrollbedürfnis, Selbstisolation	Probleme in der Partnerschaft, Streitigkeiten, evtl. Eröffnung einer Dreierbeziehung
Stadium 6: Verleugnung der Probleme	Zynismus, Bitterkeit, Härte gegen sich und andere, starres Denken, Intoleranz	Zunehmende Isolation, Rückzug von Freunden
Stadium 7: Rückzug	Starker Rückzug nach innen, Vermeidung von Kontakten, emotionale Verflachung, Flucht in Süchte	Verhalten trifft nicht mehr auf Verständnis vom Umfeld
Stadium 8: Verhaltensänderungen	Paranoide Weltsicht, massive Mechanismen, um sich unerreichbar zu machen (Anrufbeantworter), Ausreden, Lügen	Beziehungslosigkeit
Stadium 9: Depersonalisation	Die Persönlichkeit verändert sich, gesundheitliche Vernachlässigung, Nichtwahrnehmen fremder Bedürfnisse, mechanistisches Funktionieren	Evtl. starke partnerschaftliche Probleme, Trennungen
Stadium 10: Innere Leere	Sucht nach Ersatzbefriedigungen (Alkohol, Sex), Ängste, Panikattacken, Depression	Klare psychische und physische Symptome, Behandlungsbedürftigkeit
Stadium 11: Depression	Wunsch nach Dauerschlaf, völlige Gleichgültigkeit »mir doch egal«, Selbstmordgedanken, Selbsthass, Verwahrlosung, Risikoverhalten (Verkehr)	Dringende Behandlungsbedürftigkeit Klinik?

Stadium 12: völlige Burnout-Erschöpfung, schwere Depression	Starke Bedrohung des Immunsystems, schwere Krankheitsanfälligkeit, physischer und psychischer Zusammenbruch	Dringende Behandlungsbedürftigkeit Klinik?

Steter Tropfen höhlt den Stein

Die moderne Stressforschung zeigt, dass es nicht allein schwere Belastungszeiten oder sehr schlimme Verlustereignisse sind, die eine Bedeutung für unser Wohlbefinden oder das Entstehen von Krankheiten und psychischen Schieflagen haben. Die vielen kleinen Belastungen des Alltags oder die mangelnde Wertschätzung summieren sich gerade dann zu schwerwiegenden Problemen, wenn keine geeigneten Möglichkeiten zur Veränderung oder ein guter Ausgleich oder eine effiziente Lösung für das Problem gefunden werden kann. Dies führt zu einem Gefühl der Hilflosigkeit und des mangelnden Selbstvertrauens. Die Burnout-Spirale beginnt. Fehler schleichen sich ein, die Merkfähigkeit lässt nach und vielleicht zeigen sich auch körperliche Symptome wie Kopfschmerzen, Magenschmerzen, Übelkeit oder Verdauungsstörungen. In einer Abwärtsspirale kann es bis hin zur Selbstaufgabe gehen.

Körperlich gesehen ist die Stressreaktion eine fein abgestimmte Nachricht, bei der Nervenimpulse gemeinsam mit zahlreichen Hormonen (vor allem Adrenalin, Noradrenalin, Cortison) wichtige Botschaften in einem Bruchteil von Sekunden bis in alle Regionen des Körpers tragen. Zunächst läuft die »Alarmreaktion« ab, die dem Körper Energie bereitstellt, die er für die kommende »Auseinandersetzung« braucht. Stress ist also zunächst nicht schädlich, nur bei einem »zu viel« und »zu lange« an stressauslösenden Reizen, wie es in unserem modernen Leben häufig der Fall ist, tritt die sogenannte Adaptationsreaktion ein. Diese führt dann zu körperlichen und seelischen Reaktionen bis hin zu Krankheiten.

Bereits die Anforderungen eines normalen Lebens können auf Dauer die eigenen Kräfte übersteigen. Permanente Erreichbarkeit durch Mobiltelefone und Mails, Verschmelzung von Berufs- und Privatleben, hoher Anspruch an die eigene Vater- und Partnerrolle, hoher Leistungs- und Flexibilitätsdruck sowie Normierung und Perfektionierung von Abläufen bestimmen das alltägliche männliche Tun. Diese Überforderungssituationen können sich auf alle Lebensbereiche auswirken. Auch lang unterdrückte Bedürfnisse können erhebliche Stressoren sein. Nicht immer muss also ein »zu viel« an Arbeit oder Belastungen auslösend sein, manchmal löst auch ein »zu wenig« oder »nicht am richtigen Ort« die Symptome der »Überforderung« aus. Wer meint, immer und in allen Bereichen den großen Zampano machen zu müssen, ist auf dem Holzweg – No Bullshit.

1.3.2. Mutiger Mann sein – rechtzeitig handeln, Stress ist nicht cool

Die Ausführungen zum Thema »Verbrannt« zeigen klar, dass Mut gefragt ist, Erschöpfung rechtzeitig wahrzunehmen und sich aus einer anderen Perspektive, z.B. die eines guten Freundes zu betrachten. Mal ehrlich, wie oft haben Sie schlaflose Nächte bagatellisiert und mit einer coolen Handbewegung weggescheucht? Wie häufig gab es bereits den inneren Gedanken, »mir passiert so was nicht wie dem Kollegen XY, ich schaff das«. Wie viele Male hat Ihr bester Freund schon Sorgen angemeldet und ein Schulterzucken von Ihnen geerntet. Bullshit! Denken Sie um, nehmen Sie erste Anzeichen einer Überlastung wirklich ernst und handeln Sie. Warum muss erst eine schwere körperliche Erkrankung wie z.B. ein Herzinfarkt, Diabetes mellitus oder der Bandscheibenvorfall Sie eines Besseren belehren?

Gib dem Stress keine Chance

Wir greifen jetzt die Frage des 42-jährigen Abteilungsleiters auf, der durch seinen Hausarzt mit einer Erschöpfungsdepression an uns verwiesen wurde: »Was soll ich tun?« Es war ein mutiger Schritt, sich zu offenbaren und das eigene Schamgefühl zu überwinden. Wir wollen alle als Held dastehen, keiner hat Lust auf eine unbedeutende Nebenrolle. In wenigen Gesprächen konnte dieser Mann seine Lebenssituation reflektieren und für sich Punkte herausarbeiten, die verändert werden müssen. Er zeigte großen Mut, auch eigene Schwachstellen zu benennen und Irrwege zu korrigieren. Die folgenden Leitgedanken halfen ihm, sich neu zu sortieren:

Warnzeichen ernst nehmen

Erste körperliche und psychische Anzeichen sollten unbedingt ernst genommen und nicht »verschleppt« oder bagatellisiert werden. Das Signal »Hier stimmt etwas nicht« sollte zu einer raschen Kurskorrektur führen. Wenden Sie sich an Ihren Hausarzt, holen Sie sich Informationen ein.

Belastungen zurückfahren

Auch wenn viele Argumente dafürsprechen, so weiter zu machen wie bisher, ist eine Entschleunigung unerlässlich. Alle Termine sollten auf wirkliche Notwendigkeit überprüft werden (Stundenreduktion, Delegieren, Nein-Sagen, Prioritätensetzung). Es braucht Lücken im Terminkalender für Organisation und Unvorhergesehenes. Streichen Sie mindestens 20 Prozent. Überprüfen Sie unbedingt Ihr persönliches Balancemodell.

Von anderen Dingen mehr

Auch wenn dieses zunächst paradox klingt, sollte neben der Arbeit die Zeit für private Kontakte, die Familie und die eigenen Interessen ausgebaut werden. Für eine dauerhafte

Balance ist es wichtig, auch aus den anderen Bereichen Zufriedenheit zu schöpfen. Gerade soziale Kontakte werden von vielen Männern vernachlässigt.

Entspannung und körperliche Fitness
»In einem gesunden Körper wohnt ein gesunder Geist.« Mann kann nur leistungsfähig bleiben, wenn die körperlichen Voraussetzungen dafür gegeben sind. Daher ist eine ausgewogene Ernährung, regelmäßige Bewegung (Schwimmen, Radfahren, Joggen, Wandern etc.) und Entspannung (Yoga, Meditation, Autogenes Training, Progressive Muskelentspannung), regelmäßige Vorsorgeuntersuchungen (Darmkrebs, Prostata, Herz) eine gute Basis, sich fit zu halten. Schieben Sie nichts auf. Wir haben schon alle »Ausreden« gehört – das ist echt Bullshit.

Kontrollierter Umgang mit Suchtmitteln
Mutig und ehrlich gesagt: Alle Suchtmittel sind leider Zell- und Nervengifte, zumindest ab einer bestimmten Dosierung und Regelmäßigkeit. Oder die Suchtmittel führen in die finanzielle Katastrophe, in Klamottenübergrößen, in die Einsamkeit oder in durchwachte Computer- oder Sexnächte. Eine kanadische Internetseite für Männer (www.mantherapy.org) bringt es zum Thema Sucht auf den Punkt: »one or none-therapy«. Übersetzt bedeutet dieses, können Sie es bei einem Bier, bei einem Wein, bei einem Joint, bei einer Zigarette, bei einem Spieldurchgang, bei einer Schokolade, bei einer Stunde Internet belassen, dann haben Sie die Suchtmittel im Griff. Wenn nicht, dann Finger weg. Seien Sie ein **Mutiger Mann** und notieren für sich den Suchtgebrauch der letzten Woche. No Bullshit – »one or none«, sonst hört Ihre Kontrolle auf.

Computer und Fernsehdiät – Medienkompetenz
Der Alltag wird von den »modernen Medien« überschwemmt, wenn nicht sogar bestimmt. Zwei Stunden hocken wir täg-

lich im Durchschnitt allein im Internet, 150 Mal am Tag ziehen wir das Smartphone zur Bedienung heran und ca. vier Stunden am Tag schauen wir auch noch fern und hören drei Stunden Radio. Da braucht es jetzt wenig mathematischen Sachverstand, um die audiovisuelle Überforderung zu erklären. Mutig gesagt, ist das ein »Medientsunami« für unsere Seele und den Körper, der mit Schlafstörungen, Tinnitus und Gereiztheit beantwortet wird.

Unterstützung
Mann muss nicht alles alleine machen. Es ist sicher hilfreich und auch entlastend, wenn nicht alles aus eigener Kraft gelöst werden muss, sondern professionelle Hilfe in Anspruch genommen werden kann. Es ist auch kein Zeichen von Schwäche, sondern von Achtsamkeit sich selbst gegenüber. **Mutiger Mann** sein heißt, bereits schwache Signale ernst zu nehmen, rechtzeitig professionelle Hilfe zu suchen und Dinge anzupacken. Sie tanken ja auch Ihr Auto bereits dann, wenn die Signalleuchte bei gelb ist, und warten nicht, bis Ihr Auto auf der Autobahn liegen bleibt.

1.4. Versucht – Irrwege der Abhängigkeit

Sucht und Sehnsucht

Hinter jeder Sucht steckt eine Sehnsucht nach einem unerreichbaren Traum. Wir möchten woandershin, als wir sind, scheuen aber den realistischen Weg dahin – wir wollen gleich am Ziel sein. Der Übergang von Gebrauch und Genuss zu Missbrauch und Gewöhnung ist bei dem zahlreichen Angebot von »Wunderdrogen« fließend. Der Mensch krankt oft an sich selbst. Daran, dass er nicht weiß, wer er ist, wo er herkommt, wo er hingeht und was er hier soll. Wir sind dann auf der Flucht vor uns selbst, vor unbeantworteten Fragen. Wir greifen keineswegs gleich zu Drogen, sondern geraten in viel subtilere Formen der Abhängigkeit. Wir sind genusssüchtig, konsumsüchtig, arbeitssüchtig, internetsüchtig, herrschsüchtig, wollen mehr Lohn, mehr Besitz, mehr haben, anstatt dafür zu sorgen, mehr zu sein. Hinter diesem Verhalten steckt meist ein tiefes existenzielles Loch, das nach Überkompensation verlangt.

Die Sucht ist ein gieriges Raubtier

Durch unsere Genusssucht werden wir nikotinsüchtig, esssüchtig, oder alkoholsüchtig, die Konsumsucht macht uns kaufsüchtig usw. Der schädliche Gebrauch von Mitteln oder das schädigende Verhalten lenkt uns für einen Augenblick von der unerträglichen inneren Leere ab, verlangt aber beim nächsten Mal eine höhere Dosis oder ein noch riskanteres Verhalten. Der Wunsch, sich ablenken zu wollen, entsteht durch unbewältigte Krisen, z.B. durch persönliche Schicksale und durch Vermeidung, sich mit sich selbst und dem eigenen Leben auseinandersetzen zu wollen. No Bullshit – Vermeidung und Sucht führen zu weiteren Problemen.

Eine Abhängigkeitserkrankung zieht dann leider sehr weite Kreise und betrifft beteiligte Familienangehörige ebenso wie Freundinnen und Freunde oder Kolleginnen und Kollegen. Abhängigkeitserkrankungen sind schwere chronische Krankheiten, die zu erheblichen gesundheitlichen Beeinträchtigungen und vorzeitiger Sterblichkeit führen können. Die Sucht ist wie ein gieriges Raubtier, das immer mehr frisst und am Ende sich selbst und das Umfeld zerstört.

Der Begriff »Sucht« wird im medizinischen Fachjargon durch die Bezeichnungen »Abhängigkeit, Missbrauch und schädlichem Gebrauch« ersetzt. Folgende Stufen sind dabei definiert:

- *Unerlaubter Gebrauch* ist ein von der Gesellschaft nicht tolerierter Gebrauch – z.B. Cannabis, andere Drogen
- *Gefährlicher Gebrauch* ist ein Gebrauch mit wahrscheinlich schädlichen Folgen für den Konsumenten, z.B. Ni-

kotin, Alkohol, Spielsucht, Kaufsucht, Sexsucht, Gefahr der Überschuldung

- *Dysfunktionaler Gebrauch* liegt vor, wenn psychische oder soziale Anforderungen beeinträchtigt sind, z.B. Vernachlässigung oder Verlust der Arbeit, Überschuldung, aggressives Verhalten, Panik oder Ängste
- *Schädlicher Gebrauch* hat bereits schädliche Folgen (Zellschäden, psychische Störungen) hervorgerufen, z.B. Leberschäden, Lungenschäden, Ängste oder Depressionen

Versucht – wir geben die Kontrolle ab

Normalerweise streben wir Menschen nach Unabhängigkeit, Freiheit und Autonomie. Wir wollen irgendwann das Elternhaus verlassen und unser eigenes Leben gestalten, nach unseren Vorstellungen. Doch was genau sind meine Vorstellungen? Wer bin ich denn selbst? Was macht mich aus? Was sind meine eigenen Bedürfnisse? Wie klein oder groß bin ich denn?

Die Sucht ist ein ganz schleichender Prozess und beginnt viel früher, als wir es uns zugestehen wollen. Bei allem, bei dem wir ein zwanghafteres Verhalten entwickeln oder der Meinung sind, »Es geht nicht anders als genau so« oder »Ich habe ja keine Wahl« oder »Für den anderen muss ich doch« hat die Abhängigkeit schon Macht über uns ergriffen. Sie bestimmt unser Handeln und auch unsere Gefühle, die immer weniger wahrgenommen werden können und in einer »Empfindungstaubheit« enden. In der Sucht verlieren wir den Kontakt zu uns selbst. Möglicherweise ist dies auf der einen Seite sogar erleichternd, weil wir selbst vielleicht traurig oder orientierungslos sind oder uns selbst ablehnen. Solche Gefühle auszuhalten ist ja auch alles andere als prickelnd. Auf der anderen Seite verlieren wir dadurch den Zugang zu unseren eigenen Wünschen, Bedürfnissen und den nahen Kontakt zu anderen Menschen. Wer hat die gutgemeinte Frage des Freundes oder der Partnerin nicht schon abwertend und abwehrend mit »Ich kann jetzt nicht anders« beantwortet. Wir werden schleichend kleine Zombies, die die Abhängigkeit zum Freund erklärt haben. Ein schlechter Deal – ganz im Sinne von Goethes Faust sind wir den Pakt mit dem Teufel eingegangen. No Bullshit – anders geht immer.

Schuld an diesem Dilemma sind jetzt aber nicht die anderen, unsere Biografie, die bösen Vorgesetzten, die schlechte Welt etc. und auch eine »Blitzrettung« auf Krankenschein wird es nicht geben. Es hilft nicht, die Verantwortung auf andere abzuwälzen. Der langfristig tragende Weg aus der Abhängigkeit ist die Beendigung des Selbstbetruges, das ehrliche »in den Spiegel sehen«, die Kontaktaufnahme zu sich selbst und die Übernahme von Verantwortung für das eigene Leben und die eigene Zufriedenheit.

Szene

»Ich war mal glücklich«

Die Worte eines jungen 21-jährigen Mannes, der seit seinem 15. Lebensjahr immer wieder heftige Alkoholexzesse mit Bier und Wodka in Unmengen beschreibt, zeigen eindrücklich, was Sucht mit einem macht:

»Ich habe seit mehreren Jahren ein Problem mit dem Alkohol. Ich schaffe es nie aufzuhören, wenn ich erst einmal ein paar Bier getrunken habe. Dadurch habe ich immer wieder Eskalationen und Probleme mit Familie, Freunden und Freundin gehabt. Ich war mal ein offener, freundlicher, glücklicher Mensch, und das könnte ich auch immer noch sein, aber das bin ich nicht mehr so oder nur ab und zu. Ich bin sehr lustlos und unmotiviert in vielerlei Hinsicht geworden, außer zum Sport verspüre ich keine Motivation. Ich habe immer wieder Probleme mit der Verdauung, Kopfschmerzen. (...) Das und meine schwindenden Kopfhaare unter anderem sind auch Grund meines zurückgehenden Selbstbewusstseins. Ich weiß nicht, ob das an meiner Freundin liegt oder an mir, aber ich werde schnell wütend, wenn es um

schwierigere Themen geht. Dazu rauche ich und gehe oftmals in die Spielothek, was ich noch nicht als Sucht bezeichnen würde, aber was ich lieber mal lassen sollte.«

Dieser junge Mann hatte vollständig den Kontakt zu seinen eigenen inneren Gefühlen und Bedürfnissen verloren und die Selbstwertprobleme mit Alkohol ertränkt, bis er irgendwann von der Polizei mit 2,4 Promille am Steuer aufgegriffen wurde. Seine komplette Lebensplanung stand auf dem Spiel. Die gesamte Familie wurde zu einem Helfergespräch eingeladen, mit klaren Vorgaben für die ersten Wochen. Auf ein absolutes Alkoholverbot und auf eine regelmäßige Arbeit an sich selbst konnte der Sportler und Student sich einlassen. Richtig mutig war es, dass er ehrlich in den Spiegel geschaut hat und seine nagenden Selbstwertzweifel aktiv angegangen ist. Den größten Sieg hat er über sich selbst errungen.

1.4.1. Zahlen, Daten, Fakten – Abhängigkeit ist unersättlich

Sucht Definition (*www.caritas.de*)

»Sucht ist die umgangssprachliche Bezeichnung für die Abhängigkeit von einer Substanz oder einem Verhalten. Der Betroffene hat keine Selbstkontrolle mehr.

Er steht unter dem Zwang, mithilfe von bestimmten Substanzen (z.B. Alkohol) oder bestimmten Verhaltensweisen (z.B. Glücksspielen) belastende Gefühle zu vermeiden. Unterschieden wird in sogenannte substanzbezogene und verhaltensbezogene Abhängigkeiten. Sucht ist als Krankheit anerkannt. Renten- und Sozialversicherungsträger und gegebenenfalls Träger der Sozialhilfe müssen die Behandlungskosten übernehmen.«

- Drogen und Suchtmittel verursachen in Deutschland erhebliche gesundheitliche, soziale und volkswirtschaftliche Probleme

- 14,7 Millionen Menschen rauchen; jährlich sterben in Deutschland über 120.000 Menschen an den Folgen des Tabakkonsums
- 9,5 Millionen Menschen in Deutschland konsumieren Alkohol in gesundheitlich riskanter Form. Etwa 1,8 Millionen Menschen gelten als alkoholabhängig. Zudem ist missbräuchlicher Alkohol einer der wesentlichen Risikofaktoren für zahlreiche chronische Erkrankungen (z. B. Krebserkrankungen, Erkrankungen der Leber und Herz-Kreislauf-Erkrankungen) und für Unfälle. Jedes Jahr sterben in Deutschland mindestens 74.000 Menschen an den Folgen ihres Alkoholmissbrauchs
- Durchschnittlich werden pro Kopf der Bevölkerung jährlich rund zehn Liter reinen Alkohols konsumiert, das entspricht ca. 100 Liter Wein (ca. 150 Flaschen/ Jahr sind drei Flaschen/ Woche) oder 250 Liter Bier (ca. 750 Flaschen/Jahr sind zwei Flaschen/ Tag)
- Schätzungen legen nahe, dass 2,3 Millionen Menschen von Medikamenten abhängig sind
- Rund 600.000 Menschen weisen einen problematischen Konsum von Cannabis und anderen illegalen Drogen auf
- Gut 500.000 Menschen zeigen ein problematisches oder sogar pathologisches Glücksspielverhalten
- Durchschnittliche Internetnutzung pro Tag zwei Stunden, Fernsehen pro Tag vier Stunden, Radio pro Tag drei Stunden, Online-Spiele bis zu 30 h/Woche
- Auch eine exzessive Internetnutzung kann zu abhängigem Verhalten führen. Es ist davon auszugehen, dass in Deutschland etwa 560.000 Menschen onlineabhängig sind

(Epidemiologischer Suchtsurvey 2015, Bundesministerium für Gesundheit. Vgl. Piontek et al. 2016)

Versucht – das Ego aufpolieren

Bevor es zu medizinisch klassifizierten und statistisch sichtbaren Abhängigkeitserkrankungen kommt, gibt es eine Vielzahl subtiler Anzeichen von mangelnder Selbstbestimmung und scheinbarer Abhängigkeit. Einige grundlegende Zweifel und Ängste regen sich möglicherweise schon früh in unserem Leben wie z.B. Selbstwertkonflikte und die innere Sorge, »ausreichend zu sein«. Um zu beweisen, dass Mann doch ein klasse Typ ist, schreit man dann »hier«, wenn es um Mutproben geht, oder findet sich in der Rolle des ewig witzigen »Klassenclown« wieder. Auch Helden oder Helfer werden immer gerne gesehen, manchmal auch der Klassenbeste (zumindest vom Lehrer und von den Eltern). Als Rebell ist es auch möglich, in die Annalen des Klassenbuches einzugehen. Ob dieses Verhalten auf Dauer wirklich der Bringer ist, ist zweifelhaft, doch irgendwie muss Mann ja schließlich sein Ego aufpolieren. Werden allerdings diese Rollen zu »Identitätsattrappen« und wächst da nichts Eigenes nach, bleiben wir abhängig von der Bestätigung durch andere Menschen oder durch Statussymbole. Und da ist es auch schon das Wort »abhängig«. Wir sind nicht mehr wirklich frei in unserem Verhalten, in unseren Entscheidungen. Es gibt Männer, die werden entschieden. Wo ein Außenstehender denkt: »Was macht der denn da? Das kann doch so gar keine Freude bereiten. In dieser Beziehung, mit der schlechten Ausbildung. Hat der gar keine eigene Meinung.« Andere Männer spielen ihr Leben lang eine Rolle und haben den Zugang zu ihren eigenen Gefühlen und den Anschluss zu ihren Schutzbedürfnissen verloren. Im Außen mag das sogar noch super aussehen, z.B. der Job, das Auto, die weiten Reisen etc. Im Inneren ist da gähnende Leere, alles Attrappe. Wieder andere Männer retten alle Frauen und die Welt dazu, gehen über ihre eigenen Grenzen und sind später völlig ausgelaugt und erschöpft. Eine andere Gruppe Männer ist so geltungsbedürftig, dass Erfolge oder persönliche Kompetenzen anderer grundsätzlich abgewertet werden müssen. Auch findet diese Gruppe es wenig lustig, mit dem eigenen Alter oder den eigenen Schwächen konfrontiert zu sein, weshalb sehr junge Freundinnen oder unterlegene Partner eine gute Wahl sind. Auch die Dauerberieselung durch Internet und Fernsehen ist eine ubiquitäre Methode, sich sein eigenes »Elend« nicht anschauen zu müssen, »heute noch nicht – später vielleicht«. In all diesen aufgeführten Beispielen beginnt die Verleugnung der eigenen Persönlichkeit, die Verdrängung eigener Ängste subtil zu wirken. Ja klar, der blonde Engel im eigenen Arm ist gefühlt deutlich besser als die Angst vor dem Jobverlust oder dieses ätzende Gefühl der Hilflosigkeit.

No Bullshit: Mit den Sätzen »Ich kann gerade nicht anders«, »Was soll ich denn tun«, »Ich zeige denen mal, wo der Hammer hängt« beginnt die Abhängigkeit, sich mit allen Mitteln immer weiter zu verstecken und immer mehr Selbst-Attrappe um sich herum zu bauen. Ein Teufelskreis des Selbstbetruges, der Lügen, des Missbrauchs von Alkohol & Co oder süchtigen Verhaltensweisen und der Verantwortungsabgabe an andere beginnt.

Das weite Feld der Abhängigkeit

Die Möglichkeiten, sich der Realität zu entziehen und die eigenen »Identitätsattrappen« als scheinbare Helden vor Enttarnung zu schützen, sind zahlreich. Angefangen mit immer weniger selbstkontrollierbarem Verhalten, über die Entwicklung von »Alltagssüchten« wie Geltungssucht, Internetsucht, Esssucht, zu viel Alkohol und Nikotin, dem Missbrauch von Medikamenten und über die ständige Beschäftigung mit dem eigenen Körperbild – landen wir dann möglicherweise in der körperlichen und psychischen Abhängigkeit von illegalen Drogen. Was der »Markt so hergibt«, ist in der folgenden Abbildung zusammengefasst.

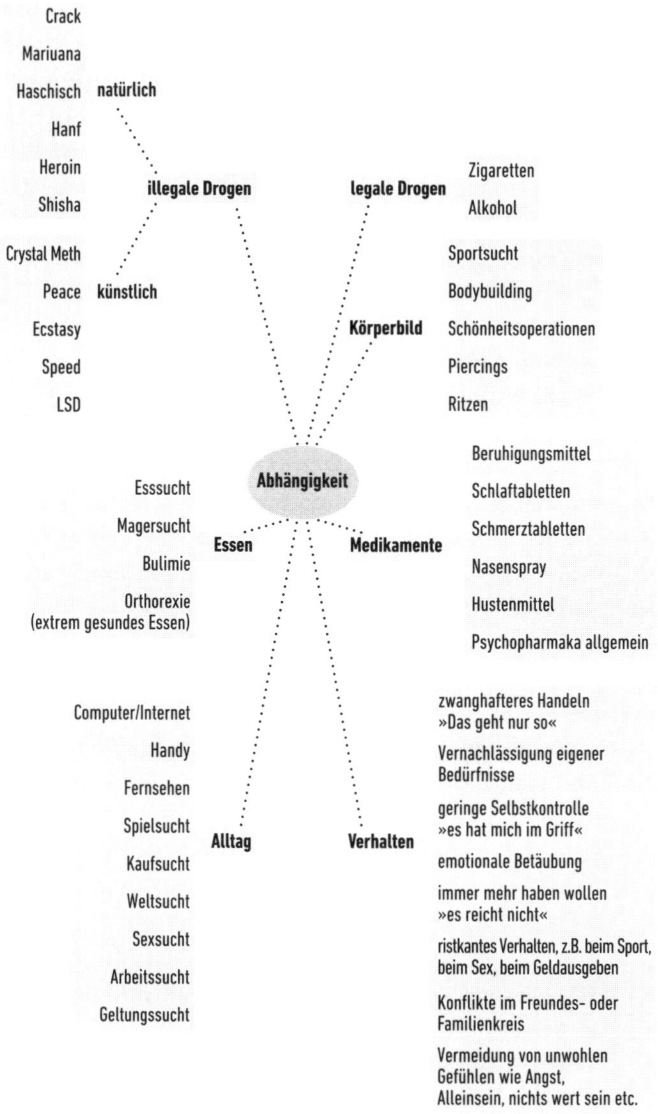

(Abbildung: Zusammenstellung aller verhaltens- und stoffgebundenen Süchte nach C. Christ, 2017)

Die ein oder andere abhängige Seite wird sicher jeder bei sich entdeckt haben. Solange wir uns noch selbst im Griff haben und »Herr der Lage« sind, können wir in die Versuchung ja auch mal eintauchen, und ganz nach Odysseus den Sirenen beim wunderschönen Gesang zuhören oder den lieblichen Wein kosten oder die Sterne vom Himmel holen oder der Held im Phantasy-Roman sein. Doch seien Sie mutig und tauchen Sie wieder auf.

1.4.2. Mutiger Mann sein – Anerkennung geht anders

Um den Verlockungen der allgegenwärtigen Versuchungen zu widerstehen, braucht es Ihren ganzen Mut. Das ist wirkliche Schwerstarbeit, die zahlreichen Angebote für ein schnelles »Ego-Polish« abzulehnen und lieber den mühseligeren, weiteren und auch noch emotional anstrengenderen Weg zu wählen. Jeder »Sales-Manager« würde ein solches Produkt für nicht marktfähig halten. Doch wir selbst sind ja auch ein »Produkt«, das ca. 80 Jahre lang halten muss. Das braucht also Substanz, Unabhängigkeit von äußeren Einflüssen und Nachhaltigkeit. Alles andere ist nah dran an Bullshit.

In der Begleitung von Männern lautet unser ständiges »Mantra«:

- Ihr müsst nicht immer stark und toll sein
- Seid mutig und lasst eure Ängste, Bedürfnisse und die Gefühle von Traurigkeit, Hilflosigkeit und Einsamkeit zu
- Ihr selbst dürft euer Leben gestalten
- Haltbare Stärke kommt durch die Auseinandersetzung mit dem Leben
- Geht den ersten Schritt und wagt neue Wege
- Disziplin, Maßhaltung, Bescheidenheit, Fürsorge und gute Achtsamkeit sind wunderbare Begleiter

- Seid ehrlich und entdeckt eure Fähigkeiten
- Sucht und Abhängigkeit ist nie eine gute Lösung
- Sucht und Abhängigkeit führt auf Dauer in die Zerstörung

Hier ist Platz für Ihre eigene Reflexion – so könnten Sie sich selbst sortieren:

Fragen	Situationen
Wo gebe ich die Kontrolle ab und meine, nicht anders handeln zu können?	
Wie gehe ich mit Nikotin, Alkohol, Essen um?	
Brauche ich Anerkennung von anderen?	
Wodurch bekomme ich Anerkennung?	
Wo fühle ich mich hilflos und klein?	

1.5. Victory – Sieg und Niederlagen begegnen

Niemand spaziert einfach durch das Leben, ohne anzuecken, auszurutschen und einzustecken. Dies ist sogar den Beatles widerfahren. »Uns gefällt Ihr Sound nicht, und Gitarrenmusik ist ohnehin nicht gefragt« (Begründung der Plattenfirma Decca 1962, die die Beatles ablehnte).
Auch Steve Jobs wurde mit 30 Jahren aus der Firma, die er selbst gegründet hatte, gefeuert. Ford brauchte drei Anläufe, um die Ford Motor Company zum Leben zu erwecken. Hier ließen sich zig Beispiele aufführen.

Schlappen einstecken

Weil jeder Mann irgendwann eine Schlappe einstecken muss und das Gefühl dabei alles andere als heldenhaft ist, gibt es viele literarische und auch künstlerische Versuche, das

Scheitern sogar mit »Lust am Scheitern«, »Glück des Scheiterns« oder »Scheitern als Chance« etc. zu verkaufen.
Der Kommentar über die brasilianische WM Niederlage im Halbfinale 2014 gegen Deutschland entbehrt allerdings jeglicher »Lust am Scheitern«:
»Dass Brasilien sich nun erneut einen anderen Nationaldress suchen wird, ist unwahrscheinlich. Aber die Niederlage vom Dienstagabend, dieses dröhnende 1:7 in Belo Horizonte gegen eine beeindruckende deutsche Mannschaft, hat das Zeug zum neuen Fußball-Trauma. So groß war der Traum vom »Hexa«, dem sechsten WM-Titel. So groß war der Schmerz nach der Niederlage.« (luk 2014. Spiegel online)
Da ist von »dröhnend«, »Trauma« und dem »großen Schmerz« die Rede, emotionale Vernichtungsgefühle, die in der Akutsituation erst mal verdaut werden müssen. Niederlagen ziehen uns zunächst runter, machen hilflos, sind ungerecht, verunsichern, sind uns peinlich, hinterlassen ein trauriges Gefühl und demoralisieren. Mann liegt am Boden. Diese heftige emotionale Reaktion ist vielleicht damit verknüpft, dass wir Niederlagen als »Du bist ein Verlierer«, »Du bist schlecht« werten. Dann gibt es auf der anderen Seite den Gewinner, den Guten, den Helden. Ganz schön schwarz-weiß.
Wie muss sich Christian Wulff gefühlt haben, nachdem er sein Amt als Bundespräsident, sein öffentliches Ansehen und dann noch seine Frau verloren hatte.

Eine Niederlage trifft das Ego mit voller Wucht

Eine Niederlage trifft das Selbstwertgefühl mit voller Wucht. Es braucht eine Zeit der Trauer und der Neuorientierung, um das Scheitern wegzustecken und in das Selbstbild zu integrieren. Scheitern ist eine Grenzerfahrung, ein »kleiner Tod« inmitten des Lebens. Es treten im Scheitern persönliche Seiten an uns hervor, die uns selber fremd vorkommen. Auch der Sieg ist eine Grenzerfahrung, der »Griff nach den

Sternen«, der wieder andere Seiten unserer Persönlichkeit hervorblitzen lässt. Dies ist ein spannendes Phänomen, dass in der Begegnung mit anderen Menschen, in dem Erleben bestimmter Situationen und in den Extremerfahrungen von Sieg und Niederlage unterschiedliche Charakterzüge an die Oberfläche treten. Auf der einen Seite kann Wohlbefinden und Stolz auf die Matte treten, auf der anderen Seite Schuld und Hilflosigkeit, vielleicht auch eine immense Wut oder ein unglaublicher Aktionismus.

Szene

Ich bin schuld

Ein 46-jähriger Sales-Verantwortlicher für eine Firma mit Outdoor-Artikeln kam zu uns in die Akademie mit dem Anliegen, auf Kritik von Vorgesetzten und dem sofortigen Gefühl »Ich bin schuld«, »Ich habe etwas falsch gemacht« besser reagieren zu können. Aus seiner eigenen Biografie hatte dieser Mann verinnerlicht, »wenn es meiner Mutter nicht gut geht, liegt es daran, dass ICH das Problem bin«. Diese emotionale »Tätowierung«, »ich bin das Problem, ich habe was falsch gemacht«, wenn das Gegenüber Unwohlsein und Unmut äußert, hat sich tief eingegraben. Um diesem am Selbstwert nagenden Gefühl aus dem Weg zu gehen, hat dieser sehr warmherzig wirkende Mann versucht, alles wirklich immer gut bis perfekt zu machen. »Ich denke alles zehnmal durch und bin so darauf bedacht, Erfolge vorzuweisen. Nun hat der Chef mich unberechtigterweise eines Kalkulationsfehlers bezichtigt. Ich fühlte mich innerlich wie ein kleines Kind und konnte nichts mehr sagen. Dieses Gefühl ist so schrecklich.«

Dieser Mann konnte schnell nachvollziehen, dass er Unzufriedenheit von anderen Menschen damit verknüpfte, selbst nicht genug geleistet zu haben. Bullshit: mit dem Leitsatz »Ich persönlich bin nicht das Problem« konnte er langsam mehr Selbstbewusstsein aufbauen.

Ich finde einen Weg

Die Endurance-Expedition von Ernest Shackleton. Anfang des 20sten Jahrhunderts sticht die Endurance in See. An Bord sind Sir Ernest Shackleton und seine Mannschaft. Kurs Antarktis. Ambitioniertes Ziel der Expedition: Die Ersten sein, die diese menschenfeindliche Eiswüste durchqueren. Wahnsinn. Noch bevor sie den fremden Kontinent erreichen, zerbricht ihr Schiff und sie müssen auf das Packeis flüchten. In dünne Stoffzelte, die nicht für solche Notfälle gedacht waren. Kälte, Nässe, Gefahren, Monotonie und Hunger nagen an Körper und Moral. Monate vergehen. Als das Packeis zu schmelzen beginnt, haben sie keine Wahl: Sie müssen auf das aufgepeitschte Polarmeer hinaus. Das ultimative Ziel: Überleben. 28 Männer gegen die Natur. Isoliert, auf sich allein gestellt und vollständig aufeinander angewiesen.

Shackleton beweist in dieser aussichtslosen und gescheiterten Situation, was Klarheit, Vertrauen, Hoffnung und Übernahme von Verantwortung bewegen kann. Es gelingt ihm und seinem Führungsteam, die gesamte Mannschaft nach zwei Jahren Odyssee zu retten – gegen jede Wahrscheinlichkeit.

1.5.1. Zahlen, Daten, Fakten – Niederlagen werden überschätzt

Zahlen können wir zu diesem Thema kaum aufzeigen, allerdings aus unserer Erfahrung einige Gedanken und »Statements«:

- Jeder Lebenslauf zeugt von Höhen und Tiefen, Niederlagen und Siegen
- Wer etwas Neues probiert, macht auch Fehler und entwickelt sich weiter

- Ein Problem entsteht erst dann, wenn Fehlermachen mit Versagen gleichgesetzt wird (Professor Heiner Keupp in Schießl M. 2013)
- Vertreten Sie Ihre Misserfolge offensiv und bewahren Sie den aufrechten Gang (Heinz Becker, Managementberater in Schießl M. 2013)
- Fehlschläge um jeden Preis vermeiden zu wollen schadet mehr, als es nützt
- Nicht nur das eigene Gefühl, gescheitert zu sein, macht eine Niederlage zu einer großen Belastung. Die Angst vor Reaktionen der Umwelt, wie Mitleid, Missbilligung oder Spott verstärken dieses Gefühl noch
- Niederlagen werden überschätzt
- Es gibt immer ein Meer an Möglichkeiten, wenn Sie bereit sind, sinkende Ziele aufzugeben. (U. Haeske, Shackleton Führung)
- Man kann nicht gleichzeitig ein kalkulierbares Leben auf sicherem Grund und ein unvorhersehbares Abenteuer auf einem unentdeckten Kontinent haben. (U. Haeske, Shackleton Führung)
- Durch viele Umwege wird man ortskundig.
- Wer nichts wagt, der nichts gewinnt.
- Alles bestens! Gewöhnliche Männer erzählen von ihren Siegen, ungewöhnliche von ihren Niederlagen. (so der Buchtitel von Nachförg H. 2011)

Vom Boden aufstehen

Schon als Kind verlassen wir das sichere Terrain des Bodens und wagen uns in die Höhe. Wir erlernen das Laufen, welches uns zwangsläufig zu 100-fachem Hinfallen nötigt. Wir sind alle aufgestanden, wieder und wieder. Lesen und schreiben beherrschen wir auch nicht gleich, und nicht jeder ist ein Mathematik- oder Musikgenie. Sie sind doch sicher auch irgendwann mal vom Baum gefallen oder vom Fahrrad gestürzt. Beim ersten Sex lief auch nicht alles glatt und wer

hat nicht mindestens eine wichtige Prüfung versemmelt. Jeder, der das Abenteuer des Lebens wagt, der fällt auch hin oder muss seine Ziele und erhofften Träume notgedrungen aufgeben. Hilfreich ist es, die Wunschvorstellungen einer neuen Situation anzupassen und sich nicht wie ein Terrier an Vexierbildern festzubeißen. Das Leben ist nicht ein einziger Höhenflug, eine Aneinanderreihung von Siegen, sondern eine Pendelbewegung. Sogar in Firmen sickert die Erkenntnis durch, dass immer »höher, schneller, weiter« nicht funktioniert, und Abteilungen beginnen, »eine positive Fehlerkultur« zu implementieren.
Als junge Ärztin auf der Intensivstation war ich heilfroh, dass mich eine Krankenpflegerin sofort darüber informierte, dass sie aus Versehen die zehnfache Dosis eines Blutverdünnungsmittels gespritzt hatte. Ein verheerender Fehler, der durch die Offenheit sofort korrigiert werden konnte. – Und »Ja«, es gibt auch Niederlagen, die wir nicht mehr korrigieren können und die einer längeren Verarbeitung bedürfen.

Emotionen zulassen und mitteilen

Niederlagen schmerzen, weil die ganze Hoffnung, die ganze Energie, die ganzen ausgemalten Träume wie eine Seifenblase zerplatzen. Unser Herzblut ist um das gute Ergebnis betrogen. Wir sind frustriert, demotiviert, hilflos, wütend, traurig, enttäuscht, verstehen die Welt nicht mehr, finden alles ungerecht oder wünschen den Menschen, die uns das angetan haben, die Pest an den Hals. Wir sind vielleicht von uns selbst enttäuscht, beschämt. Unser Selbstwert und die ersehnte Anerkennung von außen bröckelt. Es ist schrecklich.
Lassen Sie diese Emotionen zu und reden Sie auf alle Fälle darüber. Mit einem vertrauten Menschen, einem Freund, der Familie, dem Hausarzt, einem Coach, dem Therapeuten oder erzählen Sie es Ihrem Hund oder schreiben Sie es sich von der Seele. Der Austausch, das Reden aktiviert unser Ge-

hirn und die negativen Emotionen lassen schneller nach. Gut gemeinte Ratschläge wie »das wird schon wieder«; »Du bist doch stark« helfen überhaupt nicht, sondern lassen uns eher noch einsamer fühlen. Der Zuhörer kann am besten durch Anwesenheit, Anteilnahme und Mitgefühl helfen.

Mit Distanz die Situation betrachten

Wenn die erste emotionale Welle abgeebbt ist, sollten wir nicht in Muster verfallen wie »Augen zu und durch« oder nach Ersatzbefriedigungen jagen; »Wissen Sie Frau Christ, da habe ich mir den roten Porsche gegönnt. Ist ja eh alles egal.« oder »Vor lauter Frust bin ich dann zu einer Prostituierten, im Nachhinein habe ich mich aber schlechter gefühlt.«. Auch Stalking-Anrufe oder die Blumen des Nachbarn mit Essig zu bestäuben sind Versuche, den Emotionen Herr zu werden. No Bullshit! – die kleine Rache führt zu weiteren Stolpersteinen.

Etwas cleverer ist es, die Niederlage aus der Distanz zu betrachten und alle Facetten dieser Situation zu beleuchten. Wir können analysieren, was zu diesem Scheitern geführt hat, können unsere Anteile und auch die der anderen erkennen. Ein wichtiger Schritt ist es, sich selbst gegenüber das Scheitern zuzugeben und sich Schritt um Schritt von den alten Zielen zu verabschieden. Dies ist ein Trauerprozess, der nicht von heut auf morgen über die Bühne läuft, sondern Zeit braucht.

Gestehen Sie sich eine Phase zu, in der Sie nicht optimal funktionieren und in der immer wieder mal ein wildes Gemisch an Gefühlen zur Oberfläche drängt. Das ist in Umbruchphasen normal. Wir kämpfen um eine neue Stabilität, die nicht an einem Tag erbaut werden kann.

Nach vorne blicken, Neuorientierung
In der nächsten Phase sind Sie langsam in der Lage, nicht mehr mit heftigen Emotionen zu reagieren, und haben die alten Ziele und Hoffnungen langsam verabschiedet. Es keimen neue Ideen auf, die in Gedanken schon mal einen Probelauf starten können. Sie übernehmen die Verantwortung für Ihren weiteren Lebensabschnitt und verharren nicht in Schuldzuweisungen, auch wenn es objektiv ungerecht zugegangen ist. Halten Sie sich Ihre Stärken vor Augen, kommen Sie aus Ihrer Höhle und probieren Sie einfach mal etwas Neues aus. Lassen Sie sich in Gedanken auf neue Ziele ein, werden Sie damit warm. Integrieren Sie Niederlagen in Ihr eigenes Persönlichkeitskonzept. Vielleicht gibt es auch einige Dinge, die Sie an sich ändern wollen oder die Ihnen durch das Scheitern klargeworden sind. Nicht selten ist die neue Richtung gar nicht so übel.

1.5.2. Mutiger Mann sein – Sieg und Niederlagen mutig begegnen

Niederlagen sind in unserer optimierten und perfektionierten Welt immer weniger erlaubt. Theoretisch sind wir doch allseits aufgeklärt, jede Information ist uns sofort zugänglich, wieso denn dann noch scheitern? Wir stecken uns – verführt durch die virtuellen Scheinwelten – viel zu hohe Ziele und wollen gleich am Endpunkt sein, ohne die vielen kleinen Zwischenschritte zu bewältigen und zu trainieren. Ein Marathon hat eben über 42.000 Meter und jeder einzelne davon will gelaufen sein, erst dann kommt die Ziellinie. Da in Deutschland im Prinzip »alles sofort und unbegrenzt« zur Verfügung steht, lernen wir immer weniger, mit alltäglichen Frusterlebnissen, Grenzen und der Nichterfüllung von Wünschen umzugehen. Das ist aber Bullshit!

SOS-Signale der Männer

In unserer Akademie erleben wir täglich mutige Männer, die hilflos in der Patsche sitzen und das Mobilphone zur Hand nehmen, eine Mail schreiben und zumindest eine Andeutung machen können, dass es Ihnen nicht wirklich gut geht. Es sind Formulierungen im Männer-Jargon wie »So geht das nicht weiter« (übersetzt »Mir geht es sauschlecht und mein Job steht auf dem Spiel.«) oder auch »Ich bin zweimal geblitzt worden« (übersetzt: »Ich bin völlig kraftlos und habe die Radarkontrollen nicht mehr wahrgenommen, ich verliere die Kontrolle über mein Leben.«). Manche zugesendeten Bilder drücken die nichtgesagten Emotionen aus oder der Rücken schmerzt und die Grippe geht einfach nicht mehr weg. Dann muss der Körper »reden«.

Wichtig ist, sich Beistand zu suchen und alles auf den Tisch zu legen. Das hilft und ist mutig. Je eher Sie sich melden, umso rascher können die richtigen Weichen gestellt werden. Es gibt leider immer wieder Helden, die alles alleine machen wollen und von einer schwierigen Situation in die nächste schlittern. Folgende Themen werden häufig als Niederlagen und Scheitern von Männern vorgebracht:

- Ehekrisen bis hin zu Trennungen
- Finanzielle Probleme bis hin zu Schulden und Insolvenzverfahren
- Körperliche Erkrankungen, die in den Alltag neu integriert werden müssen (Herzinfarkt, Diabetes, Schmerzen, Bluthochdruck, Tinnitus, Prostatakrebs, Erektionsstörungen etc.)
- Schwierige Situationen mit dem Job bis hin zu Kündigungen
- Selbstwertkrisen durch fehlende Anerkennung
- Verluste
- Sinnkrisen
- Süchte
- Konflikte mit dem Gesetz

- Themen und Niederlagen mit der Rolle als Vater
- Themen mit der sexuellen Identität, sexuelle Wünsche etc.
- Prüfungsängste
- Soziale Ängste

In der Begleitung mit diesen Männern erleben wir in der Regel ein gutes Miteinander, Offenheit und den Mut, etwas im Leben zu verändern. Die Siege erfahren wir dann in späteren Ansichtskarten, Hochzeits- oder Babyfotos, Teilnahme an Männerkursen, erreichtem Wunschgewicht, sexuellem Outing, dem neuen Arbeitsvertrag etc. Aber auch Siege brauchen eine Integration in unser eigenes Selbstverständnis. Manche siegreichen Helden heben ab und verlieren die Bodenhaftung. Der Sturz wiegt dann umso schwerer. Wie gesagt, das Leben ist eine Pendelbewegung.

Die Tabelle hilft, mit Niederlagen besser umzugehen

Victory – Sieg und Niederlagen

Das ist normal	Jeder Lebenslauf zeugt von Höhen und Tiefen, von Sieg und Niederlagen
Emotionen wahrnehmen, zulassen	Wir sind frustriert, demotiviert, hilflos, ängstlich, wütend, traurig, enttäuscht, verstehen die Welt nicht mehr, finden alles ungerecht, erleben Hass- und Rachegefühle, fühlen uns schuldig, haben existenzielle Sorgen etc.
Körpersignale beachten	Schlafstörungen, wenig oder mehr Appetit, hoher Blutdruck, Rückenschmerzen, Verdauungsprobleme. Erektionsstörungen, Tinnitus, häufige Erkältungen
Sich jemanden anvertrauen	Reden Sie mit einem Freund, einer guten Freundin, dem Hausarzt, einem Coach oder Therapeuten, schreiben Sie sich alles von der Seele. Verkriechen Sie sich nicht in die Höhle
Ablenkungsmanöver bringen nichts	Die rasante Autofahrt, der Alkoholexzess, die sexuelle Befriedigung oder auch die Bagatellisierung und der heldenhafte Alleingang oder der Rückzug bringen nur kurzfristige Entlastung

Übernehmen Sie Verantwortung	Die Bauchlandung ist passiert und Sie waren daran beteiligt. Verharren Sie nicht in der Schuldzuweisung oder im Ärger. Und nehmen Sie nicht alles persönlich. Übernehmen Sie Verantwortung und blicken Sie auf das, was Sie aus der Situation lernen können
Den Selbstwert bewahren	Bleiben Sie nicht in zerstörerischen Selbstvorwürfen oder Schamgefühlen hängen. Eine Niederlage trifft das Selbstwertgefühl mit voller Wucht und muss verarbeitet werden. Aber auch ein 20-Euro-Schein, auf dem man rumtrampelt, ist noch 20 Euro wert.
Gehen Sie gut mit sich um	Seien Sie mit sich gnädig und verurteilen Sie sich nicht so hart. Überlegen Sie, was Ihnen guttäte, z.B eine Wanderung, ein Gespräch, Musik, Zeit für sich, Handy-Diät Und nutzen Sie Humor!
Aus der Niederlage lernen	Finden Sie heraus, was zu dieser Niederlage beigetragen hat, was Ihre Anteile dabei waren. Was lief gut, was lief falsch. Was war vielleicht nicht zu ändern? Wo hatten Sie keine Chance? Wollten Sie zu viel? Haben Sie von Beginn an zu wenig eingefordert?
Auf Stärken besinnen	Entwickeln Sie sich weiter und lernen Sie aus Ihren Fehlern. Was sind Ihre Kompetenzen? Was wollen Sie wirklich in Ihrem Leben? Vielleicht besuchen Sie einen Kurs oder nehmen sich eine kurze Auszeit. Wo könnten Sie wieder etwas lernen?

Fazit – Frühe Signale verstehen

Sich gut um sich selbst zu kümmern und damit der eigenen körperlichen und seelischen Gesundheit eine Wertschätzung zu geben, ist und bleibt eine lebenslange Aufgabe. Als Richtlinie kann ein aktueller »TÜV« der Lebensbalance dienen, um rechtzeitig Kurskorrekturen einzuleiten. **Mutiger Mann** sein bedeutet, frühe Warnsignale nicht auf die leichte Schulter zu nehmen, sondern offener und ehrlicher damit umzugehen. Der Körper und auch die Seele wissen sehr wohl, wann es genug ist und wo der Abgrund lauert. Sie müssen nicht dauerhaft den coolen James Bond spielen,

sondern dürfen an seine Seite den »James Help« stellen, der die riskanten und selbstdestruktiven Szenen mit einem NEIN beantwortet. Das ist doch ein gutes Team. Und mutig ist es auch, über Frühwarnzeichen zu reden und Hilfe einzuholen. Sie müssen nicht alles alleine stemmen, aber dennoch Verantwortung für sich übernehmen. In Schuldzuweisungen und Aggressionen stecken zu bleiben, hilft keinen Meter weiter und bringt auch keine Gesundheit.
Doch nicht nur Änderungen im eigenen Verhalten sind angesagt, auch die Politik muss sich etwas mehr anstrengen, um den Männern bessere Zugangswege zur Vorsorge und niederschwellige Angebote zu ermöglichen. Im Sinne der Prävention sind schon sehr frühzeitige Maßnahmen wie ein auch Jungen angepasstes Kindergarten- und Schulangebot angesagt. Mangelnde Bildung macht später krank. Auch Arbeitgeber sollten ihre Fürsorgepflicht gegenüber Männern ausbauen, die in der Regel körperlich härtere und gefährlichere und von den äußeren Umständen her gesundheitsschädigendere Arbeiten verrichten.
Und die Männer dürfen selbst auch noch mehr für ihre Belange in die Bresche springen. Seid mutig und kümmert euch unbedingt mehr um die eigene Gesundheit.

VISIONÄR

2

2.0. Einleitung

30 Männer waren nach einem Spaziergang in kleinen Gruppen in den Seminarsaal zurückgekehrt und wir versuchten nun, die gemeinsamen Themen der unterschiedlichen Gespräche in der großen Runde zu sammeln. »Eigentlich wissen wir beide nicht so genau, wofür wir uns am Arbeitsplatz so sehr anstrengen, wohin wir eigentlich wollen!« Noch während dies ausgesprochen wurde, fiel ein anderer Mann schon ins Wort »... Ja, genau, ich weiß auch nicht mehr, was ich eigentlich dort wollte!« »Wofür machen wir das?« »Wer bin ich in dieser Beziehung geworden?« »Wozu habe ich mich verleiten lassen?« »Wofür gebe ich das Geld aus?« »Wenn die Kinder aus dem Haus sind, dann werde ich ...« Mit viel Elan und hoher Dringlichkeit sprudelten die Fragen aus den Männern heraus und wir hatten Mühe, das Gespräch zu moderieren. Obwohl die Einladung zum Gesprächs-Spaziergang keine inhaltliche Festlegung hatte, kamen die Männer zurück mit ihren Fragen nach der persönlichen Vision. Dies war plötzlich der verbindende Gedanke in der Runde. Und bei vielen Teilnehmern schien die verloren geglaubte Energie, die gespürte Lustlosigkeit in der Sexualität, der Auslöser für körperliche Beschwerden, die Sinnkrisen und selbstschädigende Ablenkungen mit der verlorenen Vision in Verbindung zu stehen.

Szene
Anderer Ort, andere Situation: Ein Bekannter hatte von diesem Buchprojekt erfahren und schrieb daraufhin folgende sehr bewegende Zeilen »als Beitrag« für unsere Arbeit:
»Treusorgender liebevoller Ehemann und Familienvater erhält die Diagnose Krebs. Der 55-Jährige wird operiert. Er erfährt, dass er nie wieder richtig gehen können wird – zukünftig nur

noch mit Stock! Das bewegt ihn dazu – in der Zeit der Rekonvaleszenz mit viel ›Alleinsein‹ –, über sein Leben nachzudenken. Sein konservativ-bürgerlich-katholisch geprägtes Wertesystem verbot ihm bis dahin, seine 27-jährige Ehe infrage zu stellen. Nun stellt er fest, dass seine Kinder schon aus dem Haus sind – zum Studium und im Beruf. Sie brauchen ihn nicht mehr und sind finanziell nicht auf ihn angewiesen. Warum soll er jetzt, wo er nicht weiß, wie viel Jahre ihm in welcher gesundheitlichen Verfassung noch bleiben, nicht sein Leben neu aufteilen? Warum soll er nun zum Beispiel länger auf den seit fast 40 Jahren in ihm schlummernden Wunsch verzichten, sich ein großes Motorrad anzuschaffen und entsprechende Touren zu fahren? Seine Frau hatte ihm dies stets mit Hinweis auf die Vernunft und Verantwortung für Familie und Beruf ausgeredet. Er hatte diese Einwände stets aus Vernunft befolgt. Warum also jetzt noch?«

Die Männer aus der Seminargruppe waren durch den gemeinsamen Spaziergang auf ihre offenen Fragen zur persönlichen Vision gestoßen. Unser Bekannter hatte in der Auseinandersetzung mit seiner schweren Erkrankung eine »richtungsweisende, erneuernde Zukunftsvorstellung« entworfen und entsprechend seine Entscheidungen getroffen. Er hatte für sich eine neue »Vision« gefunden. Das »immer weiter so« wich plötzlich den Fragen »Wozu?« »Was macht Sinn für mich?«. No Bullshit: ohne Visionen verlieren wir uns in der Sinnlosigkeit.

Mit dem Floß über den Kindheitsteich, mit dem Schlauchboot zur Flussmündung, mit dem Katamaran ins Regatta-Ziel, mit dem Trimaran in 40 Tagen um die Welt. Wenn die Vision stimmt, fällt der Mannschaft schon ein, wie die Wege zu meistern sind! Die Vision – also eine vorweggenommene Idee oder ein in die Zukunft platziertes Ziel – verändert unsere Handlungsbereitschaft bereits im Jetzt und wir erleben unser Tun als **»sinnvoll«**! Vielleicht können wir im **Kapitel 2.1.** gemeinsam einen neuen Kurs abstecken.

Der Erfahrungsschatz der Märchen und Mythen weiß, dass es nicht ausreicht, die Zielkoordinaten der Vision ins Navi einzugeben, sich aufs Pferd zu schwingen und dem Ziel entgegenzureiten. Was war da gleich noch mal mit den Räubern, dem Meeresungeheuer, dem Sturz und der Verletzung, der verschlossenen Tür, den sprechenden Tieren, der Höhle und dem Wald, dem stummen Begleiter und der hundertjährigen Hecke? Um das Ziel zu erreichen, müssen wir **Zerstörerisches verlassen, Kapitel 2.2.**, nicht ertragen, nicht abwehren, sondern wirklich den Rücken zukehren. Alter Groll und Hass, Gewaltgedanken, Flucht in die Süchte, ständiger Umgang mit weiteren »Psychovampiren« oder Selbstzerstörung auf Raten sind keine guten Lösungswege, sondern Bullshit. Auf zu neuen Ufern, sich unguten Gefühlen stellen, aus der Distanz mehr verstehen und sich selber lieben sind mutige Wege der Heilung.
Das »Immer weiter so!« wird wieder unterbrochen und die Chance, sich **neu zu entdecken** – oder Neues entwickeln zu können, ist offen, mehr dazu in **Kapitel 2.3.**.
Mann kann auf seinem visionären Weg natürlich – wie einer unserer Klienten – den großen Außenspiegel des Geländewagens dafür nutzen, unliebsame Gefährten aus dem Weg zu drängen. Mann kann auch für die Zeit des Coming Outs jegliche Geschäftsverbindlichkeiten ignorieren und sich in der Insolvenz wiederfinden. Und Mann kann innere Not im Krawall vor dem Fußballstadion verbergen. Die **Verurteilung (Kapitel 2.4.)** ist dann jeweils nur eine logische Konsequenz. Finden manche Männer erst in der juristischen Auseinandersetzung ihre Orientierung, um im Rahmen zu bleiben? Oder finden wir unter den Verurteilten viel zu oft Männer mit eigenen Verletzungen, welche durch Aggression und »Kampfmodus« die Wiedergutmachung in der Außenwelt zu erzwingen versuchen? Wer Opfer und/oder Täter ist, gilt es sehr vorsichtig und mit Bedacht zu diskutieren!

Spätestens bei gerichtlichen Auseinandersetzungen kennen wir die Spannung zwischen juristisch korrektem Richterspruch und trotzdem empfundener Ungerechtigkeit. Wir kennen im Alltag die offenen Diskussionen darüber, was im vorgegebenen Rahmen noch angemessen ist.
Smart Casual – schon am Donnerstag beim Meeting? Ein intimes Telefonat in der S-Bahn? Eine zusätzliche Rauchpause in der Arbeitszeit? 30km/h auch in der Nacht? Den Firmenbus für den privaten Möbeltransport? Was ist das geforderte Verhalten gemäß der Vorgabe oder der Leitlinie und was ist vielleicht aber »stimmig«? Was habe ich alles bedacht, auf welches Faktenwissen kann ich mich verlassen und worauf stütze ich meine Entscheidung? Auf welcher Schule wird mein Kind glücklich, Bewerbung abschicken oder nicht, mit dem Kollegen die Geschäftsvereinbarung unterschreiben, der Sicherung des Freundes in der Kletterhalle vertrauen, dem Behandlungsvorschlag des Chirurgen zustimmen, im Elfer-Raum noch abgeben oder selber schießen, die ATP-Entry-Rangliste studieren oder einfach den Nachbarn fragen? ... Aufgrund der Komplexität unserer Aufgaben und Interaktionen, aufgrund der Komplexität unserer Welt kommen wir um diese Spannungen nicht herum. Wir müssen wissen, wovon wir sprechen. UND das Bauchgefühl wird wichtig! Landläufig scheint dieses **»Bauchgefühl«, die Intuition**, eine scheinbar weibliche Stärke zu sein. Ob das wirklich so sein muss, werden wir im **Kapitel 2.5.** gendersensibel neu bewerten!

2.1. Vision – Sinn im Leben finden

Szene

Ein 41-jähriger IT-Spezialist, der seit 15 Jahren in derselben Firma arbeitet, soll den Aufbau einer Außenstelle in New York übernehmen. Einige Wochen vorher bekommt er starke Herzschmerzen und wird vom Notarzt ins Krankenhaus eingewiesen.

Alle Untersuchungen bestätigen, dass er herzgesund ist, doch er selbst kann dieses Erlebnis nicht zuordnen, ist emotional »von der Rolle«. Er sucht sich klärende Hilfe. Auf die Frage, wo er sich das letzte Mal so richtig wohl und unbeschwert gefühlt hat, antwortet er »mit meiner 12-jährigen Tochter an einer kleinen Bucht von Ibiza. Ich liebe es, einfach geerdet zu sein, mit anderen Trommeln zu spielen und weniger Druck zu haben«. Es kommen ihm dabei die Tränen.

Diese emotionale Berührung führt bei dem IT-ler zu der Klarheit, dass New York zwar eine große berufliche Auszeichnung ist, er das alles auch »stemmen« würde, aber für dem Preis, seine eigenen Visionen und energetische Ankerpunkte zu verlieren. Dieser mutige Mann hat die berufliche Karriere verbunden mit Arbeit rund um die Uhr zugunsten stärkender Erlebnisse auf ein gutes Maß reduziert. Er verzichtet auf New York auch mit einem weinenden Auge und mit etwas Unverständnis der Kollegen. No Bullshit: Sein Herz wusste übrigens Bescheid.

Visionen geben uns Kraft und Mut, treiben uns an, wir fühlen uns dabei energievoll. Sie sind richtungsweisend und höchst individuell. Nicht immer finden unsere Kollegen oder die Freunde unsere Visionen klasse. **Mutige Männer** verlieren ihre Visionen, ihre Herzensangelegenheiten nicht aus den Augen und orientieren sich daran immer wieder zur Ausrichtung ihres Weges.

2.1.1. Zahlen, Daten, Fakten – Ihr Visionsboard

Blättern Sie doch bitte noch mal kurz im Buch ins Kapitel eins und werfen Sie einen Blick auf das dort entwickelte »Balance-Modell«. Sie erinnern sich? Wir leben in sozialen Beziehungen, wir gestalten dank unserer Kompetenzen unsere Umgebung und schaffen Arbeitsleistung. Es gibt uns als

Menschen nur in der konkreten Einmaligkeit in unserem Körper – und wir versuchen alle diese Bereiche immer wieder mit der Vision unseres Lebens abzustimmen.

Idee und Anleitung für ein »Vision Board«

- Vier Bereiche: Arbeit und Leistung / Körper und Leib / Soziales Netz / Werte und Normen reflektieren
- Viele Ideen, Wünsche und Fragen formulieren, als konkrete Fotos und Bilder sammeln, mit wichtigen Sätzen verbinden und Schlagworte finden
- Alle Ziele und Motive ordnen
- Ein Vision-Board als Collage tatsächlich erstellen
- An einer prominenten Stelle der Wohnung gut sichtbar aufhängen
- 365 Mal im Jahr einen Blick drauf werfen und sich dazu in Verbindung setzen

Bilder schaffen Klarheit

Der »psychologische Trick« dabei ist, dass ein Bild Klarheit schafft und ich mich immer wieder mit diesem Bild identifizieren kann. Das Vision-Board lenkt meine Aufmerksamkeit immer wieder auf die selbst gesetzten Absichten und erinnert mich wie eine »Selbstverpflichtung« daran, wohin ich eigentlich meine Reise steuern möchte. Jeder Blick auf meine symbolisierten Ziele dient als Affirmation dieser Ziele und verstärkt die Selbstbejahung dabei.

Wir hatten in einer kleinen Töpferei Teetassen gekauft, und während der Töpfer diese verpackte, fiel unser Blick auf eine kleine Wandnische, in der ein Playmobil-Mann vor der Ansichtskarte eines Berges stand. Lachend und mit großer Ernsthaftigkeit erzählte uns daraufhin der Verkäufer, dass er für die Besteigung des Kilimandscharo spare und trainiere. Damit er den Glauben an dieses Ziel nicht verliere, habe er für sich diese Nische gebaut. Vision Board konkret!

Nehmen Sie doch den nächstbesten Kugelschreiber und starten mit den ersten Stichworten für Ihr Vision-Board:

Vision für das Zusammenleben	Vision für meine Arbeit und meine Leistungsbereitschaft	Vision für mich als Mann und für meine Körperlichkeit	Vision für meine inneren Ziele und meine Überzeugungen

Visionen sind kreative Ideen in der Zukunft

In einzelnen Bereichen des Lebens kann unsere Vision manchmal schnell zu greifen und leicht zu beschreiben sein: »Ich möchte die Meisterprüfung bestehen, ich wünsche mir ein zweites Kind, ich möchte am Meer leben, einmal die Nordlichter sehen, …« Ist die Vision festgehalten, kann ich ab sofort mein Verhalten darauf abstimmen: für ein gestecktes Ziel lernen, das Vertrauen in der Partnerschaft festigen, einen Versetzungsantrag stellen, für die Reise sparen. Die Vision ist das Ziel in der Zukunft, ohne Garantie für das Erreichen der Ziellinie und ohne vorgegebene Markierung für die Wegstrecke. Oftmals verstehen wir unter Vision aber auch innovative Zukunftsvorstellungen. Visionen, welche über »Lebensziele« hinausgehen, und kühne, fantastische, kreative Entwürfe sind. Kolumbus wollte Amerika entdecken und Ingenieure der Flugtechnik glaubten fest daran, auf dem Mond landen zu können. Den sechsjährigen Thomas fasziniert die Idee, Feuerwehrmann zu werden. Es ist Bullshit, mit dem Träumen und Herzenswünschen aufzuhören. Konzentrieren wir uns auf die positiven Seiten einer Vision, könnte darin die kreative Fähigkeit unserer Psyche zum Ausdruck kommen. Alles wird eingesetzt, um auch mit unbewussten Inhalten unser festgefahrenes Gesamtsystem wieder in Bewegung, wieder in die Lebendigkeit zu bringen.

Nicht immer entsteht eine Vision als »Geistesblitz« oder als überraschende Erkenntnis, viel öfter müssen wir uns für eine Vision aufnahmebereit machen. Dafür könnten die in den 1970er-Jahren in der westlichen Welt entwickelten Bausteine der »Vision Quest« hilfreich sein. Angelehnt an die Praxis der Indianer haben damals Psychologen eine besondere Form der Vorbereitung entwickelt. Es wird ein Übergangsritual konzipiert, im Rahmen dessen der Vision-Suchende sich aus der Gruppe löst, längere Zeit alleine in der Natur verbringt und in einer Feier der Wiedereingliederung seine Erfahrungen teilt. Für die Zeit alleine können Nahrungsentzug, wenig Schlaf und körperliche Aufgaben die Begegnung mit eigenen inneren Anteilen verstärken. Der Natur ausgesetzt zu sein und mit ihr in Kontakt zu treten, schafft zusätzlich einen neuen Erfahrungsraum. Sich der Stille und dem Schweigen auszusetzen, kann Vergleichbares bewirken. Im Gegensatz zu den Indianern und zu den Übergangsritualen in religiösen Gruppen ist die westliche Gesellschaft nicht mehr automatisch traditionsgebunden. Eine »Auszeit« kann daher einer Bestandsaufnahme des bisherigen Lebens dienen, Ideen für die Neuorientierung geben und der Integration der gemachten Erfahrungen in einen neuen Lebensabschnitt dienen. Vielleicht können wir in solchen Ausnahmesituationen auch verstärkt an archetypische Bilder anknüpfen, vielleicht fühlen wir uns »spirituell« angesprochen, oder aber wir ahnen etwas von der transpersonalen Verbundenheit mit Allem. Ein erfahrener Begleiter könnte daher bei der »Rückübersetzung« der Vision in den Alltag hilfreich sein. **Mutiger Mann** sein ist auch das Einlassen auf Prozesse, die nicht sofort eine Antwort auf die »innere Stimme, die uns zum Aufbruch ruft«, parat haben.

Stabilität für unsere visionäre Reise

Gleichsam wie ein Kiel, der die Aufrichtung des Segelbootes garantiert, helfen uns unsere Werte und Normen, Fragestellungen und Eindrücke aus dem Alltag zu sortieren und zu beantworten. Ohne lange darüber nachzudenken, wissen wir oftmals, welches Verhalten unsere Toleranzschwellen überschreitet, was wir als ungerecht empfinden und wo wir uns selber »treu« bleiben wollen. Wir wissen, wer wir sein wollen, wofür wir einstehen und wie wir gerne gesehen werden möchten. Viele Normen und Werte aus unserer Erziehung, aus der geografischen Welt bzw. der Kultur und von unseren Vorbildern stecken da in uns. Mit dieser unserer Grundeinstellung, unserem »Ethos«, kommen wir meist auch ganz gut durch den Alltag. Allerdings gibt es keinen einzigen Lebensbereich, in dem wir nicht auch an unsere Grenzen stoßen würden mit unserem Wertekanon. Wer entscheidet auf welcher Grundlage die Unterbringungen der Eltern im Altersheim? Wer bestimmt mit welchem Argument das Ende der Verhütung? Wie begründen wir unser Verhalten, wenn wir klare Argumente gegen unser Handeln wissen, diese aber nicht in unser Handeln einbeziehen wollen: Ökobilanz der Flugreise, Arbeitsbedingungen der Bauern hinter dem Milchpreis, Unterschiedliche Stundenlöhne bei gleicher Tätigkeit, private Monopolisierung und Gewinnmaximierung auf Kosten der Allgemeinheit im Gesundheitssystem und Infrastrukturbereich oder auch einfach der allgemeine Ressourcen-Verbrauch der Welt auf Kosten der folgenden Generationen.

Wie gehen wir ganz praktisch mit unseren Werten in Beziehungen um, wenn beispielsweise eine große Zahl von Befragten eine heimliche Geliebte in einer Beziehung klar ablehnen, allerdings über 60 Prozent bestätigen, selber bereits heimliche Geliebte oder Geliebter gewesen zu sein. **Mutiger Mann** sein heißt, die eigenen Werte und Normen immer wieder auf die aktuelle Gültigkeit abzuklopfen und weiterzuentwickeln!

Der Sinn in meiner Vision

Eine Vision ist ein Ziel in der Zukunft, das bereits im Jetzt als Handlungsorientierung dient! Weiß ich um meine Vision, werden meine Mission, meine Strategie, meine Etappenziele und die zu planenden Aktionen schnell deutlich. Das Internet ist voll von Bildern, Folien und Know-how, dies alles zu erarbeiten. Trotzdem noch mal langsam: Erst durch die Ausrichtung auf meine Vision wird aus den beliebigen Handlungsmöglichkeiten eine bestimmte Auswahl »sinnvoll«. Erst im Hinblick auf die Vision erlebe ich im Zusammenspiel von Haltung und Zielorientierung persönlich »Sinn«. Erst dadurch kann ich vielleicht irgendwann sagen: »Ja, das ist mein Leben.« »Ja, das war mein Leben – und so war dies sinnvoll.« Dann erleben wir Kohärenz und können auch Verluste und verlorene Optionen verschmerzen.

Wir können unsere Vision aus einer psychischen »Innenschau« finden. Wir können unsere Vision auch als Lebensaufgabe verstehen, welche uns durch eine höhere Macht (Gott, Schicksal, ...) aufgetragen wurde. Wir können unsere Vision aus der konkreten Lebenswelt ableiten und dort die an uns herangetragenen Ideen aufgreifen. Aus allen drei Wegen ist es möglich, persönlich Sinn zu finden. Und – wir erinnern an den beschriebenen Spaziergang am Anfang des Kapitels – die Vision bzw. die Suche nach der Vision führt in die Lebendigkeit.

2.1.2. Mutiger Mann sein – durch Visionen die Zukunft gestalten

Vom großen Ganzen in das Individuelle

Dass unter dem Ruf »Ich habe eine Vision ...!« auch katastrophale Entwicklungen angestoßen und Entscheidungen getroffen wurden, lehren uns leider die Blicke in die Geschichtsbücher und in die aktuellen Nachrichtensendungen.

Dass Visionen – wie zum Beispiel die Idee des kontinuierlichen Wirtschaftswachstums – sich irgendwann im Effekt zum Gegenteil der ursprünglichen Idee verkehren können, sehen wir an der Entwicklung der Weltwirtschaft. Dass wir auf der Erde in der Gleichzeitigkeit völlig unterschiedlicher Entwicklung einzelner Völkergruppen stecken, ist offensichtlich. Und dass wir mit der Gleichzeitigkeit völlig unterschiedlicher persönlicher Entwicklungsstadien in Bezug auf Bedürfnisse, Bewusstsein, Moral, Kognition und Weltsicht leben, verdeutlicht eine Runde durch eine beliebige Fußgängerzone. Vielleicht ist es daher für Mutige (Männer und Frauen) nicht nur eine Frage der persönlichen Entwicklung, ihre Visionen zu suchen. Vielleicht ist es vielmehr ein Gebot der Stunde, unsere gemeinsamen Visionen mit der gegebenen Begrenzung der natürlichen Ressourcen auf der Erde zu verknüpfen. Vielleicht müssen wir unsere persönlichen Visionen auch mit den Menschen anderswo verknüpfen, um für alle lebensdienliche Umgebungen zu schaffen. Vielleicht müssen wir unsere Visionen weniger an kurzfristigen Ideen überprüfen, sondern an großen Fragen: Würden wir dieser Vision folgen, wenn wir um das Ende unseres Lebens Bescheid wüssten? Was würde die kommende Generation von dieser Vision halten? Wen beschränke ich durch meine Vision in seiner Gestaltung des Lebens? Wie würde ich zu dieser Vision stehen, wenn zufällig meine Wiege am Kongo, am Amazonas, am Colorado oder am Mekong gestanden hätte? Wie würde ich mich zu meiner Vision verhalten, wenn ich im anderen Geschlecht geboren wäre? Wie viel Spielraum lässt meine Vision für eine Entwicklung der Zukunft, deren Ausgestaltung ich mir vielleicht noch gar nicht vorstellen kann?

Mutiger Mann sein heißt, seine persönlichen Visionen an diesen »großen Fragen« zu präzisieren. **Mutiger Mann** sein heißt auch, sich heute dem eigenen Visions-Board zuzuwenden und Folgendes zu tun:

- Entwickeln Sie innere Bilder, die ein gutes Körpergefühl und »leuchtende Augen« bewirken
- Visualisieren Sie diese »Bilder«, damit Sie im Alltag darüber immer wieder »stolpern«, z.B. hing die Wanderkarte vom Jakobsweg auf der Toilette des 34-jährigen Lehrers
- Sprechen Sie die wichtigsten Sätze und Wörter laut aus, die Sie mit den Visionen verbinden.
- Wie könnte die Zukunft aussehen, wenn die Visionen Wirklichkeit werden
- Glauben Sie daran, dass die Kraft in Ihnen steckt, Teile oder auch das Ganze davon auch zu realisieren
- Setzen Sie sich realistische Zwischenziele, z.B. erst den 10-km-Lauf, dann den Halbmarathon

Erleben Sie die »Sogwirkung« der Vorfreude und konservieren Sie etwas von dieser Kraft.

2.2. Verfolgt – Zerstörerisches verlassen (und sich aussöhnen)

Es braucht nur ein wenig Vorstellungsvermögen, um sich unser bisheriges Leben als Flusslauf vorzustellen. Von der Geburt/Quelle ab schlängelt sich dieser Fluss durch die Landschaft unseres Lebens. Der Fluss hat sich geografisch durch unterschiedliche Landschaften bewegt, ist an Hindernissen abgelenkt worden, hat sich durch reglementierte Abschnitte geschoben und ist manchmal fast ziellos mäandert. Es gab Strecken mit Zufluss, manchmal blieb vielleicht kaum ein Rinnsal und gelegentlich hat dieser Fluss auch Spuren der Verwüstung hinterlassen. An den Ufern gab es Feste zu feiern, die Arbeit des Alltags zu verrichten, Menschen kennenzulernen und manch schöne Begebenheit auch wieder hinter sich zu lassen. Gelegentlich ist der Fluss aufgrund unzähliger Wirbel ganz trüb, hoffentlich selten oder nie durch Gifte »tot« und es gibt Strecken mit kristallklarem Wasser. Wenn Sie dieses Buch lesen, fließt Ihr Lebensfluss wahrscheinlich aktuell durch eine neue Landschaft. Zum besseren Verständnis der aktuellen Flussbewegung könnten Sie sich die bisher durchlebte Landkarte vorstellen, zeichnen und persönlich beschriften.

Die Landkarte des eigenen Lebens

Im Museum Schloss Sigmundskron bei Bozen von Reinhold Messner findet sich eine riesige große Weltkarte, auf der der Extrembergsteiger seine Begegnungen und sein Leben mit der Bergwelt eingezeichnet hat. Es finden sich nicht nur die Höhepunkte der bestiegenen Achttausender, sondern Einträge wie »Täler der Einsamkeit«, »der Weg der unerwarteten Unterstützung«, »der See der Tränen« und »die persönliche Herausforderung«.
Um sich dem Thema »verletzt« pragmatisch zu nähern und zeitgleich aber auch die Ressourcen zu sehen, seien Sie **Mutiger Mann** und nehmen Sie ein großes Papier und Stifte in die Hand. Zeichnen Sie Ihre einzigartige Landkarte, durch die der Fluss Ihres eigenen Lebens sich hindurchschlängelt. Mutig und ehrlich werden Sie über die Vielfalt in Ihrer Karte staunen.
Sie werden allerdings auch feststellen, gegen welche Widrigkeiten Ihr Fluss seinen Lauf bahnen musste. Diesen Verletzungen und zerstörerischen Einflüssen widmen wir eine intensivere Auseinandersetzung.

Die eigene Quelle

Wer schon einmal den Berg hochgekraxelt ist, der weiß, wie erfrischend kaltes Quellwasser schmeckt. Glasklar und munter springt dieses kleine Bächlein herunter, um sich später durch andere Zuflüsse zu vergrößern. Wir hoffen, dass viele Menschen willkommen geheißen, gut unterstützt, gefördert und gefordert mit einem klaren und haltgebenden Bachverlauf in ihr Leben starten und Fahrt aufnehmen können. Die Entwicklung des eigenen Könnens, die Begegnung mit vielen neuen Situationen und Menschen, Ausprobieren und Hinfallen, sind kräftigende Zutaten für den eigenen Lebensfluss. Wir wachsen an kleineren Hindernissen, da wir kreativ werden, diese zu umgehen. Wenn einer ins Wasser pinkelt, dann müssen Selbstreinigungskräfte her. Und wenn ein anderer uns am Fortkommen hindern will, dann fließen wir halt eine Zeit lang unterirdisch weiter. Es gibt unendlich viele Möglichkeiten. Manche Energie wird gestaut, bis der Damm bricht. In den meisten Flüssen tummelt sich vielfältiges Leben. Die Kombination zwischen guter Vorsicht und Mut ist eine hilfreiche Grundsubstanz in dem munteren Bach.

Es gibt aber auch andere Quellen, die beginnen zu fließen, ohne wirklich willkommen geheißen zu sein. Die Eltern steckten vielleicht in eigenen ungelösten Themen. Sie konnten vielleicht nicht unterscheiden, wann das Kind versorgt werden musste, wann es Ruhe brauchte, wann Hilfe angesagt war und wann Anregung. Werden die Missverständnisse immer größer, gelingt es nicht, einen gemeinsamen Rhythmus zu finden, und beide Seiten kommen an ihre Grenzen. Da ist nur zu verständlich, wenn dieses Bächlein Mühe hat, einen guten Startlauf zu finden.

Es gibt Orte in den Lebenslandkarten, wie bestimmte Stadtteile und Landstriche, Kreuzungen und Wartesäle, Wohnungen oder Heimzimmer, in denen man freiwillig nicht länger als nötig verweilen möchte. Wenn dort allerdings die Quelle des neuen Flusses liegt, muss Mann sich erst zu den angenehmeren Umgebungen durchschlagen.

Auch wenn die Landschaft um die fantasierte Quelle lieblich und freundlich ist, kann das Schicksal seine Hand im Spiel haben. Gewaltige »Naturereignisse« können den Bachlauf irritieren, wie z.B. genetische Veränderung, Komplikationen während der Geburt, ein heftiger Unfall auf dem Spielplatz, der dramatisch endet. Davor ist kein Mann gefeit, dass durch einen Schicksalsschlag der Bachlauf plötzlich eine ganz andere Richtung einnimmt. No Bullshit: das Leben ist leicht und ernst zugleich.

Szene
Ein 36-jähriger selbstständiger Schreiner kam vor fünf Jahren zur Beratung wegen einer Beziehungskrise, die eine Trennung zur Folge hatte. Er stabilisierte sich sehr gut, verkleinerte sein Unternehmen und achtete vermehrt auf Stammkunden. Als eine neue Lebenspartnerin in sein Leben trat, war er rundum glücklich. Vor einem halben Jahr traf ihn das Schicksal hart. Bei einem Motorradausflug stürzte er unglücklich und brach sich mehrere Wirbel. Der Schreiner ist seitdem ab dem Brustbereich querschnittsgelähmt und muss mühsam und trotzdem voller Mut einen neuen Flusslauf finden. Seine Lebensgefährtin und seine Freunde stehen ihm zur Seite.

Die Entwicklungsmöglichkeiten für einen neuen Bach können auch dadurch eingeschränkt sein, wenn ganz praktisch, nicht die Mutter das Baby hält, sondern selbst Halt beim Baby sucht. Froh, jemanden ganz für sich zu haben oder durch das Kind beruhigt zu werden, stabilisiert sich diese Mutter. Endlich den gewünschten Enkel vorzeigen zu können, kann für den Vater die Erleichterung sein. Das Leben dieser Kinder dient von Anfang an also auch dazu, die Eltern zu stützen. Sich selbst an der Quelle seines Lebens zurechtzufinden, sich zu entdecken und gleichzeitig die Eltern zu stabilisieren, ist etwas viel auf einmal.

Es gibt leider auch Quellen, denen heftig zugesetzt wird. Mit Schwermetallen und Gift im Wasser hat die Lebendigkeit so ihre Mühe. Erlebte Gewalt oder ständige Abwertung und Bedrohung sind solche Gifte. Sinnvoll sind da Filtersysteme,

in denen diese unverdaulichen Beigaben hängen bleiben und nicht weiter mitgeschleppt werden. Der Weg, jemals wieder Vertrauen zu fassen und an klares Wasser zu denken, scheint unvorstellbar weit. Geduldige Begleiter und resistente Lebewesen geben aber Mut, auch dieses Quellwasser in ein trinkbares zu verwandeln.
Der erste Schritt für **Mutige Männer** ist die Entdeckung und Reflexion der eigenen Lebenslandschaft. Nur so kann im zweiten Schritt Zerstörerisches unwirksam gemacht werden.

2.2.1. Zahlen, Daten, Fakten

No Bullshit: belastende Ereignisse wirken sich aus, wenn nicht gegengesteuert wird.

- Es ist sehr wahrscheinlich, dass Personen, die in der Kindheit belastende Erlebnisse bewältigen mussten (Vernachlässigung, Unterernährung, seelische Erkrankung eines Elternteils, Sucht), später deutlich mehr auf ihre Gesundheit achten müssen
- Frühe psychosoziale belastende Erlebnisse gehen im wahrsten Sinne »unter die Haut«
- 60 Prozent der Männer mit einer erhöhten »Kindheitslast« weisen einen niedrigeren Bildungsstand auf, sind materiell schlechter aufgestellt und neigen zu ungesundem Verhalten (vgl. rav 2015 und Solis et al 2016)
- Erschütternde Kindheitserlebnisse führen zu gravierenden Umbauten des Hirngewebes mit Folgen wie Depressionen, Ängsten und Persönlichkeitsstörungen (vgl. Heim et al. 2013)
- Vermutungen werden ausgesprochen, dass das Gehirn in der Lage ist, frühkindliche Traumata durch eine Unterdrückung von Nervenimpulsen abzuschwächen
- Zwölf Prozent der Deutschen, die älter sind als sechzig Jahre, zeigen Symptome einer Traumatisierung. Diese

Generation leidet offenbar bis heute unter den Folgen des 2. Weltkrieges. (vgl. Glaesmer 2014)
- Eine psychische Notfallversorgung bei akuten Traumata nach sechs bis zehn Tagen hilft, Folgestörungen zu vermeiden

2.2.2. Mutiger Mann sein – aus Stroh Gold spinnen

Zerstörerisches in der Vielfältigkeit ihrer Flusslandschaft zu finden, ist nicht besonders schwer. Damit zu leben bzw. die Auswirkungen davon zu begrenzen, das ist jedoch eine echte Herausforderung für **mutige Männer**.

Überlebensstrategien würdigen

Wenn die ersten Flusswindungen von der Quelle an durch eine Landschaft liefen, in der selbst ein Erwachsener besondere Ausrüstung braucht, dann können wir davon ausgehen, dass diese Kinder besondere Überlebensstrategien entwickelt haben. Sie sind vorschnell gereift, sind anspruchslos geblieben, haben sich rasch in die Welt aufgemacht oder haben bereits in frühen Jahren den Versuch einer Familiengründung gestartet. Sie haben entweder nur funktioniert oder alles verweigert. Auch wenn die Nebenwirkungen all dieser Strategien ziemlich hoch sein können, mit der Würdigung dieser Entwicklungsideen hat das Zerstörerische bereits an Kraft eingebüßt.

Orientierung suchen

Bevor wir orientierungslos herumirren und dabei das Gefühl haben, verrückt zu werden, folgen wir lieber jedem angebotenen Richtungspfeil. Kritiklos werden Versatzstücke aus Religionen im Fanatismus dogmatisch behauptet. Die Nationalität wird »bereinigt« zur Versicherung des eigenen Standortes, materieller Besitz scheint dem Leben Sinn zu verleihen, eine richtige Schlägerei fördert die Selbstgewissheit oder eindimensionale »autistische« Leistungsbereitschaft reduziert scheinbar die überfordernde Entscheidungsschwierigkeit an der Weggabelung. Chronifizierte Angst, wiederkehrende Schmerzen oder selbst induzierte rauschhafte Zustände können ebenso zu verlässlichen Begleitern werden. Dann gibt es wenigstens Orientierung an der inneren Befindlichkeit. Wenn wir hinter all diesen Variationen die individuelle Suchbewegung verstehen können, dann bestehen für alle Beteiligten noch Chancen. Die Suchenden könnten selber aktiv werden und sich mutig für neue Ziele begeistern. Und von den Mitmenschen können lebensdienliche Orientierung und Markierung am Wegesrand angeboten werden. Um chronische Nörgler, fanatische Mitläufer, geübte »Nein-Sager« oder einfältige Machtmenschen zu einer Richtungsänderung zu bewegen, müssen allerdings neue Ziele aktiv beworben werden.

Lebenssinn finden

Die beiden folgenden Absätze sind quasi unsichtbar und mit Zaubertinte geschrieben. Denn über Lebenssinn und Versöhnung sollte äußerst vorsichtig und behutsam gesprochen werden.

Szene

Ein ehemaliger Profifußballer führte verlässlich als Meister seinen Handwerksbetrieb und engagierte sich in der Nachwuchsarbeit seines Sportvereins. In Bewegung sein, sich körperlich fit fühlen, über Ausdauersport den Stress des Alltags verarbeiten, gut aussehen und überzeugend auftreten – das alles war selbstverständlich bis zum Schlaganfall. Nach der Reha ist der Mann immer noch auf Hilfe angewiesen, kann sich teilweise nur im Rollstuhl fortbewegen, muss sich bei der Körperpflege von Ehefrau und Tochter helfen lassen, wird von den Kunden plötzlich nicht mehr ernst genommen, wünscht sich manchmal,

nicht wiederbelebet worden zu sein, und fragt sich, wofür er weiterleben sollte. Der Lebenssinn ist vorerst verloren. Was bleibt diesem Mann?
Grundsätzlich gibt es drei mögliche Antworten: Er hadert mit dem Schicksal, fühlt sich der Verletzung und den Krankheitsfolgen ausgeliefert, erlebt seine neue Lebenssituation als völlig sinnlos und vegetiert irgendwie durch den Alltag. Lebens- und Gestaltungswille sind erloschen und der Mut für neue Veränderungen scheint verloren. Wer dürfte sich darüber ein Urteil erlauben? Wer wüsste schon für sich selber mit einer vergleichbaren Situation umzugehen? Überfordert zu sein und überfordert zu bleiben durch eine Situation, die unsere Existenz bedroht oder grundsätzlich verändert, das ist eine mögliche »Antwort«.

Vielleicht gelingt es als zweite Möglichkeit diesem Mann aber auch, sämtliche Fragen nach dem »Warum« unbeantwortet stehen zu lassen, seine Gedanken zu kontrollieren und grübelnde Schleifen im Kopf zu stoppen. Dann könnte es für ihn möglich werden, seinen Lebenssinn darin zu finden, im Alltag präsent zu sein. Er würde mit seiner Frau ein neues Gleichgewicht von Anvertrauen und Führung entwickeln, er würde den Alltag so gut es geht gestalten, er würde im Verein neue Aufgaben übernehmen, die Firma verkaufen, neue »Welten« entdecken (wie beispielsweise Bücher lesen) und er könnte über jeden neuen Morgen dankbar sein. Gefragt nach dem Sinn seines Lebens würde er lachend das Gespräch auf andere Themen lenken.

Es könnte drittens auch sein, dass der Mann seinen Alltag mit den veränderten Möglichkeiten und Bedingungen genauso aktiv durchlebt wie vor der Erkrankung. Dies würde dem Mann die Akzeptanz seiner Erkrankung deutlich erleichtern, er könnte sich mit innerer Gelassenheit in das Schicksal fügen. Und er dürfte dennoch, wenn er in der Dusche die Hilfe der Ehefrau braucht, wie Hiob situativ schimpfen, warum ihm Gott das angetan hat.

Nicht im Hass stecken bleiben

Der betrunkene Autofahrer hat das entgegenkommende Mofa übersehen und das Mädchen war auf der Stelle tot. Der narzisstische Geschäftspartner hat die Mühen der Aufbaujahre durch sein Verhalten zunichtegemacht. Die Ehefrau zerstört im Scheidungsverfahren durch ihre Verleumdung die berufliche Existenz des Mannes. Im Erbschaftsstreit entzweien sich die Geschwister. Der beste Freund schläft mit der Ehefrau. Der Vater ließ betrunken die Kinder in der Nacht antreten und prügelte wahllos eines davon. Der Bauträger entzieht sich durch Konkurs seiner Verantwortung für den Pfusch am Bau des Einfamilienhauses. Auch wenn wir nicht an Krieg, Folter oder psychopathische Zerstörungswut denken, das Leben liefert leider genug Beispiele, um hasserfüllt mit jemandem innerlich verbunden zu bleiben. Die Gründe für den Hass sind nachvollziehbar, und dass die dafür Verantwortlichen manchmal auch noch fast »ungestraft davonkommen«, ist schwer auszuhalten. Der Hass lässt uns jedoch immer wieder an dieser Situation festhalten. Magnetisch werden wir immer wieder in diese schreckliche Ausgangssituation zurückgezogen. Dort können wir am gemeinsamen Untergang arbeiten. Wir könnten aber auch den schwierigen Weg der Versöhnung versuchen. Ist die Verantwortlichkeit geklärt und hat der Täter seine Verantwortung glaubwürdig und ernsthaft übernommen, wäre auf dem Weg der Versöhnung schon viel gelungen. Als der oben beschriebene Autofahrer mutig den Eltern des Mädchens ein Gespräch anbot und sich entschuldigte, war für alle Beteiligten ein Schritt Richtung Akzeptanz und Versöhnung möglich. Um Versöhnung möglich zu machen, braucht es jedoch noch mehr! Solange wir in der Haltung des Hasses bleiben, sind wir eng, verweigern wir Entwicklung, erfreuen wir uns an der Zerstörung des anderen, sehen wir keine alternativen Handlungs- und Denkmöglichkeiten. Hass erzeugt nur Hass, und für den einen abgeschlagenen Kopf der Hydra wachsen sofort mehrere Drachenköpfe nach. Versöhnung braucht die Einladung der Liebe. Und das hat nichts mit esoterischem Gerede zu tun. Das hat mit Verantwortung und mit Loslassen zu tun, und mit dem Ringen um Verständnis. Das hat mit Wertschätzung zu tun und mit dem Versuch des Perspektivenwechsels. Das hat damit zu tun, nicht mehr innerlich aufzurechnen. Und das setzt voraus, sich verletzlich und verletzbar zu zeigen. Ob wir uns das zumuten wollen? No Bullshit: Aus der Spirale des Hasses ist leider noch nie irgendetwas Sinnvolles und Lebendiges entstanden.

Verletzungen annehmen und wandeln

Kein Mensch kann eine Lebenslandkarte zeichnen, die ausschließlich durch ein märchenhaftes Schlaraffenland führt, in der das Bachbett nur so vor Gold funkelt, die Sonne immer scheint und Feenwesen uns alle Wünsche von den Augen ablesen. Wir werden streckenweise im Leben mit dem Leben selbst konfrontiert – in all seinen Facetten. Das ist nicht immer leicht verdaulich und alles andere als ein Sonntagsspaziergang und schon gar keine Vergnügungskreuzfahrt. Die eigene Lebenskarte nur mit der rosaroten Brille sehen zu wollen ist Bullshit. Unsere Lebenskarte und unser Lebensfluss sind einzigartig. Manche Stellen können wir nicht ausbessern, aber dem Fluss eine andere Richtung vorgeben. Je mehr uns die Strudel klar sind, in die wir immer hereingeraten, umso leichter können wir diese umgehen. Verletzungen anzunehmen ist ein gewinnbringender Prozess, der manchmal längere Zeit in Anspruch nimmt. Wer schon mal Diesel in einen Benziner gekippt hat, weiß, wie viel Aufwand es bedeutet, das wieder ins Lot zu bringen. Der falsche Treibstoff muss raus, sonst geht der Motor kaputt. **Mutige Männer** tauschen aus, holen sich Hilfe und packen an, sind wütend und traurig und wandeln ihre Verletzungen in etwas Positives.

2.3. Veraltet – sich neu entdecken

Freiraum

Wenn Sie dieses Kapitel zu Ende gelesen haben, brauchen Sie folgende Ausrüstung: einen Arbeitsoverall, eine Packung gelbe Post-It, Gesprächszeiten mit Frau oder Partner, freien Abstellplatz und wahrscheinlich einige freie Nachmittage. Denn jetzt geht es ums Anpacken, Aufräumen, Umräumen, ums Freiräumen. Jetzt geht es darum, unseren Wohnraum, unseren Beziehungsraum, unseren (PC-) Speicher zu durchforsten und zukunftsfähig zu gestalten. Es geht darum, unsere Biografie und die dazugehörigen Gegenstände zu ordnen. Freiräume für Neues lassen sich nur durch Entrümpeln gewinnen. Denn ob in der Wohnung, im Terminkalender oder in Beziehungen: »Gerümpel« bedeutet Stillstand und bindet unsere Energie zurück an die Vergangenheit.

Bevor Sie nun loslegen, machen Sie doch mal eine Runde in Ihrer Wohnung. Entwerfen Sie ruhig eine vollständige Inventarliste in Ihrem Kopf. Für eine erste Hochrechnung: kommen Sie auf 10.000 einzelne Gegenstände in Ihrem Besitz oder eher auf 30.000? Bleiben Sie bitte mit der Aufmerksamkeit bei einem konkreten Gegenstand: dieser hat Geld gekostet; damit er verstaut ist, braucht es wiederum einen gekauften Schrank; damit dieser Platz findet, brauchen Sie Wohn- oder Stauraum und zahlen dafür Miete. Jeder Gegenstand zu viel verursacht daher mehrfach Kosten, schränkt unsere Beweglichkeit ein und braucht für die Pflege, Aufbewahrung oder Entsorgung unsere Energie und Zeit.

Szene
Ein 51-jähriger Marketingleiter realisierte im Gespräch, dass er seit fast acht Jahren niemanden zu sich nach Hause eingeladen hatte, weil seine Wohnung immer unaufgeräumt und zu vollgestopft sei. Er stellte sich als mutiger Mann der Aufgabe, Klarschiff zu machen. Den Aufräumdruck erhöhte er, indem er für das kommende Wochenende Freunde aus der Schweiz einlud. Es wurden harte Tage und Nächte. Altes flog raus, Erinnerungen durften belebt werden und es entstand die Klarheit, was ihm jetzt wirklich wichtig ist. »Das ziehe ich noch mal an, das könnte ich später brauchen«, entpuppte sich als Bullshit.

2.3.1. Zahlen, Daten, Fakten – Ballast abwerfen befreit

Sie sind ja schon durch Ihre Wohnung gegangen und haben intensiv Ihren Besitz durchgeforstet. Diese Ergebnisse sind klarer als jede Statistik.

- 10.000 bis 30.000 Gegenstände finden sich in einem durchschnittlichen modernen Haushalt in Deutschland

Bevor es jedoch tatsächlich darum geht, mutig Freiräume zu schaffen, gilt es gemeinsam einige Überlegungen anzustellen. Konkret hilft dabei:

Vor dem Kleiderschrank – »you are what you wear«
Bitte machen Sie es sich ausnahmsweise als Mann vor Ihrem Kleiderschrank gemütlich. Noch bevor Sie irgendetwas anfassen, können Sie bereits sehen, für welch unterschiedliche Lebensbereiche Ihre Kleidung bereitliegt. Da gibt es Ausstattungen für Arbeit und Sport, für die Vereinszugehörigkeit und für besondere Anlässe, für (politisches) Statement und Stücke nur für die Augen Ihrer Frau. Wenn Sie nun überlegen, wann Sie bestimmte Stücke getragen haben oder tragen bzw. wann Sie diese in Ihren Kleiderschrank aufgenommen

haben, dann stehen wir gemeinsam tatsächlich vor einem Teil Ihrer sichtbaren Biografie. Oft Getragenes verweist auf die aktiv gestalteten Lebensbereiche, weiter unten oder weiter hinten im Schrank Liegendes zeigt an, dass Anlässe, Zeit oder Menschen für Bestimmtes fehlen. Der Sportpartner ist weggezogen, die geforderte Arbeitszeit verhindert eventuell die Vereinstätigkeit, oder die Kinder sind noch nicht groß genug, um die Bergschuhe für die größere Tour zu suchen. Vielleicht sehen Sie im Schrank auch Einzelstücke, welche eine Erinnerung an besondere Ereignisse sind. Möglicherweise finden Sie auch neuwertige Teile, da Ihr Plan für deren Verwendung zwar bereits lange vorliegt, die Verwirklichung oder der Mut für die Veränderung bisher jedoch gefehlt haben. Wir sehen also im Schrank nicht nur Hinweise auf Ihre Lebensbereiche und Ihre Geschichte, sondern sehen auch Zukunftspläne. Wenn Sie sich zusätzlich erinnern können, wer die Entscheidung für einzelne Stücke getroffen hat, mit wem Sie die Stücke erworben haben, wer Sie für einzelne Stücke motiviert hat, dann finden Sie im Kleiderschrank gleich auch noch ein Abbild Ihres Beziehungslebens. Selbst wenn Ihr Kleidungskauf durch aktuelle Werbung und den Internetshop bestimmt wird, zeigen Sie durch die Auswahl Ihren Wunsch nach Gruppenzugehörigkeit, Ihr Gerangel zwischen Konformität und Individualität und Ihre sehr persönlichen Vorstellungen von Attraktivität. Lächeln Sie dabei eigentlich gerade über Ihre liebevoll entwickelten »Marotten«? Zählen Sie gerade Ihre Hüte oder Ihre bunten Socken, ihre Schals oder Ihre Krawatten? Ordnen Sie gerade Ihre Manschettenknöpfe oder Ihre Freizeitwesten? Freuen Sie sich über die unzähligen Variationen von Streifen auf Ihrer Freizeitkleidung oder entdecken Sie immer wieder Kleidungsteile mit dem Emblem Ihres Motorades? Bevor Sie daher beginnen, Ihren Schrank aufzuräumen und darin Freiraum zu schaffen, denken Sie an die Geschichten einzelner Stücke. **Mutiger Mann** sein bedeutet, die eigenen Klamotten durchzuforsten und Altes zu verabschieden.

Vor dem PC

Wir trafen und treffen täglich Menschen, die mit uns etwas gemeinsam haben, die interessant sind, die uns sympathisch sind, die mit uns vielleicht auch befreundet sein könnten. Selbst wenn es nur ein kleiner Teil davon bis in unsere Adress-Dateien oder in unsere Netzwerke schafft – es finden sich dort immer noch richtig viele Kontaktdaten. Vielleicht ist es sogar Ihr erklärtes Ziel, möglichst viele Follower zu haben bzw. vielen Menschen im Netz zu folgen. Es ist Bullshit, aus der Anzahl auf die Größe des Ego zu schließen. Auch wenn der Speicherplatz der technischen Medien auf der einen Seite unbegrenzt ist, bleibt unser Platz in der persönlichen »Schatzkiste« für wichtige Personen arg beschränkt. Freiraum wird im Beziehungsraum nur dann wieder entstehen, wenn wir geklärt haben, wen wir tatsächlich zu unseren Freunden, Bekannten, Arbeitskollegen oder Kunden zählen. Erst wenn deutlich wird, wer unser Leben bereichert und für wen wir Verantwortung übernommen haben, können wir uns aus Verstrickungen lösen. Und einen richtigen Energie-Boost gibt es für unsere Entwicklung, wenn wir denen live und persönlich noch mal Dank sagen, denen dieser Dank gebührt.

Vor dem Spiegel

Stehen wir unserem nackten Spiegelbild gegenüber, weiß dieses ziemlich genau darüber Bescheid, was wir brauchen, um ggf. wieder gesund zu werden oder zu bleiben. Es spiegelt sehr genau unseren täglichen Umgang mit uns selbst wider und wir können darin erahnen, was alles in uns stecken könnte. Alte Gewohnheiten beibehalten oder entrümpeln, dafür ist das Spiegelbild unser »personal coach« par excellence. Unser spiegelndes Gegenüber und kann jederzeit Vorschläge machen, welche Verhaltensweisen beibehalten, welche definitiv eingegrenzt und welche ausgebaut werden könnten. »Ich weiß genau, dass ich 10 Kilo zugelegt habe und selbst die Stretch-Jeans kneift«, sagt ein 35-jähriger Mechaniker, der sich endlich aufraffen konnte, einem Schwimmverein beizutreten.

Gedanken – Müll oder Juwel?

Eine Woche lang – so unsere Annahme im Gedankenspiel – hätte Ihr Handy versehentlich alle Gespräche aufgezeichnet, an denen Sie beteiligt gewesen sind. Wir sind sicher, da ist einiges an Bullshit dabei. Stellen Sie sich vor, dass Sie während eines Spaziergangs noch mal diese Gesprächsmitschnitte abhören und neugierig Stichworte notieren. Welche Themen waren Ihnen in diesen Tagen wichtig? Wie argumentieren Sie? Welche persönlichen, gesellschaftlichen, weltpolitischen Positionen vertreten Sie? Wo wollen Sie qualitativ mitreden und wo finden Sie in den Protokollen auch von anderen übernommene Gesprächsoptionen? Mit welchen Themen werden Sie immer wieder konfrontiert? Sprechen Sie »aus dem Herzen« oder dominiert Ihr Verstand? Sind Sie einladend im Gespräch oder bleiben Sie vielleicht stumm, auch wenn Sie gefordert wären? Seien Sie ein **mutiger Mann** und entrümpeln Sie Ihre Konversation. »Gespräche« wie »der Zug hat zwei Minuten Verspätung« oder »ich wollte mal sagen, dass ich vielleicht und an und für sich eventuell bei dir morgen vorbeikommen könnte« sind einfach Bullshit.

2.3.2. Mutiger Mann sein – Altes loslassen und Platz schaffen

Fernöstliches Erfahrungswissen lehrt uns, dem Fluss der Lebensenergie sprichwörtlich Platz zu schaffen. Räumliche Ordnung in der Wohnung fördert unser Wohlbefinden, und wir fühlen uns meist bei jemandem gut aufgehoben, der mit sich und um sich »aufgeräumt« ist. Damit Freiraum und Entwicklung entstehen können, müssen wir Altes loslassen und uns davon verabschieden. Schmerzlich wird dabei bewusst, dass wir das Voranschreiten des Lebens nicht stoppen können und wir die Kontrolle über das Leben immer nur für den Moment spüren. Wir leben jetzt und benötigen den immer wieder aktualisierten Bestand an Möbeln, an passender Kleidung, an Arbeitsutensilien, an Büchern, an Kontaktadressen und an Playlisten im Handy. Um unsere Biografie nicht aus den Augen zu verlieren, verstauen wir unsere Herzensdinge in einer geräumigen Schatzkiste. Dort finden wir vielleicht die erste Zeichnung der Tochter, Opas Geschenk zur Meisterprüfung, den erleichternden Befund nach der schweren Erkrankung, das letzte Foto im Kreis der Familie, die Startnummer vom Honolulu-Marathon, wichtige Fotobücher und den geerbten Ring. Was also weder im aktuellen Bestand Ihres Lebens Platz findet noch in der Schatzkiste aufbewahrt wird, kann und muss weg! Eine Schatzkiste ist genug, zehn davon sind Bullshit!

Die folgende Liste kann den Start in den Freiraum erleichtern:

Aktuelle Ausstattung meines Lebens	**Schatzkiste**	**Verschenken, verkaufen, entsorgen**

2.4. Verurteilt – im Rahmen bleiben

Während einer Denkpause beim Schreiben gehe ich im Zimmer auf und ab: die Ordner sind alle normiert, der Schreibtisch ist arbeitsmedizinisch betrachtet etwas zu hoch, im Urlaubsfach liegt bereits der Gutschein für den deutschsprachigen Reiseleiter im fernen Land, der Auto-Stellplatz vor dem Fenster ist exakt markiert, das Fahrrad lehnt angekettet und mit Wartungsgarantie im Hausflur, das Ablaufdatum am Joghurtbecher wurde für meine Gesundheit sichtbar festgehalten, die Heizung ist korrekt abgelesen und der Feuermelder ist strategisch über dem Räucherstäbchen festgedübelt, die Rechnung des Handwerkers liegt ohne Schmiergeldaufschlag auf dem Tisch, der Mietvertrag ist verbindlich. Alles ist geregelt! Alles hat seine Ordnung! Unzählige Gesetze und Vorgaben geben uns Rahmenbedingungen, über die wir grundsätzlich froh sein können. Selbst die Überstunden kann Mann ggf. dank Zeiterfassung im Job minutengenau abfeiern.

Den Rahmen sprengen

Und dann habe ich keinen Bock mehr auf »Rahmenbedingungen« und Ordnung. Ich will so viele Würstchen essen, wie auf dem Grill liegen, Nachtfischen oder mit dem Quad über den Feldweg fegen. Mit 40 Jahren ein Saxofon kaufen und statt Hotelurlaub eine Strecke am Jakobsweg pilgern. Ich will einfach mal falsch parken und kein Geburtstagsgeschenk kaufen müssen. Jeder regelt also für sich das Spannungsfeld zwischen Ordnung und »Out-law« individuell.
Im Rahmen zu bleiben, die Grenzen auszuloten und manchmal auch Grenzen zu sprengen, ist für den Alltag eigentlich schon eine richtige psychische Herausforderung. Im Lauf des Lebens werden wir zusätzlich in reale Konflikte um Rahmenbedingungen verwickelt, ohne diese ganz vermeiden zu können. Der Käufer des alten Autos fühlt sich betrogen, im

Arbeitsvertrag gibt es doch eine Klausel auf Veränderung des Arbeitsortes, die Exfrau sieht keinerlei Veranlassung, die Wegstrecken der Kinder zu organisieren und zu bezahlen, der Bankberater kann sich an seine Empfehlung für den Devisenkredit nicht mehr erinnern, die Versicherung haftet doch nicht für den Schaden und der Vermieter sieht die Baumängel anders als der Mieter. Die Tochter klagt um das Erbe und Großmutters frühzeitige Entlassung aus dem Krankhaus führte zu weiteren Komplikationen.

Szene
»Ich hatte einfach die Nase voll! Als er am Parkplatz immer noch auf sein Recht pochte, stieg ich in den Wagen und versuchte ihn beim Ausparken mit dem Außenspiegel wegzudrücken. Nach seinem Sturz, Notarztwagen und Polizeifragen war mir schon klar, dass ich zu weit gegangen war!«
Vorausgegangen waren Arbeitswochen, in denen unser Klient bereits am Sonntagmittag mit der Vorbereitung für die Woche begann. Er ging täglich aus dem Haus, wenn die drei Kinder noch schliefen, und kam meist abends spät wieder zurück. Die Spannungen im Arbeitsteam wurden immer größer, da die Zielvorgaben aus London nicht zu erreichen waren, und die Ehefrau traf sich vermehrt wieder mit ihrem Jugendfreund, Sport blieb auf der Strecke. Einzig während der Autofahrten hatte dieser Mann Momente für sich. Und da war dann diese Situation, in der ein Streitwort das andere ergab, die Streithähne verärgert Richtung Autos gingen und unser Mann absichtlich den anderen mit dem Außenspiegel anfuhr.

»Acting-Out«
Manche Männer reagieren auf Verletzungen und bei anhaltenden innerpsychischen Spannungen mit Rückzug, Depression, vermehrtem Gebrauch von Suchtmitteln oder subtiler Vernachlässigung der eigenen Bedürfnisse. Andere

wiederum reagieren »aktiv« mit Zorn, offener Gereiztheit, Aggressionen und nicht-konformem Sozialverhalten. Jemandem »eins auf die Mütze geben« heißt es im Volksmund, Acting-out-behaviour nennen dies die Fachleute. Auf jeden Fall gibt es danach Stress mit dem Gesetz. Und natürlich finden sich Gesetzeskonflikte und juristische Auseinandersetzungen in vielen unterschiedlichen Lebensbereichen. Jeder Mann hat in seinem Leben die Paragrafen des Gesetzes schon mal gespürt. Bei dem ein oder anderen Beispiel in der Tabelle werden Sie sich wiederfinden.

Delikte	**Beispiele**
Verkehrsdelikte	Geschwindigkeitsüberschreitungen; Falschparken; Bei Unfällen mit Personenschaden sind Männer häufiger die Verursacher als Frauen.
Scheidungen und die Folgen	Unterhaltszahlungen, Besuchsrecht, Aufenthaltsbestimmungsrecht, Sorgerecht; Bei Ehescheidungen geht der erste rechtliche Schritt häufiger von den Frauen aus.
Arbeitsrechtliche Auseinandersetzungen	Bewerbungsverfahren, Kündigung, Freisetzung, Abmahnung, Mobbing, Alkohol im Betrieb Männer sind ca. drei Mal so oft wie Frauen von meldepflichtigen bzw. tödlichen Arbeitsunfällen betroffen.
Insolvenz, Schulden	Deutlich mehr Männer müssen Privatinsolvenz anmelden. Die Gründe dafür sind fast alle historisch: trotz Frauenbewegung sehen die existierenden Rollenbilder den Mann vermehrt als Hauptverdiener, wenn es »eng« wird, muss dieser die Insolvenz erleiden. Die absoluten Zahlen der Firmeninsolvenzen sinken. Sind Frauen und Männer gemeinsam im Führungsteam, scheint sich dies gegenüber reinen Männerteams wirtschaftlich langfristig positiv auszuwirken.
Weitere juristische Auseinandersetzungen	Immobilien, Finanzamt, Erbe
Delikte unter Alkohol	... fallen verstärkt in die Gruppe der Männer unter 29 Jahren und verursachen volkswirtschaftlich hohe Folgekosten.
Gewalt als Täter	Gewalt in der Partnerschaft an Frau, Partner, Kinder Gewalt an fremden Personen

Gewalterfahrung als Opfer	Selbst erlebte Gewalt in der Partnerschaft oder durch andere Personen
Betrügereien	Zoll- und Steuervergehen; Internetkriminalität Als Opfer von Internetbetrügereien wie z.B. Romance- Scamming verzichten Männer aus Scham oft auf professionelle Hilfe!
Drogen	Besitz von unerlaubten Mengen an Drogen; Handel mit Suchtstoffen
Schwere Straftaten (im Bereich der Forensik)	Sexualdelikte, Mord, Totschlag, Raubüberfall, Attentat, Übertretung des Sprengstoff- und Waffengesetzes, Menschenhandel
Gesetzeskonflikte	... sind das Motiv von 5 aus 100 verübten Suiziden bei Männern!

Kann man bei der Parkplatzstreiterei vielleicht noch von einem Kavaliersdelikt sprechen, geht es im folgenden Beispiel um wiederholte schwere Körperverletzung.

Szene
Erst nach einem Wirbelbruch in einem illegalen Boxkampf war für den Mann klar, dass er seine bisherige »Überlebenstaktik« ändern müsse. Mit Kraft- und Kampfsporttraining neben seiner ungelernten Tätigkeit würde er kaum seine Familie ernähren können. Die finanziellen Forderungen aus den Verurteilungen wegen Körperverletzung belasten die Haushaltskasse schwer. Wie über die Runden kommen? Mit seiner Form, die Familienehre zu »verteidigen«, würde er zwar den Anforderungen der nach Deutschland immigrierten Großeltern und Eltern entsprechen, seinen Töchtern jedoch auf dem Weg in der Gesellschaft genauso wenig helfen, wie ihm geholfen wurde. Dieser Weg des Nachdenkens fand allerdings nach dem Krankhausaufenthalt, nach der Verurteilung, nach langen Konflikten mit der deutschen Ehefrau, nach der Loslösung von alten Freunden erst im Rahmen einer langen Psychotherapie statt.

2.4.1. Zahlen, Daten, Fakten – Männer geraten mit dem Gesetz in Konflikt

Ob Kavaliersdelikte, Verkehrsdelikt, Körperverletzung, organisierte Kriminalität oder verschleppte Insolvenz – Männer geraten deutlich häufiger mit dem Gesetz in Konflikt als Frauen. Die Zahlen sind leider kein Bullshit.

- 95 Prozent – 98 Prozent der Strafgefangenen sind Männer
- 77 Prozent aller Tatverdächtigen sind Männer
- Die Kriminalitätsbelastung ist bei Männern drei Mal so hoch wie bei Frauen
- In den letzten 30 Jahren ist die Kriminalitätsfurcht bei Männern gleich geblieben, bei jüngeren Frauen deutlich gesunken
- Frauen fühlen sich in privaten Räumen sicher – und erleben dort die meiste Gewalt. Männer haben kaum Angst vorm öffentlichen Raum – und erleben dort die meiste Gewalt
- Von körperlicher Gewalt in der Kindheit und Jugend sind Jungen häufiger betroffen als Mädchen
- 5 Prozent der Jungen sind extrem aggressiv und quälen häufig Mitschüler
- Sexuelle Gewalt gegen Frauen und Männer, gegen Mädchen und Jungen wird zu 99 Prozent von Männern ausgeübt
- Dunkelfeldstudien zeigen: von körperlicher Gewalt in heterosexuellen Paarbeziehungen scheinen Männer – quantitativ – im annähernd gleichen Ausmaß betroffen zu sein
- 19 Prozent der Gewalttaten werden der Polizei gemeldet, wenn deutsches Opfer und deutscher Täter aneinandergeraten; 29 Prozent Meldungen, wenn der Täter Migrationshintergrund hat; 10 Prozent, wenn der deutscher Täter und das Opfer mit Migrationshintergrund

zusammentreffen; fünf Prozent, wenn Opfer und Täter Migrationshintergrund haben
- Wer mehr als fünf delinquente Freunde hat, entwickelt sich oft zum Mehrfachtäter
- Ab dem 21. Lebensjahr finden viele Männer in die Ordnung gesellschaftlich akzeptierten Lebens zurück
- Fast 50 Prozent der jugendlichen Täter waren/sind gleichzeitig Opfer
- Jede Verbesserung der Bildungschancen ist präventiv!

Kriminalität – ein männliches Phänomen?

Welche Wucht an Zahlen! Kriminalität ist also in Deutschland ein weitgehend männliches Phänomen! 80 Prozent der Verurteilten sind Männer, davon sind rund 30 Prozent noch unter 25 Jahren. Eigentumsdelikte, Diebstahl und Betrug sind Grund für 40 Prozent der Verurteilungen, Trunkenheits- und Verkehrsdelikte folgen als weitere Gründe. Und ca. jede zehnte Verurteilung wird wegen einer Straftat gegen die Verletzung der körperlichen Unversehrtheit eines Dritten ausgesprochen. Wenn das die gesellschaftliche Situation widerspiegelt, wo sind dann flächendeckend die Hilfs- und Förderangebote für Jungen und Männer? Hinter jeder dieser Zahlen stehen konkrete Lebensläufe einzelner Männer. Vielleicht können die vier folgenden Aspekte zum Verständnis solcher Entwicklungen beitragen:

Junge Männer testen Grenzen!

Als der bisher verwöhnte und im Hotel Mama lebende Abiturient plötzlich mit dem Prospekt von Work-and-Travel in Australien zur Familienbesprechung kam, waren die Eltern mehr als überrascht. »Er wolle nun mit seinem Freund in der Zeit bis zum Herbstsemester auf eigenen Füßen stehen – und zwar in Australien!« Die folgende Diskussion und die Argumente der Eltern können wir uns leicht vorstellen. Die Szenen und Reaktionen der eigenen Eltern, als wir denen unsere Jugendideen mitteilten, sind vielleicht auch noch zu erinnern. Rockbandproben im Keller, Nachtdienst als Rettungssanitäter, mit dem Traktor durch Europa, die Start-up-Idee, das Auslandssemester, die Freundin aus dem anderen Land, der Motorradführerschein, all das tangierte zumindest die elterlichen Grenzen, wenn nicht auch manchmal die gesetzlichen Vorgaben. Mit offenen Augen können wir heute nur staunen, was junge Männer möglich machen, um sich zu finden – in der Kletterwand, am Musikpodium, in der politischen Diskussionsrunde, im Start-up. Die Energie und der Gestaltungswille der Jungen ist kaum zu bremsen. Grenzen zu sprengen, gehört in diese Lebenszeit und ist kein jugendlicher Bullshit. Um auf solche Ideen zu kommen und vor allem um diese zu verwirklichen, braucht es allerdings Voraussetzungen, welche die Kinder / Jugendlichen aus sich heraus kaum herstellen können. Bewegungslust und Körpergefühl, Frustrationstoleranz und Beharrlichkeit, organisierter Alltag und die Fähigkeit, Freundschaften zu schließen, Interesse an der Welt und das Gefühl, selber wertvoll zu sein. Die Soziologen freuen sich, wenn in einer Familie einmal am Tag ein gemeinsames Essen stattfindet. Denn das ist bereits ein Indikator für innere und äußere Ordnung im System. Fehlen solche Voraussetzungen für die Jungen teilweise oder zur Gänze, dann findet die Auseinandersetzung mit Grenzen eben »anders« statt: Gefeiert und getrunken wird bis zur Alkoholvergiftung, jede Veranstaltung kann Anlass zur Prügelei mit der Polizei sein, mit 90 Dezibel im Autoradio ist die Aufmerksamkeit der Innenstadtbewohner gesichert, urinieren in der S-Bahn gibt ein Gefühl von Macht über den Putztrupp, mit links- oder rechtsnationaler Gesinnung im Kampfsportverein ist zumindest die Einsamkeit weg, die Kraxelei am Baukran gibt ein riskantes Gefühl von Lebendigkeit, in der religiösen Radikalisierung findet sich plötzlich wieder eine Ordnung der Welt oder endloser Konsum übertüncht die Sinnfragen.

Um Grenzen zu sprengen und dennoch nicht aus dem Rahmen zu fallen, braucht es also eine relativ gut ausgestattete und geordnete »Basisstation«. Eine Basis mit klaren Regeln und Wertschätzung, gelernter Verantwortlichkeit und Fürsorge dem anderen gegenüber, mit Erziehung ohne Laisser-faire und ohne Zwang. Wie die Shell-Jugend-Studie 2015 zeigte, finden ein Großteil der jungen Männer und Frauen diese Basis in der eigenen Herkunftsfamilie. Für die übrigen Jungen müssen wir allerdings solche Basisstationen erfinden und sie alle für die Zusammenarbeit darin einladen, begeistern und heranführen. Dann muss vielleicht nicht die Verurteilung zur Grenzerfahrung werden.

Männer ohne Schuldgefühl und Verantwortungsbewusstsein

Während wir an diesem Buch arbeiten, finden sich in den Tagesnachrichten zwei unglaubliche Geschichten: Ein junger Mann hatte völlig zufällig und impulsiv durch einen Tritt in den Rücken eine Frau die Treppe einer U-Bahn-Station hinuntergestoßen. Ein Manager verhandelt über seine Erhöhung der Boni, während das von ihm und seinen Kollegen gesteuerte Unternehmen in mehreren Ländern verurteilt wurde. Fachleute rechnen diese beiden Beispiele zu einer Gruppe von Menschen, denen eine »Antisoziale Persönlichkeit« zugeschrieben wird. Ca. 1-3 Prozent der Männer Deutschlands werden in dieser Gruppe zusammengefasst. Diese Männer missachten ständig soziale Normen und setzen eigene Ziele rücksichtslos durch. Sie können mit Frustrationen schwer umgehen und neigen zu aggressivem und gewalttätigem Verhalten. Weder positive Motivation noch Strafen führen oftmals zu Verhaltensänderungen. Es finden sich solche Menschen mit antisozialen Persönlichkeitszügen sowohl unter kriminellen Personen als auch unter den sozial gut angepasst und beruflich Erfolgreichen. Ohne Schuldgefühle und ohne Verantwortungsbewusstsein bei verursachtem Schaden für andere verfolgen diese Männer ihre Ziele eben manchmal auch in Chefetagen. Selbst wenn viele Frauen ihre Liebe zum Fußball entdecken und das Hertha BSC-Stadion zur Hälfte füllen würden – rechnerisch könnten bei 1-3 Prozent immer noch 1000 Zuschauer eines Fußballnachmittages zur antisozialen Gruppe gehören. **Mutiger Mann** sein kann daher nur heißen, dass wir politisch aktiv bleiben und den gesellschaftlichen Zusammenhalt fördern. »Dazuzugehören« ist das Gegenteil von »antisozial«! **Mutiger Mann** sein heißt bei diesem Thema aber auch, antisozialen Menschen weniger »Gestaltungsraum« zu geben. Sind diese erst mal Multiplikatoren, Chefs, Vorstände oder Staatenlenker, werden die Folgen dramatisch. Immer auf Kosten anderer die eigenen Ziele sichern ist Bullshit.

Hahn oder Ei – Opfer oder Täter

Szene
Ein Kollege ruft mich an und berichtet von erstmalig aufgetretenen Panikattacken, nachdem er eine Gerichtsvorladung per Post zugestellt bekommen hatte. Kurzfristig hintereinander folgende Geschwindigkeitsüberschreitungen auf der Autobahn waren der Grund der anberaumten Verhandlung.

Dies ist kein dramatisches Beispiel von delinquentem Verhalten. Kennt man jedoch die Biografie des Kollegen, werden möglicherweise exemplarisch Hintergründe für sein Verhalten deutlich, sowohl für sein Rasen wie auch für die Reaktion auf die drohende Verurteilung. Seine Kindheit war geprägt durch rigide und leistungsfordernde Normen und gewalttätige Sanktionen. Extremes Anpassungsvermögen und starkes Autonomiestreben seinerseits hat keine Entspannung in den chronischen familiären Konflikten gebracht. Der nachvollziehbare Wunsch »Ich möchte etwas wert sein!« wurde später am eigenen Besitz (u.a. Auto) festgemacht. Er hatte an sich selber hohe Leistungsansprüche gestellt und gleichzeitig seine Versagenswut: »Ich muss alles richtig machen und nichts reicht!« immer mehr gesteigert. Er pendelte zwischen Selbstüberforderung und subtiler Selbstschädigung. Der Kollege erlebt sich durch die Gerichtsvorladung wieder als Opfer, reagiert mit Angst und unterdrückter Aggression und blendet seine eigene Verantwortung im Straßenverkehr aus.

Um der Situation als Opfer zu entfliehen, versuchen andererseits vor allem junge Männer durch Gewalt und Regelverletzungen »Selbstwirksamkeit« zu erlangen. Sie reagieren damit auf gesellschaftliche, ökonomisch-soziale Ausgrenzung, auf konkrete Situationen des Scheiterns und auf die Auflösung von Orientierung gebenden Milieus. Gewaltförmige Befreiung ist dann ein möglicher und gesellschaftlich angebotener Weg, scheinbar wieder Handlungsfähigkeit und Realitätskontrolle herzustellen, aber Bullshit. Selbstsicherheit wird dann kurzfristig über die Abgrenzung gegen die »normale Welt« und über die Vergewisserung in der gewalttätigen Gruppe (Selbstdarstellung im Video) erzeugt. Der tollste Schläger und Boxer vor dem Fußballstadion zu sein, schafft eben auch Anerkennung und Selbstwertgefühl. Der psychische »Gewinn« dieser Aktion ist möglicherweise immer noch größer als die drohende Gefahr der Verurteilung. Ein ganz direkter Gewinn ist hingegen die konkrete Aneignung von Geld, Konsumgütern oder sinnliche Erfahrungen durch die eigene Gewaltbereitschaft. Wer nichts zu verlieren hat, kann jederzeit werbevermittelte Standards unseres Lebens für sich durch Gewalt in Anspruch nehmen. Ob Interneterpressung, Diebstahl oder das organisierte Begrapschen von Frauen, die Verurteilung stellt leider wieder nur die zugrundeliegende Erfahrung her: Ohnmacht aufgrund fehlender Förderung, Ohnmacht aufgrund von körperlicher, seelischer oder sexueller Zerstörung, Ohnmacht aufgrund fehlender wertschätzender Begrenzung und Orientierung, Ohnmacht aufgrund fehlender Bildung.

Ohnmacht aufgrund neuerlicher Ausgrenzungserfahrung. Orientierungslosigkeit und Ohnmacht führen zu Aggression. So schwer es daher auch manchmal im Einzelfall ist: unser rechtsphilosophisches Ziel der Wiedereingliederung – und nicht das der Bestrafung – ist der richtige Schritt nach der Verurteilung. Das braucht mutige Männer.

2.4.2. Mutiger Mann sein – am Grenzgang

Grenzen auszutesten, die eigenen Grenzen zu finden, am Widerstand sich reiben und innerlich zu wachsen, mal fünf gerade sein zu lassen, ist die gesunde Seite des Grenzgangs. Bullshit ist es jedoch, Grenzen auf Kosten anderer Menschen zu überschreiten, zu zerstören oder Gesetze zu brechen. Einmal ist in diesem Falle nicht »keinmal«, sondern einmal zu viel.

Richtiger Bockmist braucht die Entschuldigung, die innere Einsicht der Grenzverletzung, die Reue und die Wiedergutmachung. Der Volksmund sagt: »Da ist jemand vom Wege abgekommen«. Dies gilt es, als **mutiger Mann** zu korrigieren. Und am besten sofort und nicht Jahre später.

Das nagende Gefühl der erlebten Ungerechtigkeit, schwelender Zorn und der Gedanke, wenig wert zu sein, sind eine explosive Mischung. **Mutige Männer** bemerken unkontrollierbare Emotionen und suchen professionelle Hilfe auf. »Wehret den Anfängen« ist hier das optimale Motto.

Wir haben es in der Regel nicht mit schweren Delikten zu tun, sondern plagen uns mit Rechtsstreitigkeiten in unserem Alltag herum, die nervenzehrend sind. Ein Ehepaar in zweiter Ehe verheiratet, berichtete über die zehn Jahre andauernde Auseinandersetzung mit der Exfrau, die für sich erhebliche Unterhaltszahlungen forderte. »Wir können schon keinen Brief mehr vom Anwalt öffnen, da uns das so sehr belastet. Im Moment wissen wir auch nicht mehr, wie wir die Kosten

für die ständigen Prozesse zahlen sollen.« Auch familienrechtliche Auseinandersetzungen sind ein häufiges Thema in der Begleitung von Männern. Besuchstermine mit den Kindern werden nicht eingehalten oder der Nachwuchs im Sinne der Eigeninteressen »benutzt«. Rosenkriege sind einfach Bullshit. Beliebt auf der Skala der rechtlichen Auseinandersetzungen sind auch Nachbarschaftsstreitigkeiten, die im Kabarett Grund für das Scheinwerferlicht bieten: »Wie hoch darf der neue Zaun von den Müllers werden? Ist ein Klavier überhaupt im Neubaugebiet erlaubt? Die neue Garage von den Hartmanns ist aber 20 cm zu nah an unserem Grundstück und der Müll von der Nachbarwohnung stinkt zum Himmel.« Da ist vielleicht zunächst das klärende Gespräch als **mutiger Mann** gefragt, bevor die Paragrafenrunde startet.
Ein männliches Konfliktthema stellen Arbeitsprozesse dar, die bei Kündigungen, Abfindungszahlungen oder Verstößen gegen jedwede Arbeitsgesetze angezettelt werden. Klar doch, keiner will das Gesicht verlieren und Ungerechtigkeiten machen einfach wütend. Die früheren »Handschlag-Verträge« sind einem komplexen und seitenlangen »Paragrafendschungel-Dickicht« gewichen. Mal ehrlich, wer versteht dieses Rechtsdeutsch überhaupt, das das gegenseitige Vertrauen wenig fördert. **Mutige Männer** vor, die den Dialog als Mitarbeiter und als Arbeitgeber suchen und eine konstruktive Lösung finden wollen.
Als letzte umkämpfte Bastionen sind rechtliche Auseinandersetzungen mit den Versicherungen jedweder Art zu nennen. Die einen wollen Geld, die anderen nicht zahlen. Das gibt Zündstoff für die Anwälte. Geht es sogar um das geliebte Auto, die kleine Schramme am Kotflügel, dann ist die Tür zum Gericht sofort geöffnet. Männer, macht doch keinen Bullshit!
Extreme Positionen wie Paragrafenreiter, Rechthaber oder Rechtsbeuger sind Fallstricke hinein in die juristische Auseinandersetzung. Gar keine Frage, manchmal muss diese

sein, doch **mutige Männer** gehen andere Wege. Sie haben die Vision, entgegengesetzte Positionen in den Dialog zu bringen, aufeinander zuzugehen, geduldig zu sein und eben nicht immer auf ihr Recht zu pochen. Häufig ist nicht der Kampf, sondern die innere Weisheit der klügere Weg. Und wie war das noch? Wir treffen uns immer zweimal im Leben.

2.5. Verkopft – von der Rückkehr der Intuition

> *»Alles, was wirklich zählt, ist Intuition.*
> *Der intuitive Geist ist ein heiliges Geschenk,*
> *der rationale Geist ein treuer Diener.*
> *Wir haben eine Gesellschaft,*
> *die den Diener ehrt und das Geschenk vergessen hat.«*
> *Albert Einstein*

(http://gutezitate.com/zitat/236783)

Wenn wir unserem Bauchgefühl, unserer Intuition, folgen, dann treffen wir Entscheidungen oder wissen plötzlich, was für uns »richtig« ist, ohne zunächst auf unser reflektierendes Denken zurückzugreifen. Dieses intuitive Urteil taucht plötzlich auf, die Gründe dahinter sind uns nicht immer zugänglich, wir handeln jedoch trotzdem entsprechend. Und das ist gut so. Werden Aufgabenstellungen zu komplex, haben wir zu viele Alternativen, fehlt uns die rationale Entscheidungsgrundlage, wird Neues von uns erwartet, dann kommen wir ohne Intuition nicht weiter. Wer dann auf seinen Bauch hört, nutzt gleichzeitig sein Gedächtnis und seine früheren Erfahrungen, er nutzt Faustregeln und soziale Heuristiken, er nutzt »Schwarmintelligenz« und sein Gespür, er nutzt seine Emotionen und sein Wissen gleichermaßen!

2.5.1. Zahlen, Daten, Fakten – der Intuition folgen

Ich habe da so ein Bauchgefühl …

- Altersunabhängig schreibt in Deutschland die Mehrzahl von Männern UND Frauen den Frauen die bessere Intuition zu
- Kaffeekränzchengespräch: Weil die Frauen stammesgeschichtlich ewig lang geübt hätten, zu erspüren, was mit den anderen Personen und mit ihren Kindern los sei, und weil der Mond … haben sie natürlich die bessere Intuition
- Thekengespräch: Wenn die Männer nicht intuitiv gewusst hätten, wo sich das Wild versammelt, wann der Fluss über die Ufer tritt, welche Finte der Feind gerade plant, wären die Frauen gar nicht dazu gekommen, über ihre Intuition nachzudenken
- 77 Prozent der Frauen schätzen sich als intuitiv ein
- 58 Prozent der Männer schätzen sich als intuitiv ein
- In Untersuchungen erkannten Männer aufgrund ihrer Intuition zu 76 Prozent vorgespieltes Lächeln
- In Untersuchungen erkannten Frauen aufgrund ihrer Intuition zu 67 Prozent vorgespieltes Lächeln
- 75 Prozent der Männer spüren den Seitensprung ihrer Frauen
- 41 Prozent der Frauen spüren den Seitensprung ihrer Männer
- Nur 14 Prozent der Männer vertrauen bei der Partnerwahl ihrer Intuition
- Nur wenige Frauen vertrauen bei Börsengeschäften ihrer Intuition. (Langfristiger Erfolg ist an der Börse dennoch erwiesen geschlechtsneutral)
- Bei der Führung von Mitarbeitern glauben sowohl Männer als auch Frauen, jeweils die »bessere« Intuition zu haben
- 21 Prozent der Männer beneiden Frauen, weil diese sich trauen, mehr auf ihr Bauchgefühl zu hören

- 28 Prozent der Männer beneiden Frauen, weil diese anscheinend einfühlsamer sind
- 26 Prozent der Männer beneiden Frauen um nichts, 24 Prozent der Frauen beneiden Männer um nichts

Nach 15 Klinikjahren und zehn Jahren eigener Praxis kenne ich als Psychologe durchaus unruhige Nächte mit umherirrenden Gedanken an Klienten und Patienten. In dieser einen Nacht wachte ich um vier Uhr morgens auf und warf einen Blick auf die Nachrichten am Handy. Fünf Minuten zuvor hatte ein Patient seinen »SOS-Funk« per SMS an mich gestartet. Wie immer man diese »Gleichzeitigkeit« benennen und einordnen will, die Szene hat etwas mit Bauchgefühl, mit »plötzlich« und mit Entscheidungswillen zu tun. Es geht um »gefühltes Wissen« um »unbewusste Intelligenz«, die uns sagt, was wir gerade jetzt tun und lassen sollten. Auch das fällt unter den Begriff Intuition!
Die Zuschreibung, Frauen sind intuitiv und Männer sind »verkopft«, wird sicherlich niemandem gerecht. Diese Unterscheidung ist Bullshit. Im Gegenteil, Männer und Frauen werden in ihrer Entwicklung gehindert. Dennoch könnte **mutiger Mann** sein heißen, sich der Entwicklung der eignen Intuition noch aktiver zuzuwenden.

Intuition üben – die innere Stimme einladen

Szene
Ein Mann plant seine Mountainbike-Tour über die Alpen; gibt die Wegepunkte in sein Garmin ein; erfasst mit der Pulsuhr Leistungswerte und Höhenmeter; genießt, wenn´s gut läuft, hin und wieder ein Bier auf der Hütte, wenn´s schlecht läuft, wird weit hinter der gespürten Leistungsgrenze die Bergwacht verständigt, da das Herz stolpert; die tollkühnen Abfahrten werden in YouTube-Filme verwandelt.

Szene
Eine Frau versucht, das Leben in der jeweiligen Landschaft zu verstehen und zu erforschen. Dazu erwandert sie die Landschaft auf den Wegen, welche »natürlich« vorgegeben am Fluss, durch das Tal, in die Ebene, über den Pass vorgezeichnet sind. Sie prüft die dabei sich öffnenden Sichtlinien und interessiert sich für die darauf zu findenden Kultstätten, Bauwerke und Pflanzen. Sie studiert die Archäologie und hört den Einheimischen zu, wie diese selber ihre Umgebung beschreiben. Sie liest Geschichten und Chroniken aus der Gegend; nützt, was in dieser Gegend hergestellt wird, isst die heimischen Gerichte; sie hört die Musik und feiert die Bräuche mit. Sie schreibt Reisetagebuch und nimmt das Wechselspiel zwischen dem, was die Landschaft in ihr auslöst, und dem, was sie in dieser Landschaft will, darin auf.

Nichts spricht gegen den männlichen Bergtrip, in dem der Berg, der Körper, das Erlebte instrumentalisiert wird und der Radfahrer sicherlich stolz ein persönliches Ziel erreicht hat. Als »Fremder« bewegt sich dieser Mann durch das Gelände, mit Zahlen und Vermessung beschäftigt, sich selber und die sportliche Leistung ins Zentrum stellend. Die zehn Tage sind rasch vorbei – ob der Mann »erfahrener« zurückkommt, ist die Frage. Die Frau kommt »verändert« zurück. Vielleicht ist sie für einige wenige Tage Teil dieser Landschaft geworden, die Landschaft hat sie auf jeden Fall dazu gebracht, die Welt »mit neuen Augen zu sehen«, und sie wird diesem konkreten Teil der Erde innerlich verbunden bleiben. Wissen und erleben, erspüren und beobachten schließen sich vielleicht nicht mehr aus.
Logischerweise könnte natürlich auch ein Mann mit all seinen Sinnen die Landschaft für sich erwandern und seine Frau mit ihren Freundinnen jede verbrauchte Aerobic-Kalorie zählen und täglich die Waage besteigen. Jeder und jede kann sich der eigenen Intuition zuwenden! No Bullshit: Wir alle können und dürfen auf unsere Intuition nicht verzichten!

Alte Muster erneuern

Um auf unser Erfahrungswissen vertrauen zu können, um unser Körpergedächtnis zu nützen, um unsere Gedanken nicht immer in den bekannten »Netzwerkbahnen« laufen zu lassen, brauchen wir die Aufmerksamkeit für dies alles. Jegliches Training der Aufmerksamkeit und kontinuierliches Üben der »Entautomatisierung« öffnet die Intuition. Je besser wir gleichzeitig auf unseren Körper und unsere Umgebung achten, je besser wir uns und unser Gegenüber gleichzeitig spüren und verstehen, umso umfassender tauschen wir Informationen aus. Die Neurowissenschaft hat uns gezeigt, dass wir Entscheidungen bereits unbewusst kurz vor dem Gedanken getroffen haben, welcher dann genau diese Entscheidung rechtfertigt. Wir können also ruhig unserer »inneren Stimme« vertrauen. Für dieses »Hineinhören« in uns selbst hat sicherlich jeder bereits »Techniken« entwickelt. Das kann der Moment beim morgendlichen Kaffee sein, wie die 30-minütige Autofahrt zur Arbeit, das Aufwärmtraining vor dem Match oder die Yoga-Runde. Meister des Hineinhörens haben dies immer wieder im langsamen Gehen geübt; Geh-Übungen der Zen-Meditation, die Runden um den Kreuzgang, auf dem Pilgerweg nach Spanien, morgens einmal barfuß durch den Garten; anscheinend bringt dies Klarheit in die innere Stimme der Intuition. Auf jeden Fall braucht es dafür Zeit allein. Im Rausch der Eindrücke, Verpflichtungen, optischer und akustischer Reize und Interaktionen geht die Intuition verloren. Erst im Moment der Stille, im Moment des Stillstandes ist sie plötzlich wieder deutlich und hörbar!

Szene

600 Manager durften jeder für sich in einem Seminar mit Lego ihr persönliches »Führungsverständnis« bauen. Nachdem die erste Ablehnung, das erstaunte Gelächter abebbten, war plötzlich voll konzentrierte Stille im riesigen Saal. Intuitiv entstanden in der Kreativität kleine Bauwerke, welche in ihrer Eindeutigkeit, in der klarer Prioritätensetzung, in der sichtbaren Individualität und in der hohen Verständlichkeit kaum zu überbieten waren. Nicht das funktionale Nachdenken und die geordnete Diskussion, sondern der Weg über die scheinbar nutzlose Kreativität hatte diese Menschen näher an ihre (Führungs-)Stärke gebracht.

Intuition hilft uns, Komplexität zu durchdringen und Lösungen zu finden, welche durch ein »mehr desselben« nicht möglich sind. Selber kreativ werden, den Träumen lauschen, sich in Museum oder Konzert berühren und verwirren lassen, selber Hand anlegen, üben, all das fördert unsere Intuition. Welch ein Geschenk!

2.5.2. Mutiger Mann sein – Intuition hilft, Komplexes zu durchdringen

Mutiger Mann sein heißt, sich der eigenen Intuition aktiv zuzuwenden. Dies gelingt mit folgenden Ideen:

- Auf die innere Stimme hören
- Sich Zeit nehmen zum Alleinsein
- Die eigene Kreativität fördern
- Auf den Körper hören und enge Verbindungen zu Menschen pflegen
- Auf Träume achten und die Stille und den Stillstand suchen
- Die Aufmerksamkeit trainieren und alles in sich und um uns herum beobachten

Natürlich kann man über Studienergebnisse und Untersuchungsdesigns gerade zum Thema Intuition diskutieren. Vielleicht zeigen sich darin aber trotzdem Entwicklungsrichtungen. So lassen sich diejenigen Studienteilnehmer, welche in ihren Alltagsentscheidungen auf ihre Intuition vertrauen, folgendermaßen charakterisieren: Sie leiden weniger unter dem eigenen Perfektionismus und quälen sich weniger mit Selbstvorwürfen. Sie fühlen sich im Alltag deutlich lebendiger! Sie sind optimistischer, haben eine hohe Selbstachtung und fühlen sich mit ihrem Leben zufriedener. Steve Jobs sage sinngemäß: »Folge deinem Herz und deiner Intuition, alles andere ist zweitrangig.« Ach ja, und der Trainer des Ironman-Gewinners 2014 auf Hawaii sagt sinngemäß: »Natürlich habe ich viel im Kopf, viel wichtiger als Daten und Zahlen sind das Bauchgefühl und der Kontakt zum anderen!«

Fazit – Was ich in Zukunft will

Wir haben die Angewohnheit, meist zu lange in einer gewohnten Komfortzone zu verharren, die uns seelisch und körperlich zum Erschlaffen bringt. Ein bunter Blumenstrauß an rationalen Argumenten wird dafür benutzt, die Änderungsbereitschaft klein zu halten. Das ist doch irgendwie Bullshit, wenn der Glanz aus den Augen verschwunden ist und der Körper sich so dahinschleppt. Über viele Monate schleicht sich die Ahnung ein, dass hier »etwas nicht mehr stimmt«. Das Bauchgefühl weiß es schon längst, dass wir von unserem Lebenskurs abgewichen sind, der Körper sendet feine Signale. Wir fühlen uns zwar sicher, aber nicht mehr wohl.

Mutige Männer verfallen jetzt nicht in wilde Aktionen oder Resignation, sondern halten inne und fragen sich nach Träumen und Visionen, die ihnen Kraft geben. Sie suchen nach dem Sinn im Leben und sind bereit, sich zu neuen Ufern auf zu machen. Richtig klasse ist, wenn der Mut dazu reicht, die sich anbahnende Wandlungsphase zu kommunizieren, damit auch enge Begleitpersonen mitgehen können. Sonst sind die schnell abgehängt.

»Lebe deinen Traum und träume nicht dein Leben« wird häufig gesagt. Seien Sie **mutige Männer**, die ihre Lebensgeister aufwecken.

Nicht nur die vermeidliche Komfortzone kann eine Energieblockade sein, sondern auch alte Pakete, die wir mit uns rumschleppen. Verletzendes wird nicht besser, wenn wir es – schön in Konservendosen verpackt – immer am Mann haben. Das macht wütend und traurig, lässt uns resignieren oder völlig über die Stränge schlagen. Und – das ist Bullshit. **Mutiger Mann** sein bedeutet, sich mit der eigenen Biografie auseinanderzusetzen und alte Verletzungen allenfalls als Narbe mitzunehmen. Die Konservendosen können wir schön liegen lassen, die sind ohnehin bitter. Und dann ist Visionskraft angesagt. Wohin steuere ich mein Schiff, was ist mein eigenes Lebensziel? Im Märchen »Rumpelstilzchen« jedenfalls wird aus Stroh Gold gesponnen. Geben Sie es nicht auf.

3 VERBUNDEN

3.0. Einleitung

Ein Leben als einsamer Wolf klingt immer noch romantisch und männlich – aber mal ehrlich, zu zweit macht es doch mehr Spaß, oder? Nicht nur im (Sport-)Team spielt es sich besser mit Trainingspartnern und Mannschaftskollegen, grundsätzlich engagieren wir uns sehr, nicht allein zu bleiben. Verbunden mit anderen kommen wir besser durch Lebenskrisen, werden durchschnittlich älter, stecken Misserfolge leichter weg und bewerten rückwirkend unsere durchlebten Lebensabschnitte als »sinnvoll«. Der Blick in unsere Stammesgeschichte zeigt sehr deutlich, dass derjenige ohne Verbindung zu seiner Gruppe rasch die nächste Mahlzeit des Säbelzahntigers wurde. Wir sind also Nachkommen derer, die Verbundenheit aufrechterhalten konnten, auch wenn sie mal auf Solo-Entdeckungstour unterwegs waren.
Im **Kapitel 3.1. Verbunden – Beziehungen gut leben**, wird deutlich, dass es uns als Person am besten geht, wenn wir »co-existierend«, sprich mit einem oder mehreren Menschen eng vertraut sind. Ohne eine hoffentlich liebevolle Begegnung wären wir nicht gezeugt worden. Ohne in eine Gruppe wohlwollender Menschen hineingeboren zu sein, kann niemand seine Persönlichkeit auf einer sicheren Grundlage entwickeln. Um »gesund« und stabil zu werden, brauchen wir angemessene, wiedererkennbare und auf die Situation zugeschnittene positive Reaktionen von unserem Gegenüber. Beziehungen gut zu leben ist eine wünschenswerte »Basisausstattung«.
Sexualität ist das Kernthema von **Kapitel 3.2. Voller Lust – Sexualität entspannt genießen**. Ganz so simpel ist es mit dem Sex nicht bestellt, auch wenn eine verschmitzt gemeinte

Antwort eines 46-jährigen Mannes auf die Frage »Haben Sie Probleme mit dem Sex« lautete, »Nein, ich habe keinen.« Um nichts kreist so viel Aufmerksamkeit im Alltagsleben wie um das Thema »Sex«. Wir kommen um zwei Grundfragen nicht herum: Was ist meine eigene »Kerngeschlechtlichkeit«, kurzum, fühle ich mich als Mann oder als Frau? Wie möchte ich meine Genderrolle als Mann ausgestalten, in einer Gesellschaft, die nahezu alles ermöglicht?

Wenn wir herausgefunden haben, wer wir sind und mit wem wir leben möchten, dann ist u.a. der Weg in die Vaterschaft offen, **Kapitel 3.3. Vatersein – die generative Aufgabe**. Wir können als leiblicher Vater Kinder zeugen und ins Leben begleiten, wir können als »psychologischer Vater« für Stiefkinder eine wesentliche Bezugsfigur werden, und wir können uns gemeinsam mit Partner/Partnerin oder in der Gruppe »einer Sache« annehmen und so unsere Energie für die kommende Generation einsetzen. Ob Fußballtrainer oder Ausbilder im Job, ob politisch aktiv oder praktisch im Ehrenamt anpackend, ob als Onkel oder Geld spendender Pate. Generativität ist Teil unserer Lebensaufgabe.

Ob »Mann« dazugehört, zeigt sich heute eventuell über die Anzahl der Follower oder über die Häufigkeit eines Matches auf Tinder. Computerspiele schulen sicher bestimmte Fertigkeiten und dienen der Entspannung. Doch werden virtuelle Rollen fast zur Realität und zum bevorzugten Aufenthaltsort, dann kann dies mit einem etwas abgewandelten Begriff aus der Psychologie umschrieben werden: Hinter einem solchen »Falschen Selbst« steckt die Gefahr der Depression, der Beziehungsstörung, der inneren Leere und der narzisstischen Entwicklung der Persönlichkeit. Bezogen auf unsere Netzwerkgesellschaft entkommen wir diesen psychischen Fehlentwicklungen nur durch Kompetenz in der Mediennutzung, wie im **Kapitel 3.4. Virtuell – zurück in die reale Welt** aufgezeigt.

Wer träumte nicht als Kind vom Schatz im Silbersee, von

den gemeinsamen Abenteuern unserer Blutsbrüder Winnetou und Old Shatterhand. Auch der Zusammenhalt der Gefährten Frodo, Bilbo und Konsorten in »Herr der Ringe« trotzt allen Gefahren und die Drei Fragezeichen lösen alle Rätsel gemeinsam. Das **Kapitel 3.5. Vereint – (Männer) Freundschaften leben** beschäftigt sich mit der Ausgestaltung von Verbundenheit unter Männern. Mit den Worten von Winnetou: »Winnetous Mund spricht leise, aber laut spricht sein Herz!«

3.1. Verbunden – Beziehungen gut leben

Die unterschiedlichen Themen, die unser alltägliches Beziehungsleben bestimmen, lassen sich letztendlich zu einigen wenigen Spannungsbögen zusammenfassen. Wir möchten auf der einen Seite dazugehören und auf der anderen Seite auch Momente für uns alleine haben; wir möchten versorgt werden und sind bereit, dies auch für andere zu tun; wir brauchen Sicherheit, Beständigkeit und wollen gleichzeitig immer wieder etwas Neues erleben; wir wollen bestimmen oder wollen uns anvertrauen. Wir schlüpfen mal in die eine, mal in die andere Rolle, wie z.B. Vaterrolle, Berufsrolle, Geschwisterrolle, Partnerrolle etc. – »das alles bin ich als Mann«. Und wir suchen in Beziehungen Anregung und Aufregung und wollen daher auch als erotischer, sexuell aktiver Mann wahrgenommen werden. Gelebte Sexualität ermöglicht uns Entwicklung, »Neuschöpfung« und Selbst-Entgrenzung (ohne in krankhafte oder süchtige Zustände zu geraten). Verbundenheit geschieht in vielen Facetten.

Zunächst stellt sich die wichtige Frage, wie wir denn überhaupt mit uns selbst in Kontakt sind. Nehmen wir uns selbst ausreichend wahr, kennen wir unsere Wünsche und Bedürfnisse, und trauen wir uns, diese zu äußern? Weiterhin können wir mit Einzelpersonen oder mit Gruppen verbunden sein, die Nähe zu einem Tier suchen, uns einer Idee verschreiben, einer Leidenschaft nachgehen, uns einer politischen Partei anschließen, ein Heimatgefühl entwickeln und die große Liebe finden.

Stellen Sie sich als Seilartisten oder als Slackline-Profi vor, der in schwindelnder Höhe über einer Schlucht sein Seil gespannt hat und von einer Seite auf die andere möchte – Ihre Lebenslinie. Es braucht Konzentration, Mut, Gleichgewichtssinn und am besten ein sicheres Netz, um wohlbehalten über den Abgrund zu kommen und notfalls aufgefangen zu werden. Ihr Netz ist ein Geflecht aus Verbindungen, die Sie im Leben tragen – das Vertrauen in sich selbst, intime Partner, Familie, Freunde, Ihre Visionen, Verbundenheit zu Kunst, Musik, zu Hobbys etc. Wie auch immer Ihr persönliches Netz aussieht, es braucht Pflege, neue Verknüpfungen und den Austausch von brüchigen Anteilen.

»Ich hatte oft Zweifel, ob wir es schaffen können. Aber irgendwie haben wir uns immer wieder motiviert, weiterzumachen.«; »Ich habe mich beim Laufen nur auf den Moment konzentriert. Es war nicht leicht, fokussiert und ruhig zu bleiben« (Zitat von Alexander Schulz, 23 Jahre, Highline Weltrekord in China, 2014).

No Bullshit: In Verbindung mit sich, mit anderen zu bleiben, ist eine lebenslange Aufgabe, die immer wieder neu in Balance gebracht werden möchte.

3.1.1. Zahlen, Daten, Fakten – wackelige Beziehungen

Über Beziehungen wird viel geredet, geschrieben, verfilmt, in Romanen geschwelgt, doch nichts ist statistisch so wackelig wie die »feste Partnerschaft«.

- Ehe ist für viele ein »überholtes Konzept« – trotzdem bleiben die Zahlen der Eheschließungen konstant

- Über 12 Prozent der Paare leben in »wilder Ehe«
- Ca. 40 Prozent der Deutschen leben in fester Partnerschaft
- Zwei Drittel glauben an die Liebe fürs Leben
- Sieben Prozent aller deutschen Ehen werden zwischen Partnern aus zwei Nationen geschlossen
- Das durchschnittliche Heiratsalter der Junggesellen liegt mittlerweile bei ca. 34 Jahren
- Fast jede dritte Ehe wird geschieden
- Über zehn Prozent der deutschen Kinder leben in »Stiefeltern-Beziehungen«
- Nach einer österreichischen Studie steigt die Suizidrate bei Männern nach einer Scheidung stark an
- Die Lebenszufriedenheit der geschiedenen Frauen ist ein Jahr nach der Scheidung erheblich höher als die ihrer Exmänner
- Die Anzahl der allein im Singlehaushalt lebenden Männer steigt kontinuierlich
- Nur zehn Prozent der Singles sind von ihrer Lebensform überzeugt
- Im Jahr 2014 gab es rund 9,78 Millionen Haustierbesitzer in Deutschland mit mindestens einem Hund im Haushalt
- Die 10 Lieblingshobbys der Männer: Heimwerken, Auto, Motorrad fahren, Modelleisenbahn, Grillen, Kochen, Garten, Fernsehen/Computer, Bier trinken mit Freunden, Lesen von Fachzeitschriften. (vgl. https://www.derneuemann.net/10-typische-maenner-hobbies/1524)

Mit sich selbst in Kontakt kommen

Wir entscheiden selbst, was wir von uns bewusst wahrnehmen und wie wir über uns selber denken. Mit sich selbst in Kontakt kommen, ist eine Frage der Übung und der inneren Einstellung. Nicht immer ist das einfach, da auch »problematischere Themen« und Emotionen zu unserem Leben gehören. Diese werden gerne versteckt, überspielt oder durch »Alternativtaktiken« (wie z.B. der Kauf eines schnelleren Autos) abgemildert. »Mit sich im Kontakt sein« ist nicht immer so easy, da sich auch Seiten zeigen, die schambesetzt sind oder abgelehnt werden. Ein guter Trick, sich auch den »Schattenseiten« zu stellen, ist eine wohlwollende innere Haltung zu sich selbst, d.h. nicht sich selbst gleich zu beurteilen, zu werten, zu vergleichen oder vor Scham in den Boden zu versinken, sondern innezuhalten und mit Neugierde zu entdecken »Was ist da eigentlich gerade los?«.

»Hallo, guten Tag! Wie geht es Ihnen?« Der Angesprochene drückt beherzt meine Hand und erwidert lächelnd meinen Blick. Nach einem kurzen stillen Moment antwortet er: »Mein Blutdruck war heute Morgen 140 zu 80!« Das klingt eher nach technischer Angabe einer Körperfunktion als nach einer Mitteilung des wirklichen Befindens. Bei Männern darf das Gegenüber manchmal raten, was denn genau 140 zu 80 bedeutet. Ist der Thomas angespannt wegen seiner Prüfungsvorbereitungen oder wegen der freudig erwarteten Geburt seines ersten Kindes?
Auch andere Phänomene erfordern eine weitere Interpretation: Hat der Heißhunger mit notwendiger Nahrungsaufnahme oder mit Langeweile oder mit dem Bedürfnis nach Nähe zu tun? Ist die Gereiztheit und aggressive Spannung situativ erklärbar oder Vorbote einer sich schleichend entwickelten Depression? Ist die Sportverletzung Ausdruck fehlender Trainingsintervalle oder verschobener Wut auf sich selber?
No Bullshit: Männer können wahre »Doppelagenten« sein, die im außen Phänomene aufzeigen, deren subjektive Bedeutsamkeit manchmal schwer zu entschlüsseln ist. Womit genau ist der Mann beschäftigt? Was macht ihm Sorgen? Welche Bedürfnisse können nicht ausgesprochen werden? Braucht der Mann Rückzugsraum, Zuwendung, Versorgung

oder einen Facharzt – hoher Blutdruck als Beispiel könnte auf alles hinweisen.

Innere Zerissenheit macht Rückenschmerzen

Der 35-jährige Tischlermeister Markus R. beklagte seit einigen Monaten zunehmende Rückenschmerzen und stöberte wie ein Besessener im Internet über alle möglichen Krankheitsbilder. *Eine hypochondrische Idee jagte die andere und die innere Überzeugung, an einer schweren Krankheit zu leiden, gipfelte tatsächlich in einer nicht notwendigen Operation am Rücken. Auch das Medizinsystem gab irgendwann dem beharrlichen Auftreten von Markus nach. Der Druck lag aber ganz woanders, wie Sie sich jetzt denken können. Für den Mann scheinbar unlösbare Probleme in der Partnerschaft und eine schwankende sexuelle Orientierung konnten nicht als Konfliktthema wahrgenommen und lokalisiert werden, sodass sich der seelische Druck als Ausweg in den Rücken bohrte. Scham und eigene Unsicherheit, die sexuelle Orientierung neu zu überdenken, stellten so große Dimensionen der antizipierten Veränderung dar, dass dieser »Ausweg« hermusste.*

Innere Wut kann zu Verletzungen führen

Um nicht »als Couchpotato zu enden«, übernahm ein 53-jähriger Polizist das Training einer Jugendfußballmannschaft in seinem Ort. Er steckte wirklich unglaubliche Energie hinein und war ganz stolz auf seine Mannschaft. Auffallend war, dass er sich immer wieder kleinere Verletzungen bis hin zu einem Bänderriss zuzog, die ihn zwangen, nur am Spielfeldrand zu stehen. Durch Fragen nach der Bedeutsamkeit dieser »Bewegungslosigkeit« wurde deutlich, dass der Polizist innerlich total wütend war, nicht mehr so schnell spurten zu können wie die Jugendlichen. »Ich renne hinterher wie eine lahme Ente, früher war ich topfit. Nun habe ich einen Bauchansatz«. Teilweise überforderte er seinen Körper bis zur Verletzungsgrenze, um mithalten zu können, und war sehr enttäuscht von sich im Vergleich mit der schnelleren Jugend.

Auch der Hartgesottene kann krank werden
Ein 67-jähriger immer noch aktiver Lehrer bemerkte undifferenzierte Schmerzen am ganzen Körper, die er als »Folge von Muskelkater und Überlastung« aus der Hausrenovierung typisch männlich abtat. Auch als diese nicht weggingen, versuchte er den Gang zum Arzt noch möglichst lange herauszuzögern. Leider war das keine so gute Idee, da sich hinter den Schmerzen ein schweres Rheuma versteckte.

Diese Beispiele zeigen auf, wie wertvoll es ist, dass Männer mehr mit sich in Kontakt kommen. Es ist eine mutige Reise, sich besser wahrzunehmen, Gefühle zuzuordnen und die inneren Hintergründe zu erforschen. Es ist bis zu einem gewissen Grade normal, schwierige oder komplexe Themenfelder beiseitezuschieben und auf morgen zu vertagen. Wer konfrontiert sich schon gerne mit unangenehmen Gefühlen oder mit unerfüllten Wünschen. Doch können langfristige Irrwege zu Vernachlässigung von sich selbst oder unnötigen »Heilungsversuchen« führen – das ist auf Dauer Bullshit.
Neben der differenzierten Entschlüsselung der Körperreaktionen und der dahinterliegenden inneren Themen braucht es zusätzlich die Differenzierung unseres psychischen Erlebens. Kann ich meinen Selbstwert grundsätzlich aufrechterhalten, auch wenn ich mich durch die aktuelle Lebenssituation infrage gestellt fühle? Kann ich unterscheiden und aushalten, dass ich meinen besten Freund sehr schätze – und gleichzeitig einzelne Aspekte seines Verhaltens für mich schwer zu akzeptieren sind? Kann ich aushalten, dass meine Frau mich liebt, und das erste Kind liebt, und das zweite Kind liebt, und ihre beste Freundin auch auf eine bestimmte Art liebt? Zur Differenzierung der psychischen Funktionen gehört auch die Möglichkeit, Impulse wahrzunehmen und diese nicht sofort auszuagieren. Ich ärgere mich und gehe Stunden später laufen, anstelle sofort den

Kollegen in der Hotline anzuschreien. Ich interessiere mich für ein Buch und kann beim Buchhändler bis zum nächsten Tag warten, anstatt dieses eine Minute später »haben zu müssen«! Ich halte die Komplexität einer Fragestellung aus und werfe keinen aggressiven, anonymen Fünf-Wort-Satz ins Internetforum. No Bullshit – Hinterfragen Sie Ihre Impulse.

Wer seine Körpersignale entschlüsseln kann, sich in seiner Emotionalität gut zurechtfindet und gut mit sich in Verbindung steht, kommuniziert deutlich und ist für das Gegenüber verständlich und beantwortbar. Der Gesprächspartner bekommt durch die Offenheit ein inneres Bild, eine Idee von mir und braucht keinerlei Fantasie bemühen, was möglicherweise mit »mein Blutdruck ist 140 zu 80« gemeint war. »Ich finde keine Lösung für die Anspannung am Arbeitsplatz!« oder »Ich habe meine Jugendliebe beim Klassentreffen gesprochen und stelle gerade mein ganzes Leben in Frage!« sind doch klare Aussagen.

Sich wahrnehmen kann Mann lernen

Werden wir als Babys und als Kleinkinder versorgt und ins Leben von Personen geleitet, die selber gut mit sich im Kontakt sind, dann können wir in unserer Selbstwahrnehmung und in unser Fremdwahrnehmung kompetent werden. Die sogenannte Bindungsforschung hat herausgefunden, wie weitreichend diese frühen Beziehungserfahrungen sind. Nur wenn in unserer Kommunikation Gefühle wiedererkennbar ausgedrückt werden, wenn Reaktionen angemessen sind in der Intensität und wenn Antworten prompt erfolgen, entsteht Sicherheit in der Verbundenheit.

Wenn die Selbstwahrnehmung Lücken aufweist, so ist es wichtig, diese mehr zu trainieren und achtsamer auf seinen Körper und seine aufkommenden Gefühle zu achten, diese benennen zu können und in einem weiteren Schritt auch zu äußern.

Die Frage »Wie geht es mir« differenziert zu beantworten und eigene Wünsche bzw. Bedürfnisse sich selbst zuzugestehen und von anderen auch »einzufordern« ist ein mutiges Ziel.
Verbundenheit mit sich selbst ist eine unabdingbare Voraussetzung für eine stabile Identitätsentwicklung und ein gutes Beziehungsleben. »Wenn du die Welt ändern willst, dann ändere dich zuerst selbst« lautet ein verkürztes Zitat. Wir reden hier nicht von Egoismus oder verliebter Selbstbezogenheit. Nur wer mit sich im guten Kontakt ist, kann über sich selbst hinaus den anderen lieben. Lieben, ohne das Gegenüber nur als Funktion (Mutter meiner Kinder, Objekt meiner sexuellen Begierden, Zweckgemeinschaft zur materiellen Absicherung, Idealisierung meiner abgewehrten Unsicherheiten, …) zu gebrauchen.

Vom Ich zum Du – Themenfelder in der Partnerschaft

Definiert wird Partnerschaft laut Wikipedia seit ca. 1970 als »auf Dauer angelegte Liebesbeziehung zweier Personen ungeachtet der Rechtsform, sexuellen Orientierung und der Haushalts- und Wohnverhältnisse«.
Was in Partnerschaften gemeinsam ausgefochten wird, welcher Variantenreichtum gelebt wird, welche Hoffnungen sich verwirklichen und welche Verletzungen unauflösbar bleiben – man bräuchte eine Glaskugel! Aber welche Themenfelder für Paare wichtig sind, das ist in der Psychologie genauer erforscht worden.

Bedürfnisse äußern

Der offene Austausch miteinander über die eigenen Wünsche an die gemeinsame Beziehung ist eine gute Basis. Das Traumbild einer perfekten Beziehung, »Er hat mir alle Wünsche von den Lippen abgelesen«, ist so eine Sache. Leichter kommt man damit an das Ziel, den Partner in seine Bedürfnisse einzubeziehen und diese offen zu kommunizieren.

Manche Männer sind wirkliche Helden, ihre eigenen Wünsche manchmal jahrelang dem Zufall zu überlassen – Nichts sagen ist doch Bullshit.
Als mein Klient sieht, dass mein Blick seiner Hand folgt, mit der er immer wieder versucht, das aufklaffende und gespannte Hemd über den ausladenden Bauch zu ziehen, wehrt er mit einer Geste ab. »Meine Frau ist glücklich über unsere vier Kinder, Sexualität leben wir seit fast 20 Jahren kaum, wenn ich mich selber attraktiv fühlen würde, würde ich unter diesem Bedürfnis noch mehr leiden.«
Ein 45-jähriger Marketingleiter wünscht sich in einem Coaching-Gespräch, dass seine Frau doch auch mal »aktiv« werden und mehr Lebendigkeit in die Partnerschaft einfließen lassen könne. »Alle Urlaube plane ich, die meisten Vorschläge kommen von mir. Das wird dann zwar immer auch nett, aber ich habe das Gefühl, immer alleine die Verantwortung zu tragen.«

Führen und geführt werden

Fühlen sich zwei Menschen verbunden, gibt es immer ein Spannungsfeld, in dem geklärt werden muss, wer sich aktuell anvertraut und wer tendenziell führt und bestimmt. Wer jemals eine Wohnung gemeinsam eingerichtet hat, weiß, wovon wir sprechen. Wer über den richtigen Zeitpunkt einer möglichen Schwangerschaft diskutiert hat, kennt auch das Hin und Her an Argumenten. Und wer glaubt, sich verhört zu haben, wenn der Beifahrer/Beifahrerin nachdem das Auto bereits abgestellt ist hörbar murmelt: »Da drüben der Parkplatz wäre aber besser gewesen …«, kennt das benannte Spannungsfeld auf jeden Fall aus der Praxis. Um es vorwegzunehmen, Ziel kann nur sein, beide Pole zu entwickeln – Führung, Bestimmung, Verantwortung, Entscheidungen übernehmen können UND sich anvertrauen, Führung überlassen, jemanden in seiner Vorgehensweise unterstützen können.

Versorgt werden und selbst versorgen

Paartherapeuten haben herausgefunden, dass schwere Partnerschaftskonflikte häufig dort ihren Anfang nehmen, wo das innere Gleichgewicht einer Partnerschaft verloren gegangen ist. Der dahinterliegende Spannungsbogen umfasst die Pole, jemanden zu versorgen bzw. von jemandem versorgt zu werden. Hat der Ehemann das Gefühl, während der Kindererziehungszeiten der Frau durch seine volle Arbeitstätigkeit und durch die Zurücknahme seiner eigenen Bedürfnisse für die Familie »alles getan« zu haben, und wendet sich dennoch die Frau nach dieser Zeit mit neuen Entwicklungsideen von ihm ab, dann bricht für den Mann eine Welt zusammen. Haben Partner ein Arrangement gefunden, dass einer dem anderen »den Rücken frei hält« für Ausbildung, Karriere, Freizeitprojekt, Rekonvaleszenzzeit, und dann findet der Unterstützte die »neue Flamme« bei der Fortbildung, ist der Spannungsbogen ausgereizt und bricht. Wie heikel die Balance beim Thema versorgt werden, versorgen wollen ist, kennt jeder aus Alltagsstreitigkeiten, die beginnen mit: »Immer muss ich ..!« Wer allerdings altruistisch immer für die anderen da ist, versteckt dahinter seine nicht eingestandenen Wünsche, auch mal versorgt zu werden. Wer wiederum andere immer dazu bringt, ihn zu berücksichtigen und bei guter Laune zu halten, führt sich auf wie ein dreijähriger Junge, der immer noch glaubt, die Welt drehe sich allein um ihn.

Zuhören und gehört werden

»Mein Mann versteht mich einfach nicht richtig.«, »Nie hörst du mir wirklich zu.«, »Mein Freund sagt ja nie was.« – diese oder ähnliche Formulierungen werden gerne in den partnerschaftlichen Raum geworfen. Wir empfinden in schwierigen Situationen einen Mangel an Verständnis und Aufmerksamkeit. Fehlende Akzeptanz und Anerkennung ist ein Hauptproblem, welches dann in Schuldzuweisungen mündet. Eine verfahrene Situation. Wer seinen Partner dazu bringen möchte, in Zukunft richtig zuzuhören und richtig zu verstehen, darf den Mangel nicht nur auf dessen Seite suchen oder sehen. Denn erstens ist jede einseitige Betrachtungsweise ein Bremsklotz beim Lösen von Kommunikations- und Paarproblemen, und zweitens ist es in der Regel viel einfacher, sein eigenes Verhalten zu ändern als das eines anderen Menschen. Vielleicht habe ich mich nicht klar ausgedrückt oder starte die Unterhaltung mit einem Vorwurf. Manche Kommunikation ähnelt eher einem »Terrierverhalten«, der sich in ein Thema festgebissen hat. Immer und immer wieder wird das Gegenüber mit »alten Kamellen« traktiert, bis auf »Durchzug« geschaltet wird. Starten Sie doch das Gespräch zur Abwechslung mit einer Aufmunterung, einem Lob. Verwenden Sie Bilder und Vergleiche, damit das Gegenüber eine bessere Idee von Ihren Emotionen erhält, z.B. »Ich verhungere vor einem gedeckten Tisch.«; »Ich fühle mich wie in einem Geisterhaus.« Halten Sie auch Pausen aus und äußern Sie einen konkreten Wunsch an den anderen.

Überforderung der Partnerschaft

Wir überfordern uns in Partnerschaften pausenlos! Wir sollten als wirtschaftlich erfolgreiche Einheit das Leben meistern, im Generationsvertrag einen Blick auf unsere Großfamilien haben und gleichzeitig für die eigenen Kinder und Stiefkinder einen Entwicklungsraum bereitstellen. Und noch als ebenbürtige, verlässliche und liebevolle Partner füreinander agieren. Alles gleichzeitig ist eine echte Herausforderung. Oft ist es notwendig, zwei Berufsbiografien aufeinander abzustimmen und demzufolge Zeitarbeitsverträge, Schichtpläne, Auslandsprojekte, Standortverlegungen zu koordinieren. Kein leichtes Unterfangen, welches mit großen Küchenkalendern gemeistert wird. Nach 20 Jahren Partnerschaft werden wir mit unseren körperlichen Veränderungen aus Alterungsprozess oder Krank-

heitsgeschichte konfrontiert. Da startet schon mal die »Midlife-Crisis« in vollem Ausmaß. Wir sollten (körperlich) für den Partner attraktiv bleiben und uns etwas zu sagen haben. Sich als Mann und Frau in diesem Dschungel von Herausforderungen zu verlieren, ist also nicht besonders überraschend. Bei fast 60 Prozent der Paare ist dies nach spätestens sieben Jahren der Fall. Es ist also was dran am berühmten »verflixten siebten Jahr«.
Nun tauchen meist auf der Bühne der ohnehin schon komplexen Beziehungsgemengelage noch weitere »Mitspieler« auf, die zu einem heillosen Chaos führen können. Es mutet an wie in einer Oper, wo die Verwicklung gerade ihren Höhepunkt erreicht. Wir rufen auf die Bühne eine Exfrau, zwei weitere Väter, eine langjährige geheime Freundin, Unterhaltsforderungen und Scheidungskosten, juristisch spitzfindige Fragen aus Rechtsbereichen von mindestens zwei weit auseinanderliegenden Ländern, Diskussionen über Islamunterricht am Sonntag oder doch lieber den Besuch der evangelischen Kirche mit Oma ...... Ein perfektes Drehbuch, um so richtig Verwirrung unter allen Beteiligten zu stiften. Wen wundert es, dass derart komplexe gemeinsame Wege oftmals nach bereits vier Jahren ihr Ende finden.
Vielleicht ist etwas Entrümpelung auf der Bühne der Partnerschaft gar keine so schlechte Idee. Wer soll da eigentlich alles mitspielen? Was sind denn unsere gemeinsamen Ziele, unser Drehbuch? Was ist wichtig, damit wir uns nicht aus den Augen verlieren?

Beziehung und Bindung brauchen Verlässlichkeit

In einer Arbeitsbeziehung teilen wir möglicherweise ein Büro oder sitzen in der Kantine am selben Tisch, wir teilen berufsbezogenes Wissen und eine gemeinsam gelebte Firmenkultur. Wir müssen uns auf der Arbeit nicht unbedingt lieben, sollten jedoch auf professionelle Weise ein gemeinsames Arbeitsziel verfolgen. Nicht selten sind im Arbeitsleben »Oben-unten-Beziehungen« ein übliches Gefüge, um Rangfolge, Status und Macht zu deklarieren. Zuverlässigkeit steht bei der Arbeit in engem Zusammenhang mit Verantwortungsbewusstsein, Gewissenhaftigkeit, Organisationsfähigkeit, Ordnungssinn und Fleiß und ist ein Indiz für Qualität und auch für die Loyalität einem Arbeitgeber gegenüber.

In einer Sportbeziehung teilen wir gemeinsame sportliche Erlebnisse. Wir gehen zusammen in die Kletterhalle, laufen um den See oder heizen downhill um die Wette. Das Miteinander im Sport kann locker (»Ich ruf dich mal an, wenn es passt«) oder sehr intensiv ausgestaltet sein, z.B. bei einer gemeinsamen Klettertour oder einem gemeinsamen Tauchgang oder bei einem monatelangen Motorradtrip durch Kanada. Verlässlichkeit wird auch dabei zur wichtigen persönlichen Eigenschaft, denn den anderen warten lassen, das Equipment nicht ordentlich zu pflegen oder Unachtsamkeit in bestimmten Situationen, kann üble Folgen haben.

Kontakte können mit vielen Personen bestehen, auch können wir durch ihre vielfältigen Formen mit vielen Mitmenschen in Beziehung sein. Es bleibt darin etwas Unverbindliches, wie eine Schraube, die nicht ganz fest gedreht ist, ein Puzzleteil, welches nicht ganz passen muss und vielleicht auch mal ersetzt wird durch ein anderes.

Wenn wir allerdings mit jemandem gemeinsame Zukunftsideen teilen, wenn wir gemeinsame Verantwortung übernehmen, wenn der andere Einblick in alle unsere Lebensbereiche bekommt, dann sprechen wir von Bindung. Bindung ist eine engere Verknüpfung, ein gemeinsamer unausgesprochener »Vertrag«. Bindungspartner sind für uns bedeutsam und nicht so schnell austauschbar, sehr persönlich. Diese »Intimität« impliziert einen permanenten Wachstumsprozess miteinander, ein Geben und Nehmen, ein sich Einlassen,

eine Toleranz gegenüber Unterschiedlichkeiten, eine Übernahme von Verantwortung.
Wenn ich mich auf einen gemeinsamen Lebensweg einlasse, kann ich nicht jederzeit die Augen für eine vielleicht noch bessere Alternative offen halten. In einer gemeinsamen Bindung wie Schloss und Schlüssel bin ich allerdings nicht mehr frei, diesen »gemeinsamen Vertrag« in einer singulären Entscheidung jederzeit für mich aufzulösen. Stellen Sie sich vor, Sie sind in einem ernsten und wichtigen Gespräch, und Ihr Gesprächspartner behält sich innerlich vor, jederzeit ohne Diskussion und Ankündigung den Raum zu verlassen. Oder Ihr Lebenspartner behält sich innerlich vor, jederzeit bei einer »besseren Passung« die Beziehung zu beenden. Ein gemeinsamer meist unausgesprochener »Bindungsvertrag«, der für eine Seite nicht mehr passend ist, sollte offen und ehrlich infrage gestellt werden, um Verletzungen zu vermeiden.
Wir erleben immer wieder langjährige Beziehungen, wo sich ein Partner ohne jegliche Vorankündigung, ohne einen Versuch der Auseinandersetzung und der Kommunikation für einen anderen »Lebensentwurf« entscheidet. Diese einseitige Entscheidung ist zutiefst kränkend.

Ein 52-jähriger Beamter hat es gut ausdrücken können: »Meine Frau ist nach 20 Jahren Ehe und zwei Kindern einfach gegangen und hat jegliche Kommunikation unterbunden. Ich verstehe die Situation nicht. Es war doch alles gut. Was hat ihr denn gefehlt, wir haben alles gehabt? Ich bin nur noch am Grübeln und suche die Schuld bei mir.«

Dass ein gemeinsamer Lebensentwurf zerbrechen kann, dass der alte Tennisclub einem Veränderungsprozess unterliegt, dass ich mich von meinem Geschäftspartner emotional distanziert habe und andere Wege verfolgen möchte, ist alles normal. Wichtig in einer Bindung ist, diese eigene Veränderung in eine gute Kommunikation zu bringen, eigene

Bedürfnisse zu äußern, sich eigener Gefühle klar zu werden und aktiv in den Austausch zu gehen. Wenn es keine gemeinsame Grundlage mehr gibt für einen »Bindungs-Vertrag«, dann ist eine Lösung sicher sinnvoll. Es erfordert Mut auf beiden Seiten. Für denjenigen, der es wagt, die Grundlage in Zweifel zu ziehen, und das Unwohlsein endlich ausspricht, und denjenigen, der den scheinbar unverständlichen Bruch des Gemeinsamen zu verarbeiten hat.

Es gibt einen alten persischen Spruch: »Vor einer festen Bindung halte beide Augen weit offen, danach halb geschlossen.« Mit einem Augenzwinkern kann dieses Prinzip sehr gut auf unsere Beziehungen angewendet werden. Pass vorher gut auf, mit wem du eine engere Bindung eingehst und nimm später kleine Unstimmigkeiten nicht als Sand im Getriebe wahr.

3.1.2. Mutiger Mann sein – Partnerschaften müssen immer wieder neu belebt werden

Wie schon im Kapitel zur Gesundheit ist das Geheimnis von Freundschaften und Lebenspartnerschaften, dass diese jeden Tag wieder neu hergestellt werden »müssen«. Einfach so funktioniert da nichts. Es ist ein permanenter Dialog, eine tägliche Achtsamkeit für sich und den anderen. **Mutiger Mann** sein heißt, sich immer wieder für die Partnerin, den Partner zu interessieren, neugierig zu bleiben, aktiv für die Lebendigkeit der Partnerschaft einzutreten. Und auf der anderen Seite die eigenen Wünsche klar zu sehen. Fühle ich mich grundsätzlich wohl in der Beziehung? Besteht ein vertrauensvolles Verhältnis, sodass ich meine Bedürfnisse äußern kann? Kann ich mich persönlich entwickeln oder bleiben wir »gemeinsam einsam«? Was verbindet uns? Welche Rollen haben sich bei uns eingeschliffen?

In trauter Gewohnheit alles dahinplätschern zu lassen, die eigenen Gefühle zu verdrängen, ist Bullshit. Als Folge schaltet der Köper zurück auf »autonome Körperreaktionen«: Schlafstörung, Potenzstörungen, Gewichtszunahme, Bluthochdruck, Erschöpfung oder Schmerzen. Oder die Seele findet Umwege, die häufig einen hohen Preis verlangen, wie Aggressivität nach außen, Abwertung von anderen Menschen, (Sehn-)Süchte verschiedener Art oder steigender Konsum.
Manchmal ist auch die Erkenntnis mutig, dass in unserem »einen« Leben nicht alles Platz finden wird. Nicht alles, was wir möchten, kann in die Realität umgesetzt werden. Es ist Bullshit, die Beziehung völlig zu überfrachten und nimmersatt zu lamentieren, was alles noch fehlt. Und richtig Gift sind ständige Vergleiche »Der hat es besser, weil ...«. Die Folge davon sind Erziehungsmanöver, die aus dem »Schatz« einen anderen Menschen machen wollen. Vergessen Sie es!
Humor ist ein Zaubermittel in unseren Partnerschaften, das viel zu wenig angewendet wird. Gemeinsam lachen und sich mit seinen »Macken« zu necken, bringt freundliche Würze in das Miteinander.
Ein **mutiger Mann** bricht sich keinen Zacken aus der Krone, wenn an jedem Tag die Wertschätzung sich selbst und seinen engsten Vertrauten gegenüber einen Platz findet. Kleine Aufmerksamkeiten erhöhen die Haltbarkeit.

Drei zu eins + Geschenke

Wir sind Meister im Kritisieren und verlieren dabei oft den Blick für die vielen glücklichen Momente, die kleinen Augenblicke, die wertvollen Begegnungen an jedem Tag und das Wunder der eigenen Gesundheit. Diese Liste der »positiven Ereignisse« können wir weiter fortschreiben. Unsere Medienlandschaft funktioniert nach dem Motto »Nur schlechte Nachrichten sind gute Nachrichten«, da diese eine größere Leserschaft erreichen, sie sind spektakulär, empörend, ergreifend.

Beziehungen funktionieren da anders. Wenn Sie in einer partnerschaftlichen Bindung glücklich werden wollen, dann geben Sie Ihrer Partnerin oder Ihrem Partner drei bis fünf Mal so viele positive Rückmeldungen wie kritische Anmerkungen und zeigen Sie ihr oder ihm durch kleine Geschenke und Aufmerksamkeiten im Alltag, dass Sie stets um das Gemeinsame bemüht sind. Die Kurzform lautet: Drei zu eins plus Geschenke! Das klingt wie eine Zauberformel – ist aber tatsächlich das Ergebnis einer fundierten Studie über das geglückte Zusammenleben amerikanischer Paare.
Ein 38-jähriger LKW-Fahrer erzählte, dass er seiner Partnerin aus jeder Stadt eine Kleinigkeit mitbrächte und ihr nette Sprüche an den Badspiegel mit »Post-it« klebe. »Ich bin doch viel auf Achse, so weiß sie, dass ich an sie denke.« Ein anderer Mann war eifrig bei der Renovierung des Ladengeschäftes seiner Frau behilflich. Blumen und Essenseinladungen sind immer gerne gesehen. Das Spielfeld der kleinen Aufmerksamkeiten ist groß, seien Sie erfinderisch, wirklichen Mut braucht es nicht dazu.

Beziehungsbarometer

» Der Haussegen hängt schief«, sagt der Volksmund, wenn Streitigkeiten oder resigniertes Schweigen im Alltag dominieren. Grundsätzlich darf ein **mutiger Mann** sich die Frage stellen, wie denn die Auswahl an Partnerinnen/Partnern vonstattengeht. Bei der Partnerwahl sind wir nicht immer auf der Zielgeraden, sondern greifen mindestens dreimal daneben, so eine Statistik. Ein geringes Selbstwertgefühl, unrealistische Erwartungen, starke Ängste, das Helfersyndrom oder alte Bindungsmuster können Grund für die Fehlgriffe sein. Wenn wir versuchen, hinter die Muster von Partnerschaften zu blicken, so entdecken wir eventuell Altbekanntes:

- Vermeidung von Bindung (keine Verbindlichkeit, denn Nähe macht Angst)

- On-Off-Beziehungen (Ich liebe dich, ich hasse dich)
- Distanzbeziehungen (mal nah, mal fern)
- abhängige Beziehungen (ohne dich kann ich nicht)
- Familie als Statussymbol (mein Haus, mein Auto, meine Kinder, meine Familie)
- Frau als narzisstische Aufwertung (schön, jung, exotisch)
- zerstörerische Beziehung (Ich hasse mich selbst und deshalb auch dich)
- sadomasochistische Beziehung (Ich unterwerfe mich und habe Macht)
- Beziehung als karitative Veranstaltung (Ich tue alles für dich)
- Beziehung als Allianz (Wir zwei schaffen das)
- Beziehung als Fortführung der Kindheit (Ich will nicht erwachsen werden und bleibe trotzig oder verliere mich in meinen Hobbys)

»Wie stelle ich in der Regel Beziehung her?« ist eine wichtige Frage dabei. Bin ich immer (zu) nett, sehr versorgend, herablassend, bestimmend, nicht verbindlich, zu anhänglich, wenig emotional, verführerisch, wechselhaft etc. Es ist sehr hilfreich, sich für diese Reflexion mal Zeit zu nehmen und eventuell die Strategie zu ändern.

Ist diese Grundlage geklärt, kann ja eigentlich nichts mehr schiefgehen, oder? Bullshit – es gibt viele kleine Beziehungshürden zu überwinden.
Ein älteres Ehepaar kam zur Paarberatung und schrie sich während der Stunde so an, dass meine Kollegen vorsichtshalber an die Tür klopften und ihre Hilfe anboten. Es ging um »Kleinigkeiten«, die das Paar in tiefe Abgründe stürzten. Der Mann hatte die falschen Beutel für das Einfrieren der Erbsen benutzt oder zu laut telefoniert. Sie war in ihrem absoluten Perfektionismus wie ein Inquisitor.

Der gemeinsame Haushalt ist ohnehin eine oft genannte Quelle von Streitigkeiten und Vorwürfen. Das ist doch Bullshit. Worum geht es denn da eigentlich? Meist fühlt sich einer ungerecht behandelt, sodass die Spirale von Vorwurf-Rechtfertigung-Nicht-verstanden-fühlen usw. in Gang kommt. Würdigung und Lob sind sehr gute Maßnahmen, um Eskalationen zu vermeiden.
Bei dieser 51-jährigen Frau kam allerdings jede Erkenntnis des Partners zu spät, wie das Zitat aus dem Brief an ihren Mann zeigt:
»Ich habe insgesamt 25 Jahre mit Dir verbracht und drei Kinder großgezogen. Dabei habe ich 951 Waschmaschinen gewaschen und insgesamt 4233 Hemden für Dich gebügelt. Ich war 1690 Mal einkaufen und habe jeden Tag für uns gekocht. Fast 3000 Windeln habe ich gewechselt und mich um die Finanzen gekümmert. Alle 18x3 Kindergeburtstage habe ich alleine ausgerichtet und mich für dich fit gehalten. Und was hast Du gemacht? Es gab noch nicht ein Mal ein Lob dafür. Deshalb gehe ich jetzt.«

Ein häufiger Grund, das Beziehungsbarometer auf null zu fahren, sind die Finanzen. Es ist ja auch nicht einfach und eben kein Bullshit. Eine finanzielle solide Basis ist wichtig. Seien Sie in diesem Punkt ein **mutiger Mann**, der den Geldfluss im Auge behält und gemeinsame Strategien für ein geregeltes Einkommen mit der Partnerin, dem Partner entwickelt.

Ein weiterer Punkt, bei dem Mann Nerven wie Drahtseile braucht, sind gemeinsame Kinder, Stiefkinder, Patchworkkinder, Adoptivkinder etc. No Bullshit – Kinder sind Segen und »Minifluch« zugleich und erfordern eine mutige Haltung. Jede Erziehung braucht klare Ansagen und deutliche Grenzen und eine Förderung der Eigenverantwortlichkeit und gelebtes Vorbild. Kinder merken schnell, wo sie Eltern

ausspielen können und ob diese in wichtigen Punkten an einem Strang ziehen. Wer anfängt, alle Erziehungsratgeber auf einmal zu lesen, macht jeden Tag mindestens zehn Fehler und fühlt sich schlecht. Die Wise Guys haben es in einem Song gut formuliert: »*Wir zwei sind jetzt zu dritt ... Es ist zwar toll mit neuen Töchtern oder Söhnen, doch ab und zu darf man als Papa auch mal stöhnen.*«
Aus der Kindertherapie lieben wir folgende einfache Regeln: Wichtig sind gemeinsame Mahlzeiten, klare Grenzen, Forderung und Förderung, kein dauerhaftes Parken vor dem Fernseher oder Internet, Dinge gemeinsam erleben, Anleitung für das Leben, Förderung von Eigenverantwortlichkeit, Geschichten vorlesen und viel Humor – und **mutige Männer**.

Sind die Haushalts-, Finanz- und Kinderklippen umschifft worden, kann das Beziehungsbarometer jetzt noch dem Sturm der Midlife-Crisis ausgesetzt werden. Männer und Frauen kommen gleichermaßen in »Wechselzeiten«, in denen eine Neuorientierung angesagt ist. Die Außenerscheinung ändert sich, die Kräfte werden vielleicht weniger und die Stimmung schlägt Purzelbäume. Plötzliche Flucht- und Ausbruchstendenzen können eine Reaktion sein, aber auch Rückzug und Selbstvernachlässigung oder die Suche nach ständiger Selbstbestätigung. Da braucht es **mutige Männer**, die die »Wechselzeiten« als Herausforderung und inneres Wachstum verstehen.

Zu Barometerschwankungen innerhalb der Beziehung können auch seelische oder körperliche Krankheiten eines Partners führen.

Depression – grau ist meine Farbe oder auf Hochtouren sein
Niedergedrückte Stimmung, Schwierigkeiten den Alltag auf die Reihe zu bekommen, Schlafstörungen mit nächtlichem Grübeln, Antriebslosigkeit und ein geringes Selbstwertge-

fühl sind deutliche Anzeichen einer Depression. Bei Männern können auch Gereiztheit, Anspannung und ständiges Rotieren im Vordergrund stehen. Hinderliche Beziehungsdynamiken, genetische Vorbelastungen und starke Erschöpfung können die Quelle der Depressionen sein, sodass auf alle Fälle der gemeinsame Dialog gesucht werden muss. Schweigen und Aushalten ist Gift. Eine ganz gute Lösung ist es, eine Paartherapie aufzusuchen und unbedingt die Depressionen behandeln zu lassen. Die Farbe Grau ist nicht normal und immer auf Hochtouren zu sein auch nicht.
Ein permanent depressiver Partner kann aggressiv machen und eine Spirale des »in den Sumpf gezogen werden« beginnt. Suizidale Gedanken oder Androhungen »wenn du nicht bei mir bleibst, fahr ich gegen den Baum« sind zerstörerisch. Suchen Sie sich professionelle Hilfe.

Sucht – verdammt abhängig
Im Kapitel eins ist schon viel über Sucht erklärt worden. Sucht betrifft das ganze Beziehungsgefüge und nimmt Einfluss auf alle Lebensbereiche. Es ist meist ein schleichender Prozess, der durch Heimlichkeiten, Verleugnung, Auswirkungen auf die körperliche, seelische und finanzielle Verfasstheit die Beziehung wie Gift zerstört. Wichtig ist es, professionelle Hilfe aufzusuchen und konsequent Schritte gegen die Sucht aufzunehmen.

Schwere körperliche Erkrankungen
Es ist eine Meisterleistung und erfordert von allen Beteiligten viel Geduld, Verstehen, Rücksichtnahme, Kompromisse und ein Ausloten zwischen Eigenverantwortung und Hilfebedürftigkeit, wenn ein Lebenspartner an einer körperlichen Erkrankung leidet. Einschränkungen im alltäglichen Leben, Abhängigkeit von medizinischer Hilfe, vermehrte Kosten, Wechsel zwischen Hoffnungen und Resignation, aber auch Mut und Humor sind Begleiter von Erkrankun-

gen. Eine schöne Perücke gemeinsam auszusuchen, um die Chemotherapie äußerlich abzufangen, mit Diabetes das Essen genießen und häufiger wandern gehen, die Folgen eines Herzinfarkts im Alltag berücksichtigen und trotz Rollstuhl nach einem Motorradunfall einen neuen Lebenssinn finden – liebevolle Integration ist hier ein guter, wenn auch oft nicht einfacher Weg.

Barometerschwankungen gibt es in puncto Beziehungen in zahlreicher Form. Das ist auch in gewissen Schwankungsbereichen normal. **Mutige Männer** klären die wichtigsten Fragen für sich: In welcher Form von Beziehung möchte ich leben? Kann ich mir ein Familienleben vorstellen? Wohin tendiere ich mit meiner sexuellen Ausrichtung? Was kann eine Beziehung auch nicht leisten? Was bin ich bereit, zum Gelingen einer Beziehung dazuzutun? Wie sehr ist die Beziehungsdynamik beeinflusst von anderen Faktoren? Kann ich mich überhaupt binden? Wie gestalte ich Kommunikation in der Beziehung? Gehe ich jeden Tag achtsam mit der Beziehung um? Kann ich »schlechte« Beziehungen auch wieder lösen oder klebe ich wie Pattex daran? Wie gehe ich mit Trennungen um? Und Ihre Antworten? No Bullshit – seien Sie ehrlich.

AchtMannkeit

Es ist nie zu spät, auch wenn Sie sich jahrzehntelang keine Gedanken über Ihre Selbstwahrnehmung gemacht haben. Es benötigt Übung, Mut und Hartnäckigkeit, in sich hineinzuhorchen. Und als Grundvoraussetzung braucht es dafür einen ruhigen Ort ohne Mobil-Phone und Ablenkung. Um aus der Hektik des Alltages einen Moment auszusteigen und sich auf das Innere konzentrieren zu können, hilft eventuell eine kurze Atemübung oder eines der Entspannungsverfahren. Manche Männer sind eher Bewegungsfanatiker und müssen laufen gehen. Sport ist ohnehin eine ganz gute

Möglichkeit, über den Körper wieder mehr mit sich in den Kontakt zu kommen: Wie atme ich? Wie fühlt sich meine Muskulatur an? Mag ich meinen Körper? Kann ich Spannung und Entspannung fühlen? Es ist Bullshit, niemals innezuhalten.

In sich hineinhorchen

Was beschäftigt Sie gerade? Lassen Sie alle Gedanken zu, ohne diese gleich zu bewerten. Es ist da, was da ist.
Um sich selbst mehr auf die Schliche zu kommen, kann das altbewährte Tagebuch ein nützlicher Begleiter werden, in dem Erlebnisse nochmal vorbeiziehen können. Was ist mir begegnet? Wie habe ich mich dabei gefühlt? Welche Körpersignale habe ich wahrgenommen? Wenige Zeilen reichen, um sich die Geschehnisse bewusster vor Augen zu führen. Körpersignale wahrzunehmen ist Schritt Nummer eins, die Schlaflosigkeit, den hohen Blutdruck oder die Nervosität auch als Frühwarnzeichen ernst zu nehmen, ist die nächste Hürde. Daraufhin Veränderungen im Leben zu implementieren gleicht einer Mount-Everest Besteigung – ist also machbar.

Bauchgefühl schärfen

Wichtige Lebensentscheidungen treffen wir nicht mit dem Verstand oder »Pro und Kontra-Listen«, sondern mit dem Bauchgefühl. Wie wichtig die Intuition ist, haben wir ja schon im vorherigen Kapitel erläutert. Dieses Bauchgefühl verfügt über gute Zugänge zu unseren Erfahrungen, unseren Gefühlen, unseren Werten und zu unseren abgespeicherten Informationen. Das Bauchgefühl ist in der Regel schlau, nur wir hören selten darauf. Versuchen Sie doch mal bei weniger dramatischen Entscheidungen Ihren Bauch zu befragen. Wohin will ich wirklich in den Urlaub fahren? Was würde ich jetzt gerne essen? Mit wem würde ich jetzt gerne zusammensitzen? Und Ihre Antworten?

Kommunikation

Je mehr Sie sich erforscht und Achtsamkeit trainiert haben, umso drängender wird die Notwendigkeit, sich mit den eigenen Wünschen und Bedürfnissen mitzuteilen. Sich schlecht zu fühlen und schweigend weiter im Raum stehen zu bleiben, geht nicht mehr. Sich über eine Kleinigkeit zu freuen, ruft die Idee hervor, dies auch teilen oder weitergeben zu können.

Stehen Sie für Ihre eigenen Bedürfnisse und Gefühle ein. Teilen Sie sich mit. »Ich wünsche mir mehr Freiraum am Wochenende.« Sagen Sie Nein, wenn Sie nein meinen. Wenn Ihr Bauchgefühl etwas »irgendwie« ablehnt, Sie dies aber noch nicht ganz verorten können, so nehmen Sie sich Bedenkzeit. Eine Nacht »drüber schlafen« ist nicht die schlechteste Idee und schützt vor voreiligen Entscheidungen.

Kreativität entdecken

In jedem Menschen schlummert meistens viel unerforschtes Potential. Gehen Sie auf Entdeckungsreise, welche Ressourcen von Ihnen sich noch nicht entfalten konnten oder schlichtweg eingeschlafen sind. »Ich hatte seit Jahren fast kein Buch mehr gelesen, obwohl ich in meiner Jugend eine Leseratte gewesen war. Ich schaffte es nicht und hatte mittlerweile auch verlernt, dass es mir früher Spaß gemacht hatte.« Was mögen Sie gerne, was können Sie gut? Was möchten Sie ausprobieren? Starten Sie – JETZT!

3.2. Voller Lust – Sexualität entspannt genießen

Kein Thema ist so weit gefächert, so emotional besetzt und so heiß diskutiert wie die Sexualität. Von verliebt sein, Liebe auf den ersten Blick, Liebeskummer, körperlichem Verlangen, Begierde, Erotik, Attraktivität und Homosexualität bis

Orgasmus, Liebesspielzeug, sexuelle Vorlieben und Genomaustausch usw. usw. fächert sich ein großes Spektrum auf. Diese Facetten in der Partnerschaft auf einen Nenner zu bekommen, ist echt eine Herausforderung. Zum einen »die schönste Sache der Welt« und zum anderen die nervigsten nächtlichen Diskussionen in der Küche.

3.2.1. Zahlen, Daten, Fakten – was Sie schon immer über Sex wissen wollten

Mal ehrlich, da geht noch was im Sexualleben der Deutschen. No Bullshit, wenn jeder zweite Mann nicht wirklich zufrieden ist mit dem, was im Bett läuft, und lieber das Internet bemüht, sind mutige Wege notwendig.

- Nur 45 Prozent der deutschen Männer sind mit Ihrem Sexualleben zufrieden
- 1564 Millionen US-Dollar Umsatz erzielt die Firma Pfizer 2016 weltweit mit Viagra
- Ca. jeder sechste Patient beim Schönheitschirurgen ist ein Mann
- Männer haben im Durchschnitt ihres Lebens 15 Sexualpartnerinnen
- Täglich nehmen in Deutschland ca. 1,2 Millionen Freier die Dienste von Prostituierten in Anspruch
- Die Deutschen sind Weltmeister im Pornosschauen. Mit 12,4 Prozent des weltweiten Traffic liegt Deutschland vor Spanien, England und den USA
- 25 Prozent der Suchanfragen im Internet drehen sich um Pornografie. Das sind 68 Millionen Anfragen täglich
- 20 Prozent der Männer (11Prozent der Frauen) gucken erotische Inhalte im Büro zwischen 9:00 und 17:00
- 11 Jahre alt ist der durchschnittliche Erstkonsument von Internetpornografie

- Fast 30 Prozent der Männer zwischen dem 18. und 30. Lebensjahr konsumieren Sex im Internet – leben aber keine aktive Sexualität. Das ist ein neues gesellschaftliches Phänomen
- 5 Minuten und 40 Sekunden dauert durchschnittlich der sexuelle Akt bis zum Orgasmus des Mannes
- Durchschnittlich zwei Mal pro Woche haben deutsche Paare Sex
- Frauen unterschiedlichen Alters bewerten auf einer Online-Partner-Börse Männer am attraktivsten, welche zwischen fünf Jahre jünger und zwei Jahre älter sind
- Männer unterschiedlichsten Alters bewerten auf einer Online-Partner-Börse Frauen am attraktivsten, wenn diese zwischen 20 und 24 Jahre alt sind

Kurze Szenen
Das Coaching-Gespräch gestaltet sich schleppend. Auf die irgendwann gestellte Frage, warum denn der Blick auf die beiden Handys so wichtig wäre, erfahre ich Folgendes: Stolz erzählt der Gesprächspartner, dass er am Tag bis zu 100 SMS mit seinen drei aktuellen Freundinnen teile, ohne bisher »einen Fehler« gemacht zu haben. Seine Anspannung und Nervosität, seine Fahrigkeit und Erschöpfung sind allerdings für jeden Beobachter offensichtlich.

Angeschlagen und um Worte ringend, erzählt der 40-jährige Klient, dass er erstmals in seinem Leben unter Erektionsstörungen leide. Die Ehe mit einem gemeinsamen Sohn sei auseinandergebrochen. Die Exfrau würde in der einen Hälfte des Hauses, er in der anderen wohnen. Der Sohn dürfe sich aussuchen, wo er die Nacht verbringe. »Vor drei Wochen parkte abends ein fremdes Auto vor unserem Haus und stand morgens noch da. Ich glaube, meine Ex hat schon wieder einen neuen Kerl am Start. Ich könnte wirklich platzen vor Wut.«

Ein 52-jähriger Klient berichtet, seit 15 Jahren in einer homosexuellen Beziehung zu leben und nun große Sorge vor dem Älterwerden zu haben. »Ich fühle mich nicht mehr attraktiv genug, was mein Partner mich auch spüren lässt. Bei Feiern scharwenzelt er um die Jüngeren herum, und ich stehe auf dem Abstellgleis. Ich habe mir schon überlegt, die Falten wegspritzen zu lassen.«

»Wir sind völlig mit unserer Sexualität zufrieden«, entgegnet ein 31-jähriger Mann, »obwohl wir uns schon seit über neun Jahren kennen. Echt lange. Sie ist einfach meine alte Schulliebe. Wir fallen nicht mehr übereinanderher wie früher, es sind mehr gemeinsame Kuschelzeiten hinzugekommen, doch für uns beide passt es so ganz prima.«

In einem Paargespräch möchte der 49-jährige Mann mehr Verständnis von seiner Partnerin bezüglich seiner Vorlieben für Fetisch erreichen. »Seit ich 22 bin, stehe ich auf Lack und Leder. Ich ziehe das selbst an und würde auch meine Partnerin gerne in solchen Sachen sehen. Das macht mich an.«

Sexualität – eine gewaltige Energie

So bunt, so energiegeladen und überall beigemengt – Sexualität begegnet uns omnipräsent im Alltag.

In kaum einem anderen interaktionellen Bereich wie in der Sexualität spielen Körper und Psyche, Vergangenheit und der jetzige Moment, bewusstes Wollen und sich der Situation Überlassen zusammen.

Sexualität ist allgegenwärtig und ruft gegenpolige, dramatische und emotionale Empfindungen hervor: Sex hat mit Scham und Schönheit, mit Alltäglichkeit und Einzigartigkeit, mit Psyche und Leiblichkeit, mit Neuschöpfung und Vergänglichkeit, mit Abnormalem und Mut, mit Vertrauen und Grenzverletzung, mit Macht und Gewalt zu tun. Dass ein »Blick« alles möglich machen kann oder jegliche »Stimmung«

ein für alle Mal verloren ist – welche gewaltige Energie zwischen Menschen.

Sexualität – Gehirn Signale Hormone

Sexualität ist hochkomplex: Es lohnt sich, darüber nachzudenken und zu verstehen, was alles in uns ablaufen muss, bis wir Lust verspüren und der Körper vielleicht einen sexuellen Akt möglich macht.

Der Volksmund würde jetzt sagen: »Ich habe auf jemanden ein Auge gehabt …« Auge und Ohr haben die Sinneseindrücke bereits an die Großhirnrinde weitergeleitet, ebenso wie vielleicht die Haut erste Berührungsimpulse und die Nase den für sie aufregenden Geruch der Partnerin oder des Partners. Dies alles wird im Steuerungszentrum des Gehirns mit den Eindrücken der Umgebung und ihren Vorerfahrungen abgeglichen. Auch ihre Normen und ihre Verhaltensregeln kommen bereits ins Spiel. Dass Erotik und Sexualität keineswegs Themen der Vernunft ist, wissen wir alle. Unser limbisches System wirkt da entscheidend mit. Dieses im Gehirn sehr alte System trägt dazu bei, dass wir förderliche Situationen immer wieder aufsuchen, schädliche Situationen vermeiden und aus Erfahrungen lernen. Notwendig für unser Überleben lässt sich dieses System im Kopf nicht überspringen.

Wenn unsere Erfahrungen jedoch positiv waren, wird das Belohnungssystem aktiviert und das beglückende Erlebnis in den Gedächtnisstrukturen abgespeichert. Wenn also die erste Begegnung mit Ihrer Partnerin oder Ihrem Partner Sie in Bann hält, unser Filter im Gehirn alles Unwesentliche kurzzeitig ausblendet, das Bewachungssystem (die Amygdala) erste körperliche Reaktionen wie schneller Puls und veränderter Atemrhythmus nicht in einen Fluchtimpuls umdeutet – dann – ja dann lässt uns der Hypothalamus alle typischen Körperempfindungen fühlen, die wir bei sexueller Annäherung spüren. Ihr Körper verlangt danach, die Situation weiterzuführen, Sie sind aufgewühlt, das Herz schlägt schneller, Ihnen wird heiß, einzelne Körperregionen werden stärker durchblutet und dennoch fühlen Sie sich wohlig angespannt. Sowohl das Anspannungssystem (Sympathikus) als auch das Entspannungssystem (Parasympathikus) sind aktiviert und der Hypothalamus aktiviert Botenstoffe und Hormone für das weitere sinnliche Spiel. Und obwohl sich in diesen Aktionen und Reaktionen bei Weitem nicht alles bewusst steuern lässt, obwohl vieles in uns einfach abläuft – die dafür nötige Motivation müssen wir dennoch aufbringen. Aus den Sinneseindrücken alleine entsteht noch kein Wunsch nach sexueller Nähe. Als Motivatoren spielen Östrogene und Androgene sicherlich eine große Rolle hinter dem, was bereits Freud als Libido / Sexualtrieb beschrieben hat. Ein chemischer Cocktail aus erhöhtem Dopamin und Noradrenalin im Gehirn ist uns allen als Motiv bestens vertraut – wir nennen diesen Zustand »Verliebtheit«. Und die Hormone Oxytocin und Vasopressin lassen Paare Gefühle der Zusammengehörigkeit und der Sicherheit erleben. Es ist kein Bullshit, wenn der Volksmund sagt: »Die Chemie muss stimmen.«

Sexualität in Kunst, Kultur und Religion

Sexuelle Energie ist so überwältigend, dass nackte Körper schon immer Gegenstand bildlicher und figürlicher Darstellungen in allen Kulturen der Welt waren und sind. Weibliche Rundungen und männliche definierte Körper, Badeszenen, Orgien, Obszönitäten und Grenzgänge sind über alle Epochen in der Kunst, Kultur und Religion dargestellt. Tantra-Szenen im Hinduismus, die Verführung von Adam und Eva im Paradies in der christlichen Metapher, »obszöne« Motive und Homoerotik in der Antike, Phallussymbole in der Inkakultur, die drallen und bunten »Nana-Figuren« von Niki de Saint Phalle in der Moderne und viele andere Darstellungen.

Sexualität und Werbung

Die sexuelle Energie wird auch von der Werbung nach dem Motto »sex sells« genutzt. Kein Auto, keine Klamotte, kein Sportartikel und kein Parfum geht ohne einen Anflug von Sexualität oder Nacktheit über den Ladentisch. Aber auch Frauen selbst vermarkten die weibliche Schönheit in Shows wie »Germany's Next Topmodel«, als YouTuberin oder Bloggerin mithilfe von Schminktutorials und Stylingtipps. Schönheit, Attraktivität, Nacktheit und Sinnlichkeit – uralte Wünsche der Menschheit.

Sexualität in der Literatur

Die erotische Literatur ist ein weiteres umfängliches Feld, welches von der Energie der Sexualität belebt wird. Die Spannbreite reicht von Arztromanen, Rosamunde-Pilcher-Serien über erotische Fantasien und Bestsellern wie »Shades of Grey«. Auch für den homosexuellen Mann gibt es da alles, was das Herz begehrt.

Aber nicht nur in der ausgewiesenen erotischen Literatur ist das Thema Sexualität zu finden, sondern nahezu in jeder Zeitschrift auf dem Markt, es sei denn, wir blättern die Fachzeitschrift für Modelleisenbahn durch. Kennen Sie einen Krimi oder einen Roman, der nicht mit einer Liebesgeschichte (mit Happy End, dramatisch oder tragisch) durchsetzt ist?

Sexualität – was ist normal

Um die Form der Sexualität wurde schon immer gerungen. Darf diese in der Öffentlichkeit stattfinden oder nur hinter verschlossenen Türen, ist Sexualität monogam oder vielschichtiger, wird freie Sexualität nach dem Gesetz bestraft, ist Prostitution ein normales Gewerbe, wo liegt die Grenze bei Escort Services und Callboys? Japanerinnen behelfen sich bezüglich der Flaute im Bett mit »Hosts«, männlichen Hostessen. Bis zu 10.000€ werden monatlich für romantische Stunden bezahlt. 800 Host Clubs gibt es in Japan. Was sind noch normale Sexualpraktiken, was ist perverses Verhalten – eine Grenzfrage.

Sexualität auf Mausklick

Gut sortierte Internet Shops machen es leicht, Sexspielzeug jeglicher Art, Reizwäsche, Cluboutfits, Kostüme für jedwede Sexualpraktiken per Knopfdruck zu bestellen. Beate Uhse war hier mit ihren Sexshops Vorreiterin, die sie nach dem Zweiten Weltkrieg gegründet hatte. Auch jede noch so spezielle Vorliebe ist auf DVDs und Bildmaterialien rasch erhältlich. Der schnelle Zugang über das Internet ermöglicht den Abruf vieler pornografischer Seiten, wie oben gesehen, vor allem für Deutsche. Flirt Hotlines haben schon so manchem Mann das Geld aus der Tasche gezogen und zu Schulden geführt.

Sexualität und Schönheits-OP

Auch bei Männern halten die Schönheitsoperationen Einzug. Vielleicht ändert sich durch die Schönheits-OP das Selbsterleben, vielleicht werden sie dadurch mutiger, vielleicht finden sie mehr Gefallen vonseiten der Partnerin oder des Partners. Faltenunterspritzungen, Lifting, Penisvergrößerungen, Haartransplantationen und viele Möglichkeiten mehr sind Angebote der plastischen Chirurgie.

Sexualität und Viagra

Die Sicherheit, durch Viagra oder vergleichbare Mittel eine Erektion zu bekommen und dadurch den Beischlaf vollziehen zu können, ist sicherlich bedeutsam – aber Stress, Alkoholkonsum und fettreiches Essen/Fastfood wirken der gewünschten Reaktion in Ihrem Penis entgegen. Bei übergewichtigen Männern arbeiten die Hoden schlechter und der große Bauchumfang enthält schädliche Fette, die dazu beitragen, dass der Testosteronspiegel sinkt. Niedrige Testosteronwerte sollten unbedingt als mögliche Ursache für eine unzureichende Erektion in Betracht gezogen werden. Zu 70 Prozent sind körperliche Ursachen (Diabetes, Arterienverkalkung, Bluthochdruck, Verletzungen, Medikamentennebenwirkungen) Grund für die erektile Dysfunktion.

Diese ausgewählten Themen weisen auf die Fülle, die sich um das eine Wort »Sexualität« rankt, auf. Und jetzt sind Sie mit Ihren Überlegungen dran – No Bullshit! Sind Sie mit Ihrem Körper und Ihrer sexuellen Ausrichtung zufrieden? Haben Sie erotische Sachen in Ihrem Kleiderschrank? Wie wurden Sie früher aufgeklärt? Gibt es Bereiche, die Ihnen Angst machen? Setzen Sie sich sexuell unter Leistungsdruck? Sprechen Sie offen mit Ihrer Partnerin, Ihrem Partner über Ihre Wünsche und Fantasien? Leben Sie aktiv Sexualität? Was sind Ihre sexuellen Vorlieben? Was haben Sie noch nie jemandem mitgeteilt? Wo hat Sexualität bei Ihnen auch Ihre Grenzen?
Seien Sie **mutiger Mann** und nehmen Sie sich Zeit, Stichpunkte zu den Fragen aufzuschreiben. Was wollten Sie schon immer ändern und haben es nie geschafft?

Pornografie – ein Wohlgefühl möchte gesteigert werden

Im Vergleich zu anderen Ländern liegen die Deutschen ganz weit vorne, mithilfe des Internet dem Treiben anderer zuzuschauen. Dabei ist die männliche Erotik stark visuell ausgerichtet und Männer identifizieren sich weniger mit den Eigenschaften der dargestellten Personen in pornografischen Bildern oder Filmen als mit den Handlungen der Akteure. Dies mag auch daran liegen, dass der Pornografie ein stark verzerrtes Bild von weiblicher UND männlicher Sexualität zugrunde liegt. Die Story ist meist zu vernachlässigen, die Handlung ist klar. Warum ist es dennoch so reizvoll, sich im Internet zu verlieren?

Ein Porno belohnt das (männliche) Hirn mit einem kurzfristigen Dopamin-Anstieg, der die Stimmung eines Mannes bis zu zwei Stunden lang positiv beeinflusst und ein generelles Wohlgefühl erzeugt, wie das erste Stück Schokolade, der erste Gewinn am Automaten oder die anflutende Wirkung von Kokain. Klingt die Dopamin-Welle irgendwann ab, gerät der Konsument in ein Tief, fühlt sich gereizt, vielleicht ängstlich, und sehnt sich nach dem nächsten Kick. Frust aus der konkreten Umgebungssituation kann dies noch verstärken. Um den gewohnten Dopamin-Anstieg herbeizuführen, braucht es auch beim Porno eine »Intensitätssteigerung«. Categorized Galleries auf den Überblicksseiten führen zu härteren, bizarreren, überwältigende Spielarten. Das hat Suchtpotential!

Ein Außendienstmitarbeiter nimmt hohe Verdienstausfälle in Kauf, da er über Tage stundenlang auf Porno-Seiten durchs Netz surft. Der Kick aus dem Porno »sagt« also zu unserem Vertriebler: »DAS ist eine super Erfahrung für dich, die lohnt sich! Mehr davon!«
No Bullshit – wer hat nicht vor lauter Langeweile und starker Anspannung schon mal den PC bemüht, sich Ablenkung und Hirndoping zu beschaffen. Immer wieder den »Dealer Internet« zu bemühen, sollte jedoch nachdenklich machen. **Mutige Männer** entwickeln kreative Ideen, sich auch anderweitig zu »belohnen«.

Im alltäglichen Sexleben kann es auch sein, dass reale erotische Reize ihre Wirkung verlieren, sexuelle Erfüllung verstärkt an optische Reize gekoppelt wird und es eventuell beim realen Sex zu Lust-Verlust und Erektionsstörungen kommen kann. Wie unsere aus dem Internet gezoomten inneren Bilder im Rückkopplungseffekt unsere Erotik und unsere Sicht auf Partner, Sexualität und Handlungen verändern, wissen wir nicht genau. Veränderungen oder aber auch Anregungen geschehen aber auf jeden Fall!

Ein Aspekt, über den wir gestolpert sind, ist die »Sexlosigkeit« von 30 Prozent junger Männer. Was ist da los? Statt sich dem realen Leben zu stellen, Sexualität auszuprobieren und Höhepunkte als auch weniger spannende Gefühle wirklich zu erleben, wird der Computer zum Ersatz. Sexualität findet in verfremdeter Weise durch eine Art »Voyeurbrille« statt. Vielleicht ist der Leistungsdruck zu hoch geworden, die Angst etwas falsch zu machen so stark oder die allumfängliche Aufklärung zu überwältigend? Hier sind Antworten von **mutigen jungen Männern** gefragt.

Absolut keinerlei Spielraum gibt es jedoch in der Sexualität zwischen zwei Personen, wenn nicht alles »consensual«, also einvernehmlich, gelebt wird. Wann immer generationsübergreifend Sexualität erzwungen wird, wann immer durch Sexualität die Integrität einer Person verletzt wird, wann immer Sexualität zum Mittel von Macht wird, dann sind dies klare Grenzverletzungen und Bullshit. Eine Zahl zur Veranschaulichung: 1600 Frauen und Männer mit diagnostizierten Traumafolgestörungen benannten als (Mit-)Ursache Verletzungen ihrer Würde durch Gewalt, Sexualität oder durch Diffamierung. Jede Form für sich führt zu schwersten Verletzungen der Persönlichkeit, Kombinationen meist zu psychischer Traumatisierung.

Der Besuch bei Prostituierten

Prostitution bedeutet im ursprünglichen Sinn »sich zur Schau stellen« und ist in fast allen Kulturen und Epochen zu finden. Die gesellschaftliche Bewertung der Prostitution ist regional sehr unterschiedlich, unterliegt einem starken Wandel und wird von politisch-weltanschaulichen sowie religiösen Vorstellungen beeinflusst. Die Diskussion um Legalisierung oder Kriminalisierung von Prostitution und aller Beteiligten wird weltweit kontrovers geführt, wobei in zahlreichen europäischen Staaten nach Zeiten der Liberali-

sierung auch eine Politik zum besseren Schutz der Prostituierten deutlich wird.
Die Frauenbewegung hat entscheidend dazu beigetragen, Prostitution und Sexualität als Tabuthemen aufzubrechen. Seit dem 21. Jahrhundert gehört die Prostitution zu den Erwerbstätigkeiten und ist im Prostitutionsgesetz verankert. Heutzutage gibt es viele Varianten weiblicher und männlicher Prostitution: Prostitution im öffentlichen Raum (Raststätten, Campingbus, Strich), feste Stätten (Bordelle, House of Boys, Stundenhotels, Swingerclubs, Animierdamen, erotische Massagen), Begleitservices (Escortagenturen), Angebot diverser Sexualpraktiken, Sexualassistenz (für Menschen mit Behinderungen, ältere Menschen oder Menschen ohne Partner).

- Männer benennen vier Gründe für Besuche bei Prostituierten: Lust, Wunsch nach Nähe, Ausleben von Destruktion gegenüber Frauen, Ausdruck antibürgerlicher Haltung
- In Deutschland haben ca. 18 Prozent der Männer schon einmal für Sex bezahlt, in Spanien 39 Prozent der Männer, in USA 16 Prozent (bei schlechter Datenlage)

Kurze Szenen

Die Seitensprung-Geliebte ist eifersüchtig und stellt ihrem Freund auf exakt derjenigen Online-Börse, auf der sie sich verabredet hatten, eine Falle: Sie weiß um eine seiner sexuellen Fantasien und bietet eben diese nun anonymisiert auf der Online-Börse an: Sie werde mit verbundenen Augen und gefesselten Händen jedem Mann in einem Hotelzimmer für Sex zur Verfügung stehen, sobald dieser nur den Treffpunkt bestätige. Es müsse dabei kein Wort gesprochen werden und der Mann könne, wann immer er wolle, das Hotel wieder verlassen. – Prompt meldete sich der Versuchte zu einem Termin und hatte daraufhin erhebliche Konflikte mit seiner Geliebten.

Während sich die Ehefrau mit ihrem Geliebten traf, besuchte der Ehemann immer wieder zur Spannungsreduktion, als Vergeltung und aus Verzweiflung eine Prostituierte. Als sich zwischen den beiden jedoch so etwas wie eine Verbundenheit entwickelt, bricht der Mann noch verwirrter jeglichen Kontakt ab.

Über 20 Jahre lebt ein Paar unverheiratet, verzichtet auf Kinder und bildet in einem kleinen Betrieb eine Wirtschaftsgemeinschaft. Je intensiver der Mann seine Sexualität mit professionellen Dienstleisterinnen lebt, umso größer wird die Distanz zwischen den Partnern. Aktuell leben die beiden getrennt – ohne wirtschaftlich voneinander loskommen zu können.

Ein homosexueller Mann sucht immer wieder sexuellen Kontakt auf Schiffsreisen, in verschiedenen Clubs und auf exzentrischen Partys in der Hoffnung, einen längerfristigen Partner zu finden.

Gründe für die sexuelle Dienstleistung

Die starke sexuelle Liberalisierung hat nicht dazu geführt, dass die männliche Nachfrage nach sexuellen Dienstleistungen zurückgedrängt worden wäre. Es gibt wenige überprüfbare Zahlen – aber wenn eine langjährig diskutierte Zahl ungefähr stimmt, dann geht jeder fünfte Mann in Deutschland regelmäßig zu Prostituierten. Laufen Sie mal durch die Fußgängerzone oder einen ICE und zählen innerlich dabei ab. Eins, zwei, drei, vier, fünf – davon reden wir gerade! So bunt und breit gefächert das Männerleben sich darstellt, all diese unterschiedlichen Männer finden sich auch bei Prostituierten.

Warum Männer Sex kaufen, hat unterschiedlichste Gründe. Vier davon scheinen auf jeden Fall bedeutsam:

Destruktion

Es gibt psychisch kranke Männer, die ihren Selbstwert stabilisieren, ihren Frauenhass schüren und/oder ihre Gewalt ausleben, indem sie Abhängigkeitsverhältnisse von Prostituierten ausnutzen. Dann heißt mutiger Mann sein, sich in professionelle Behandlung zu begeben.

Antibürgerlich

Für manche Männer scheint das professionelle Sex-Milieu immer noch mit »antibürgerlicher Attitüde« verknüpft zu sein. Einmal über die Stränge zu schlagen, einmal nicht den geforderten Regeln zu entsprechen, einmal auszubrechen, was sonst nicht erlaubt ist.

Wünsche nach Kontakt

Eines der oben genannten Beispiele ist typisch für die sozialen Motive für den Besuch bei der Sex-Arbeiterin. Wünsche nach Kontakt, nach Gespräch, nach Zuwendung, nach Zärtlichkeit stehen im Vordergrund ohne beidseitig »Beziehungsarbeit« leisten zu müssen.

Lust und Begehren

Meistens jedoch geht es um ein genuines Bedürfnis, Lust und Begehren auszuleben. Das kann vom schnellen Geschlechtsverkehr bis zur Inszenierung derjenigen inneren Skripts führen, welche möglicherweise von Partnerinnen abgelehnt werden. Oder aber die Männer überwinden bei der Prostituierten durch den klar geregelten Deal ihre Scheu vor bestimmten sexuellen Wünschen – und haben bislang ihre Partnerin damit niemals konfrontiert oder eingeladen.

Sexualität – Engung und Weitung

Zurück in das Schlafzimmer der Paare »von nebenan«. Sexualität garantiert innerhalb eines Paares die immer wiederkehrende Versicherung der gegenseitigen Zuwendung und Bedeutsamkeit füreinander. Weinend erzählt mir daher ein 1943 geborener Mann nicht zuerst von seinen Ängsten vor der kommenden Bestrahlung, nicht von den Unannehmlichkeiten der Inkontinenz, sondern vom großen Verlust nach seiner Operation an der Prostata und der notwendigen Hormontherapie, nicht mehr mit seiner Frau schlafen zu können.

Menschen zu verbinden, ist eine Seite der Sexualität, alle Grenzen im Orgasmus zu sprengen, die andere Seite. Die »Seele verlässt den Körper«, wir »sterben einen kleinen Tod«, der »Gipfel der Lust«, … Umschreibungen für ein besonderes Phänomen, dessen Dynamik die Körperphilosophie vielleicht genauer beschreiben kann als die Naturwissenschaft. Erweiterte Bewusstseinszustände, wie wir sie auch im Orgasmus erleben können, sind oftmals die Folge von »Engung« oder »Weitung«. Beispiele für »Weitung« kennen wir viele: Da ist der Moment der Schwerelosigkeit eines Kraulschwimmers im Dreierrhythmus des Atems. Wir kennen den Blick in die unbegrenzten Ferne vom Strand oder vom Berggipfel, der unseren Geist verändert. Wir erleben den Moment, uns durch die mehr gefühlte als gehörte Musik aufzulösen. Falls in Ihrer inneren Sprechblase nun auftauchen sollte: »Das bekomme ich mit einem Joint, ein paar Ecstasy, einem alkoholgetränktem Tampon leichter hin!«, haben Sie möglicherweise recht. Die Integration Ihrer orgiastischen Erfahrungen wird allerdings deutlich schwieriger werden und die Gefahr, sich anschließend nicht »erfüllt«, sondern »leer« zu fühlen, steigt. Ebenso wie die Weitung sich schlussendlich im Orgasmus wandeln kann, führt die immer weitere Engung über einen völlig anderen Weg in den vergleichbaren Zustand. Werden in der Sexualität einzelne Sinne gezielt ausgeschaltet, werden Bewegungsmöglichkeiten immer weiter eingeschränkt, wird über die Angstlust das Bestehen einer Herausforderung vorweggenommen, wird das Erleben zentriert, kann ein Zustand erreicht werden, welcher auch als »Subspace« beschrieben wird. Der Orgasmus »löst« alle Begrenzung!

Eine Bullshit-Idee muss an dieser Stelle auch angesprochen werden. Ein Orgasmus ist zwar sehr schön, aber es gibt erfüllte Sexualität auch ohne diesen Höhepunkt. Manche Männer verfallen auch hier oft dem Leistungsgedanken.

3.2.2. Mutiger Mann sein – Verbundenheit und Entgrenzung

Mutiger Mann sein heißt, in der Sexualität vieles zu integrieren – Körper und Psyche, Vergangenheit und den Moment, bewusstes Wollen und sich der Situation überlassen. Um die Sexualität lange genießen zu können, ist es nicht nur mutig, sondern auch klug, jeden Tag für sich gut zu sorgen: die Ernährung umzustellen, Bewegung in den Alltag einzubauen, den Stress steuern zu lernen und den Hormonstatus in der Mitte des Lebens zu überprüfen.

In Gesprächen mit Männern erleben wir immer wieder, dass es Mut braucht, die eigenen sexuellen Wünsche und Bedürfnisse einer Partnerin oder einem Partner gegenüber zu äußern. Mann darf sich mit seinen Fantasien dem Gegenüber »zumuten« und ein offenes Gespräch suchen. Es ist Bullshit, im heimlichen Kämmerlein seinen kreativen Ideen nachzuhängen und die »Sexkiste« niemals zu öffnen.

Mutiger Mann sein verbindet zwei Pole: Die Verbundenheit in der Partnerschaft durch Sexualität zu bestärken UND bekannte Grenzen im Orgasmus zu sprengen.

Da diese Zustände und die Orgasmusfähigkeit nicht erzwungen, sondern nur »eingeladen« werden können, heißt **mutiger Mann** sein, den sinnlichen Alltag als »Übungsfeld« zu nutzen. Kaum irgendwo ist Kraft und Loslassen, Wollen und Bereitsein, Engung und Weitung so eng verknüpft wie in der erotischen Spannung.

In der Sexualität gibt es individuelle Grenzen, die nur im gemeinsamen Einvernehmen überschritten werden können. Tabubrüche und Verletzungen von Grenzen sind echter Bullshit und wirken immer destruktiv. **Mutige Männer** bedienen keine mögliche Täterrolle. So manch ein Gedanke kann auch darauf verschwendet werden, ob mit einer korrekten Bezahlung käuflicher Liebe die Legitimität des Geschäftes immer automatisch hergestellt ist. Sexualität war immer und wird immer ein tägliches Spannungsfeld bleiben.

3.3. Vatersein – die generative Aufgabe

Wenige Lebensereignisse verändern die eigene Biografie so nachhaltig wie Vater zu werden. Dieses unbeschreibliche Wunder, dass aus uns selbst heraus neues Leben entstehen kann, ist unauflöslich. Nichts bleibt mehr so wie es war. Es wächst ein neuer Mensch heran, der meinen genetischen Abdruck in sich trägt und der mit mir und ich mit ihm in Beziehung steht. Wir können diese Beziehung als Geschenk empfinden, als Ankerpunkt, als Status-Symbol, als generative Aufgabe oder als Belastung, als Einschränkung und als finanzielle Schröpfung.

Halten Sie einem Moment inne und stellen sich vor Ihrem Auge ein großes Fotoalbum Ihres Lebens vor, aus welchem Sie ein Bild herausziehen, das Sie mit »Vatersein« verbinden. Es muss dabei kein real existierendes Foto sein. Es darf auch ein inneres Bild gewählt werden, das Ihnen im Kopf geblieben ist. Was sehen Sie? In welchem Alter sind Sie? Was ist für Sie das Bedeutsame?

Jeder von uns wird ein anders individuelles Bild hervorzaubern und unterschiedliche Erinnerungen damit verbinden. Vielleicht hat jemand das Bild des eigenen Vaters gezogen oder ein Bild, welches die eigene Vaterschaft betont. Es mag humorvolle, intensive Begegnungen darstellen oder möglicherweise auch traurige und berührende. Gibt es ein »Real-Vaterbild« und ein »Wunsch-Vaterbild«?

3.3.1. Zahlen, Daten, Fakten – Vater werden ist nicht schwer, Vater sein dagegen sehr

- Männer aus unterschiedlichen soziologischen Gruppen (wie z.B. traditionelles Familienbild, moderner Mann, der Selbstoptimierer) werden auch unterschiedliche Väter
- Wenn in sieben Prozent aller deutschen Ehen Menschen aus zwei Nationen zusammenleben, gilt es für die Kinder, eine »kulturelle Einheit« herzustellen
- Über 60 Prozent der Kinder leben ohne verheiratete Eltern, die Mütter haben meist das Aufenthaltsbestimmungsrecht – und die Väter?
- Bis zu 50 Prozent der Kinder verlieren nach einer Trennung der Eltern bereits im ersten Jahr den Kontakt zum Vater, wie sehr sich dieser auch um die Fortsetzung der Beziehung bemüht
- Ja nach Datenlage sind 7-13 Prozent der deutschen Familien unterschiedliche Variationen von Patchwork-Systemen
- In vielen Stiefvater-Familien übernehmen Väter als psychologische Väter volle Verantwortung für ihre Stiefkinder
- Wechselmodell, Adoptivväter, Co-Elternschaft, Vater eins und Vater zwei, Samenspender – die Rollenanforderungen wachsen
- Mindestens vier von zehn Gutachten in familienrechtlichen Angelegenheiten weisen starke und ungerechtfertigte Tendenzen gegen Väter auf
- Im Vergleich zu Schweden (25,8 Prozent) nehmen in Deutschland nur 8,6 Prozent der Väter Elternzeit
- Ca. eine Stunde qualitative Zeit verbringen Väter täglich mit ihren Kids
- 55 und mehr Arbeitsstunden des Vaters stressen die Söhne (d.h., diese werden im Verhalten auffällig)

- 50 Prozent der Väter vermissen nach der Geburt ihrer Kinder die Zweisamkeit mit der Frau; 47 Prozent vermissen Zeit für eigene Hobbys und 44 Prozent Zeit für Sport; 26 Prozent vermissen ihre Männerabende und 25 Prozent den regelmäßigen Sex; zehn Prozent vermissen Zeit für den Beruf – ABER – nur sechs Prozent vermissen das alte Leben ohne Kind
- Jeder sechste unterhaltspflichtige Vater hatte 2014 zu wenig Geld und das Sozialamt musste die Zahlungen übernehmen; zusätzlich steigt die Zahl derjenigen Väter, welche nur Teilsummen zahlen können oder wollen

18 und mehr Jahre Vater sein

Anlässlich der Diskussion um die Öffnung oder Schließung der deutschen Grenzen für Immigranten formulierte ein Zeitungsreporter der Zeit sinngemäß: »Man kann den Boxer aus der Bronx bringen, nicht aber die Bronx aus dem Boxer. Man kann Merkel aus dem Pfarrhaus in die Weltpolitik bringen, nicht aber das Pfarrhaus aus Merkel.« Damit ist gemeint, dass wir unsere Wurzeln verpflanzen und auf unsere Weise wachsen können, dennoch steckt in uns immer etwas von der eigenen Biografie. Manche versuchen die Wurzeln abzuhacken oder diese zu verleugnen – das ist Bullshit. Egal was wir anstellen, wir tragen unseren Ursprung in uns. Folgerichtig können wir daher in diesem Kapitel formulieren: »Man entwächst als Kind dem Elternhaus, das Elternhaus bleibt aber stets in uns!«

Der Mensch ist insofern ein besonderes »Säugetier«, welches dem Nachwuchs ein 18-jähriges Bleiberecht im »Elternnest« gewährt. Das macht etwa ein Viertel!! unserer gesamten Lebenszeit aus, bis der Mensch endlich flügge wird und sich selbst versorgen und vermehren kann. Die komplexe Entwicklung unseres Großhirns, mit dem Selbstbewusstsein, Denken, Fühlen, der Kreativität und dem Ausbilden einer sozialen Gemeinschaft braucht enorme

Zeit. Welcher Luxus. Jedes andere Säugetier muss spätestens nach zwei Jahren zusehen, wie es mit der realen Welt fertig wird.
Der Gesetzgeber stützt diesen Entwicklungszeitraum und attestiert uns ab dem 18. Lebensjahr die volle Rechts- und Straffähigkeit. Dieses 18-jährige »Nesthockertum« hat nun Vor- und Nachteile für den Einzelnen. Wir werden in ein Nest hineingeboren, welches wir uns nicht ausgesucht haben, in eine Geschwisterposition, die wir nicht bestimmen konnten, mit Erziehungsberechtigten, auf die wir angewiesen sind, und mit unzähligen Themen, welche in jeder Familie über mehrere Generationen weitergegeben werden. Es ist zunächst ein »Bühnenstück«, bei dem wir weder die Mitspieler, die Spielhandlung noch die Requisiten selber bestimmen können. Wir müssen mit dem zurechtkommen, was da ist: superklasse oder blöd, gerecht oder ungerecht, geliebt oder ungeliebt, auf der Sonnenseite der Welt oder auf der Schattenseite. Wir haben zunächst nur eine Aufgabe, das Nest nicht zu verlieren, da wir sonst verloren sind. Wenn die »Daseinsberechtigung« in unserem Zufallsnest droht verloren zu gehen, bekommen wir Panik und unser Angstsystem (Amygdala) steht auf Alarmbereitschaft.
Körperlich und psychisch entwickeln wir daher die fantasiereichsten Variationen, um eigene Versorgungswünsche und Entwicklungsideen, um wohlwollendes und schädigendes Verhalten der Eltern auszugleichen. Manch ein »Nestinsasse« wird zum braven Musterschüler, um darin wohnen bleiben zu dürfen, der andere zum Randalierer, damit aber auch jeder merkt, dass im Nest irgendwas nicht stimmt. Wieder ein anderer ist ständig krank, damit die Eltern mehr Fürsorge zeigen, noch andere übernehmen die volle Verantwortung und das Regime in dem Nest, weil die Eltern selbst hilfebedürftig sind. Es gibt Nesthocker, die pappsatt durch elterliche Überfürsorge keinen Antrieb mehr haben, das Nest zu verlassen. Jagen alleine in der fremden Welt

ist ja auch anstrengend. So mancher Nachwuchs bekommt von den Eltern den Auftrag: »Mach uns glücklich!«; »Rette uns!«, »Dir soll es mal besser gehen«!, »Du bist unser Sonnenschein«! in die Wiege gelegt. Solche »Auftragsarbeiten« können uns lange beschäftigen und über die Nestzeit hinaus andauern. Man kann auch die Auftragsarbeiten verweigern und trotzig im Nest mit dem Fuß aufstampfen.
Stress, tägliches Gezanke, Alkohol, asoziale Nestverhältnisse oder gar Kloppereien und Bedrohungen vermiesen das Nestgefühl dauerhaft. Wenn Sie sich das Wort »Hassliebe« einmal wirklich langsam vor Augen führen – zu solchen Kompromissen sind wir im Extremen fähig! Egal, welches Nestambiente uns begleitet hat, irgendetwas davon bleibt hängen.

Fragen zur eigenen Biografie

Wir laden Sie jetzt dazu ein, in den kommenden Tagen Szenen aus der eigenen Biografie zu erinnern, welche für Ihre Vaterbeziehung aussagekräftig sind. Wir sind Kinder unserer Eltern und mit all deren Kompetenzen und Fehlern, mit deren Wohlwollen und deren Fehlschlägen, mit deren unerledigten Themen und deren unglaublicher Liebe, mit deren Begrenztheit und deren Möglichkeitsformen konfrontiert.

- Welche Situationen mit Ihrem Vater hat Ihnen geholfen, im Leben Fuß zu fassen, Selbstvertrauen aufzubauen?
- Wo und wie stand er hinter Ihnen?
- Wo haben Sie ihn am schmerzlichsten vermisst?
- Wo erkennen Sie sich am deutlichsten selbst als Sohn dieses Vaters?
- Was verdanken Sie ihm und worauf hätten Sie gerne verzichtet?
- Wem in der Familie fühlen Sie sich verpflichtet?
- Wie viele »Väter« haben Sie?
- Welchen Vater hätten Sie gerne gehabt?

- Welche Bilder von Ihrem Vater haben Sie im Kopf und im Herz gespeichert?
- Welches Foto oder welchen Gegenstand aus der Geschichte mit Ihrem Vater haben Sie über alle Umzüge hinweggerettet?
- Welchen »Job« in der Familie hat Ihnen Ihr Vater vermacht?
- Was macht Sie stolz als Sohn dieses Vaters und wofür schämen Sie sich?
- Was heißt es bis heute in Ihrem Leben, ein XY-Sohn zu sein?
- Was hat sich über die Jahre verändert?
- Was haben Sie an Ihrem Vater entdeckt, als Sie diesen vielleicht mit Ihren eigenen Kindern gesehen haben?
- Welche Diskussionen um die Übernahme von Verantwortung wurden geführt?
- Wer hat das Verhältnis zwischen Ihnen und Ihrem Vater unterstützt, wer dagegen gearbeitet?
- Woran erkennt Ihr Vater Ihre Dankbarkeit ihm gegenüber?
- Wie hat Ihr Vater Ihnen seine Liebe und Anerkennung gezeigt?

Vätertypen

Vier große und gut unterscheidbare Gruppen haben die Soziologen in Deutschland nach Umfragen mit über 10.000 Männern herausgearbeitet.

Der traditionelle Mann

Fast ein Viertel der Männer fühlen sich als »Haupternährer der Familie und traditioneller Mann«. Sie zeigen Stärke nach außen, Selbstkontrolle nach innen, verzichten oftmals auf Selbstverwirklichung und emotionale Regungen und sie leben traditionelle Rollenmuster. Sie schätzen ihre Frau als liebevolle Mutter der Kinder, als attraktive Partnerin und als kluge Hausfrau. Ihr eigenes Leitbild ist der in die Familie gut eingebundene fürsorgende Ehemann und Vater.

Der Selbstoptimierer

Der »Lifestyle-Macho« hingegen zeigt das Profil des überlegenen, harten und unabhängigen Mannes. Rangordnungen werden über Konkurrenz, Besitz, Erfolg und Macht dargestellt. Die Konsumlust und der Erlebnishedonismus stehen im Vordergrund. Wichtig ist ein andauernder »Flow«, Unabhängigkeit und Selbstbezogenheit.

Der moderne Mann

Der moderne »neue Mann« versteht sich als symbolischer und praktischer Gegenentwurf zum traditionellen Mann. Als Entdecker einer neuen Männlichkeit bastelt er an seiner ganzheitlichen Identität und versucht ernsthaft und mit viel Engagement eine gleichberechtigte Lebensführung mit seiner Partnerin. Er ist bereit für Selbstveränderung, sucht die Partnerschaft mit selbstbewussten und berufstätigen Frauen. Kinderbetreuung und Versorgung werden selbstverständlich und unkompliziert auf beide Schultern verteilt. Paradoxerweise verzweifeln viele dieser Männer und Väter irgendwann am gesetzten Ideal, da alles ausgehandelt werden muss und da sie wenig Unterstützung aus den männlichen Freundes- oder Kollegenkreisen bekommen. Elternteilzeit als Mann zu nehmen ist für einige Berufskarrieren immer noch ein Endpunkt. Verständig und emotional wird als »nicht durchsetzungsfähig« in der Firmenwelt deklariert, wobei andere Länder in diesem Punkt schon einen Standortwechsel vollzogen haben.

Der »old-fashioned« Cowboy

Die vierte Gruppe Männer orientiert sich immer noch am simpel gestrickten Cowboy mit wenig differenzierter Bildung. Rauchend und trinkend sitzen sie an der Bar, reden nicht viel, sondern sind harte Jungs der Straße, im Notfall wird das Faustrecht ausgeübt. Statt des schnellsten Gauls gibt es heutzutage das aufgemotzte Auto oder Motorrad und statt Goldnuggets die Rolex, Reisen in die Karibik und den riesengroßen Flachbildschirm zu Hause. Die Kindererziehung ist klare Frauensache, Emotionen auch. Der Beitrag des Mannes zur Familie ist die Lohntüte. Differenzierte Weltsicht, Toleranz und Integration von Fremden ist bei dem old-fashioned Cowboy eher hintenangestellt, die politische Gesinnung neigt tendenziell nach rechts. Zur gesunden Ernährung gehört das Steak, die Currywurst und das tägliche Bier. Sport findet im Fußballstadion auf den Rängen statt. Es wundert nicht, dass manche dieser Männer »lonelysome« Cowboy bleiben.

Good enough father

Wenn unser »Nest« so bedeutsam ist, stellt sich folgerichtig die Frage: Wie kann ich denn nun ein guter Vater sein? Um Sie gleich aufatmen zu lassen, so viel braucht es gar nicht. Es ist nicht so kompliziert und Sie müssen auch nicht 20 Erziehungsratgeber auswendig lernen und abarbeiten. Das ist eher Bullshit. Die Kinder brauchen keine »Supernanny«, keine Helikoptereltern, keine »Germany´s next supermum« und keinen väterlichen Projektmanager. Sie brauchen Mutter und sie brauchen Vater. Allgemein gefasst brauchen Kinder zwei Personen jedweden Geschlechts, welche sowohl mütterliche als auch väterliche Kompetenzen und Beziehungsqualitäten leben können. Wir kommen auf das Bild der 18-jährigen Nestzeit zurück. Es wäre super, wenn die Kinder in der Welt willkommen geheißen werden. Sie sollen in ihrer Einzigartigkeit gewürdigt werden. Sie brauchen Liebe, Verlässlichkeit und Respekt. Und sie brauchen viel mehr Orientierung und Grenzen, als wir dies unseren Kindern und Jugendlichen gesellschaftlich zugestehen. Auch die Beziehung von Vätern zu ihren Kindern muss jeden Tag wieder neu hergestellt werden und ändert sich qualitativ und quantitativ im Laufe des Lebens. Gemeinsame »Qualitätszeit«, gemeinsame Erlebnisse, Nachvollziehbarkeit von Entscheidungen, gemeinsame Mahlzeiten ohne Ablenkung und eine klare orientierende Haltung prägen im Wesentlichen eine konstruktive Atmosphäre miteinander.

Leiblicher, rechtlicher und psychologischer Vater

Die Lebensbühne des 53-jährigen Thomas war geprägt von 8 Jahren Stiefvaterdasein für zwei Jungen unterschiedlicher Väter, einem leiblichen jüngstem Sohn und der Lebenspartnerin. Die finanzielle Verantwortung trug Thomas. Als die Beziehung in die Brüche ging, verloren sich die Beziehungen zu den Stiefkindern. Den leiblichen Sohn nahm die Mutter mit in eine neue Partnerschaft. Thomas berichtete im Gespräch: »Ich habe mir die Erziehung meines Sohnes alleine nicht zugetraut. Wie soll ich denn Arbeit und die Versorgung des Kindes unter einen Hut bringen? So sehen wir uns zwei Tage in der Woche. Ich unternehme viel mit meinem Sohn von Zoobesuchen, gemeinsamem Fußballspielen über Indoorspielhallen und Zelten. Für die Mutter ist der Sohn jetzt eher ›Ballast‹, da die neue Partnerschaft absolut Vorrang hat. Ich selbst habe eine alte Liebe wiedergetroffen, die ein Mädchen im Alter meines Sohnes hat und zwei noch sehr kleine Kinder. Derzeit lassen wir alles in Ruhe angehen. Ich weiß selbst nicht, ob ich noch mal die Geduld für kleine Kinder habe.«

Hier wird die Komplexität von rechtlicher (leiblicher) und psychologischer Vaterschaft deutlich. Welche Personen meine ich denn, wenn ich heute von WIR spreche. Wen zähle ich zur aktuellen »Familie«? Kaum ein Mann wird in seiner Beziehungsbiografie, in »seriell monogamen« Beziehungen oder in experimentelleren Formen des Zusammenlebens nicht mit unterschiedlichen Formen von Vaterschaft in Berührung kommen. Gibt es dafür eine einfache Lösung? Nein, wahrscheinlich nicht. In bestimmten Konstellationen bleiben die Spannungen zwischen leiblicher, rechtlicher und psychologischer Vaterschaft unaufgelöst.

Ein junges Paar kann aufgrund einer Erkrankung des Mannes keine gemeinsamen Kinder zeugen und nach langer Überlegungsphase bitten die beiden einen langjährigen gemeinsamen Freund, als Samenspender zu helfen. Der Mann willigt ein, verzichtet dadurch auf seine rechtliche Vaterschaft, und die junge Frau gebiert tatsächlich ein Kind. Das Leben mit dem Säugling ist deutlich anstrengender als erhofft und das Elternpaar entzweit sich zunehmend. Aus dem guten Freund als Gesprächspartner wird nach und nach ein Geliebter. Dieser trifft nicht nur die Mutter, sondern verbringt über drei Jahre immer wieder auch Zeit mit dem Kind, mit »seinem Kind«, auf das er keinerlei rechtliche Ansprüche hat. Irgendwann wird dies dem Ehemann zu bunt, er erkämpft sich seine Frau zurück und untersagt folgerichtig Kontakt zwischen Kind und Samenspender.

Ist mit dem Kontaktabbruch alles gelöst? Natürlich nicht! Wenn man bedenkt, mit welchem Elan und oftmals mit welcher inneren Not Adoptivkinder als junge Erwachsene nach ihren leiblichen Eltern suchen, welche große Bewegung in den USA von Kindern auf der Suche nach deren Samenspender entstanden ist, dann scheint der Kontakt zu unseren leiblichen Eltern für die Identitätsbildung sehr wesentlich zu sein. Der deutsche Bundesgerichtshof hat daher schon 1989 entschieden, dass es zu den Persönlichkeitsrechten eines Menschen gehört, seine leiblichen Eltern zu kennen.

Trennung

Trennung und gleichzeitig die Beziehung zu den Kindern aufrechtzuhalten, ist eine schwierige Krise und braucht eine Neuorientierung für alle Beteiligten. Spätestens in solchen

Lebensphasen wird die Grundorientierung als Mann, Partner und Vater auf die Probe gestellt und muss neu überprüft werden. Trennungen verlangen von allen Beteiligten ein Höchstmaß an Flexibilität, Toleranz und Wohlwollen ab. Viele Väter werden ungewollt zu Wochenendvätern, zu »Wochen-Wechselvätern« oder zu Besuchs-Papas. Wenige sind alleinerziehende Väter, da immer noch den Müttern die größere Bindung- und Erziehungskompetenz zugeschrieben wird, was insbesondere in Bezug auf die »modernen Männer« nicht mehr stimmt. Vor Gericht wird das Aufenthaltsbestimmungsrecht wie selbstverständlich der Mutter zugeschrieben, das Sorgerecht häufig beiden Elternteilen. Die Dynamik der ehemaligen, mit vielen idealen Wünschen vollgestopften Lebensgemeinschaft gipfelt zum Zeitpunkt der Trennung in einer Enttäuschungswut. In extremen Fällen endet diese im Rosenkrieg mit Vernichtungsgedanken. Es erklärt sich von selbst, dass dies die schlechteste Trennungsvariante ist, die allen Beteiligten Nerven, Geld und Lebenszeit raubt und im schlimmsten Falle die Entwicklung der Kinder negativ beeinflusst. Weitere ungute Spielarten sind die Ablehnung von Verantwortung, Unzuverlässigkeit und Rachsucht. Grenzüberschreitungen in Partnerschaften, Gewalt, Vernachlässigung, psychischer oder körperlicher Missbrauch, Alkohol- oder Drogenmissbrauch führen in der Regel immer zu langfristigen Problemen.

In einer 2014 veröffentlichten Studie zu gerichtlichen Entscheidungen im Familienrecht wurden »erhebliche handwerkliche Fehler« bei der Erstellung rechtspsychologischer Gutachten festgestellt. Beanstandet wurden mangelnde psychologische Fundierung und der Einsatz fragwürdiger Diagnoseinstrumente. Bemerkenswert ist, dass diese Studie vom Justizministerium des Landes NRW unterstützt wurde und das Ministerium sie zum Anlass nahm, das Bundesministerium für Justiz einzuschalten. Bis zu 41 Prozent der befragten Gutachter/-innen benannten in einer weiteren Untersuchung, dass sie für die Erstellung und das Ergebnis vorab eine Tendenz signalisiert bekommen hätten. Und – Ergebnis einer weiteren wissenschaftlichen Stellungnahme: in familienpsychologischen Gutachten würden Aussagen von Kindern zum Nachteil eines Beteiligten einseitig interpretiert. Unkritisch werden nicht verifizierte Aussagen der Mütter übernommen bzw. Aussagen der Väter verfälscht wiedergegeben. Die Gutachten enthalten fragwürdige und nicht hinterfragte Annahmen, Vermutungen und Spekulationen und sie verstoßen immer wieder gegen das Gebot der Objektivität. No Bullshit – es braucht dringend neue Kriterien für familienpsychologische Beurteilungen.

Wenn Trennung, dann bitte fair, möglichst gemeinschaftlich und konstruktiv, zumal die Kinder immer ein Verbindungsglied bleiben werden. Man kann mit besten Freunden brechen, nie wieder ein Wort mit einer Partnerin sprechen, sich vielleicht sogar mit 75 Jahren scheiden lassen – man wird seine Vaterschaft jedoch nie mehr los! Es gibt keinen Exvater. Wenn ein Vater diese Rolle nicht ausfüllt, ist er ein abwesender Vater und prägt dadurch das Leben seines Kindes entscheidend. Silberne Hochzeit (25 Ehejahre) ist für viele Paare eine sportliche Herausforderung – 18 Jahre und mehr als Vater für jedes Kind präsent zu sein, ist eine echte Lebensaufgabe.

Mut zur Vaterschaft und Generativität

Eine ganze Generation von Politikern, Wissenschaftlern und Soziologen hat sich mit den Auswirkungen der nicht anwesenden, durch den Zweiten Weltkrieg traumatisierten Väter in »Die vaterlose Gesellschaft« beschäftigt. Unter anderem auch aus diesem Wissen kann die Bedeutung, väterlich präsent zu sein, bis heute für die Kinder wie auch für die Männer selber nicht genug betont werden. Allein der Indikator, wie viel Qualitätszeit Väter mit ihren Kindern verbringen, geht dabei zum Glück in die richtige Richtung: ca. eine Zeitstunde pro Tag verbringen Väter heutzutage mit den Söhnen und Töchtern, 1965 lag die gemeinsame Zeit bei 16 Minuten. Väter sind ein unerlässliches Korrektiv und eine notwendige Ergänzung zum mütterlichen Erziehungsverhalten. Das »mütterliche Prinzip« ist in den ersten zwölf Lebensjahren durch die überwiegend weibliche »Erziehungsdominanz« (Kindergärtnerinnen, Grundschullehrerinnen, Hausärztinnen, Heilpraktikerinnen, Psychologinnen, Physiotherapeutinnen, Logopädinnen, Juristinnen etc.) überrepräsentiert. Ohne psychoanalytische Theorien bemühen zu müssen – die Spezifität väterlichen Verhaltens ist einfach »anders« als die der Mütter! Väter fassen ihre Kinder anders an, Väter wickeln und füttern anders, Väter motivieren anders, Väter setzen ihre Regeln anders durch und stellen anders Nähe und Zärtlichkeit her. Ohne Väter leiden Kinder oft an mangelndem Selbstbewusstsein, emotionaler Abhängigkeit von Frauen und fehlender Durchsetzungskompetenz. Sie werden zu unangenehmen Narzissten oder zu erwachsenen Zicken. Väterliche Beteiligung im Alltagsleben der Kinder verbessert die Geschwisterbeziehungen, fördert die Bildungsmotivation und wirkt sich positiv bis in die Partnerschaften der erwachsenen Kinder aus. Jungen mit einem Alltagsvater haben weniger behandlungsbedürftige psychische Probleme. No Bullshit – Väter werden in ihrer Art gebraucht.

Für Männer, die aus verschiedenen Gründen nicht leiblicher Vater geworden sind, gibt es zahlreiche Aufgaben, als männliche generative Repräsentanz wirksam werden zu können, sei es im Training, in einem guten Job-Mentoring, in der Vorbildfunktion, in der Politik, in der Wirtschaft, in einer sozialen Aufgabe etc. Die eigene Generativität in anderer Form lebendig werden zu lassen, stiftet Sinn und ist für eine Balance zwischen weiblichem und männlichem Prinzip unerlässlich.

3.3.2. Mutiger Mann sein – wunderbarer Vater

Dieses wunderbare Vaterbeispiel lädt dazu ein, mit einem authentischen männlichen Selbstbild die lebenslange Herausforderung der Generativität zu meistern:

Aufzeichnungen eines 52-jährigen Vaters

»In meinem Regal finde ich Bücher wie »Mein Papa und ich«, »Für starke Väter« und »Von Vätern und Söhnen« oder »Männlichkeit leben« – Geschenke von meiner Frau, meiner Mutter und einem Freund. Ein verdeckter Wink des Schicksals? Etwas, was auf ein »Lebensthema« von mir schließen lässt? Oder übertreibe ich jetzt?

Als ich 11 Jahre alt war, ließen sich meine Eltern scheiden. Zunächst lebte ich bei meinem Vater und seiner neuen Frau. Ab meinem 13. Lebensjahr bin ich mit meiner Mutter und drei jüngeren Schwestern als einziger Mann im Haus praktisch in einem »Frauenhaushalt« aufgewachsen. Mein Vater kam alle 14 Tage, abgesehen von wenigen gemeinsamen Urlauben, für ein paar Stunden vorbei. Er war als Mensch präsent, aber physisch im Alltag nicht da. Ich hatte andere männliche Bezugspersonen um mich herum, meinen Großvater Richard (mütterlicherseits), meinen Onkel Peter, meinen Jugendpfarrer Hermann. Von allen habe ich viel gelernt, aber der eigene Vater ist durch nichts zu ersetzen. Erst mit Abitur, Bundeswehr und Studium wurde der Kontakt zu ihm wieder vertrauter, so wie ich mich heute erinnere. Und während dieser Jahre hat er – ebenso wie sein Vater bzw. mein Großvater Pius (väterlicherseits), der meine Studentenbude finanziert hat – mich am meisten geprägt. Leistungsdenken, berufliche Ziele finden, den eigenen Weg finden. Danke, Papa und Opa!

Heute ertappe ich mich gelegentlich bei dem Gedanken, dass ich meinem Sohn Florian (10) unvoreingenommen ein besonderer Vater sein will. Aber geht das überhaupt? Wir sind ja laut Sigmund Freud nicht Herr im eigenen Haus. Aber, was soll es?

Die eigene Vergangenheit annehmen, daraus lernen und einfach etwas im Hier und Jetzt tun, ohne sich permanent selbst zu hinterfragen. Jedenfalls nehme ich mir das immer wieder vor. »Wenn Väter über ihren Nachwuchs sprechen, dann haben sie oft ein Leuchten in den Augen.« Sagt Jan-Uwe Rogge, der Erziehungs- und Elternberater. Von ihm stammt die Empfehlung, dass sich Väter (wie auch Mütter) auch nicht überfordern dürfen. Perfektionismus führe beim Vatersein in die Entmündigung. Daher sind mir Rituale und kleine, praktikable Schritte so wichtig:

- *Ich fahre Florian morgens 1x in der Woche zur Schule.*
- *Ich lese 2-3x pro Woche abends die Gute-Nacht-Geschichte, davon 1x am Wochenende.*
- *Überhaupt habe ich ihm, seit er 3 Jahre alt ist, immer wieder Geschichten erzählt. Frei erfundene »Quatsch-Geschichten«, über die er lachen konnte, oder Kapitel aus Kinderbüchern (Drache Kokosnuss, Pittiplatsch, Asterix, Fünf Freunde, Kommissar Kugelblitz).*
- *1x pro Jahr machen wir seit fünf Jahren unsere »Männertour«, jeweils im Sommer und mit mindestens einer Übernachtung – wir waren so schon per Sportwagen an der Loire, per Schiff in Oslo und per Zug in Hamburg.*
- *Wir unterhalten uns gern über Autos.*
- *Ich habe ihn über mein eigenes Interesse am Kampfsport auch zum Kung-Fu gebracht. Das soll ihn vor allem in seinem Selbstbewusstsein stärken und ihm ein gutes Körpergefühl vermitteln. Wir haben sogar mit Uli den gleichen Trainer.*
- *Schön sind auch die Hundespaziergänge am Morgen oder am Nachmittag. Da darf Mama dann natürlich auch gern einmal mitkommen.*

Ich habe eine Frau, die im Alltag deutlich mehr Zeit mit Florian verbringt als ich. Sie macht das großartig, manchmal auch zu Lasten ihrer eigenen beruflichen Entwicklung. Und ich habe immer ein latent schlechtes Gewissen. Ich kenne den täglichen Wettstreit zwischen Beruf und Familie, merke aber auch, dass ich viel Freude an meiner Arbeit habe und am Wochenende zusätzlich auch noch »Zeit für mich selbst« brauche. Das sind persönliche »Zerreißproben« und das führt häufig auch zu Stress in der Partnerschaft, gerade wenn ich meine verständnisvolle Seite nicht zeige und »Härte« rüberkommt. Ich gebe zu: Metrosexualität à la David Beckham ist nicht mein Ding. Muss ich deshalb mein eigenes Ich verstecken? Männer und Jungen sollen ihre Stärken ausleben können. Ich möchte meinem Sohn und meinem Umfeld auch männliche Tugenden vermitteln: Kraft, Freiheitsdrang, Mut, Ehrlichkeit, Durchsetzungskraft, Willensstärke, Ehrgeiz.

Die Arbeitswelt ist zwar immer noch stark auf Männer zugeschnitten – allzu oft auch noch zu Lasten der Frauen. Doch in Wirklichkeit ist die Gesellschaft skeptisch gegenüber diesen männlichen Werten. In einem frauengeprägten Umfeld vom Zuhause über den Kindergarten bis in die Grundschule und darüber hinaus entwickeln viele Jungen eher ihre weibliche Seite: Emotionalität, Harmonie und Empathie. Und die Gesellschaft selbst mag es auch eher weiblich: Testosteron, nein danke. Bitte immer schön »flauschig« und »politisch korrekt« bleiben und bloß nicht »zu laut« werden.

Ich will die selbstverliebten, lauten »Machos« und die autoritären, teils sogar gewalttätigen »Rollenmodelle« der Vergangenheit auch nicht wieder zurückhaben. Dennoch kippt das Ganze, wenn wir als Väter und Söhne Männlichkeit nicht mehr leben – aus falsch verstandener Angepasstheit an gesellschaftliche Normen. Und so kämpfe ich im Alltag als Don Quichotte gegen die Windmühlen des so genannten Fortschritts an. Dabei geht es mir nicht um schwarz (männlich) oder weiß (weiblich), sondern um eine Balance. Yoga ist genauso gut wie Boxen. Wie heißt es so schön bei Wilhelm Busch? »Vater werden ist nicht schwer, Vater sein dagegen sehr.« Wie wahr. Ein anderes Zitat stammt aus Japan. Es heißt: »Das Herz des Vaters schlägt höher als der höchste aller Berge.« Wenn Florian dies heute und auch dann noch spürt, wenn er mal erwachsen ist, dann bin ich – glücklich.«

3.4. Virtuell – zurück in die reale Welt

Das unendliche Universum der virtuellen Welt

Durch unseren Computer, das Tablet oder das Smartphone betreten wir über das Internet das unendliche Universum einer virtuellen Welt. Vielleicht ist es ein modernes männliches Abenteuer, sich Raum um Raum vorzutasten und das Labyrinth des Netzes zu entdecken. Wir können uns weltweit mit anderen Menschen »vernetzen« und grenzenlos in Kontakt treten (social network). Auch »Spielzimmer« (games) stehen uns in vielfältiger Weise zur Verfügung. Wie schon bei James Bond können wir unseren Helden-Fantasien freien Lauf lassen. Wir betreten als sogenannte »Avatare« die virtuelle Welt und können Grenzen der Physik aushebeln: wir fliegen, wir können zaubern, wir sind unverletzbar, stark und unsterblich. Wir verlieben uns, kämpfen wie die Gefährten in »Herr der Ringe« und haben Macht über andere. Der andauernde Kampf »Gut gegen Böse« wird auch dort weitergeführt, Urträume der Menschheit werden wahr. Was uns im normalen Leben manchmal so klein hält, so nervt, schlecht auszuhalten und einengend ist, wird in der »zweiten Welt« gesprengt. No Bullshit – das virtuelle Abenteuer ist zwar reizvoll, doch verlieren wir Übung in der realen Welt.

Weiterhin stehen uns im Netz unendliche Bibliotheken und Zugänge zu virtuellen Schulen, »classrooms«, »tutorials per YouTube« und Universitäten zur Verfügung. Wissen ist nicht nur einer privilegierten Schicht zugänglich, sondern allen Menschen auf der Welt. Wissen ist inflationär auf Mausklick abrufbar, sodass im Kopf gespeichertes und durch Jahre erworbenes durchdrungenes Wissen an Wert verliert. »Erfahrenes und diskutiertes« Wissen wird allerdings in unseren »neuronalen Netzwerken« im Gehirn deutlich komplexer abgespeichert als konsumiertes Wissen aus dem virtuellen Netzwerk. No Bullshit – Wir verlieren auch etwas.

Das Surfen im Netz hinterlässt individuelle Spuren, die abgegriffen, ausgewertet und zu verschiedenen Zwecken genutzt werden können. Ganz weit oben steht da die Verwendung der Daten zu Werbezwecken, um die Konsumlust weiter anzukurbeln. Immer mehr und mehr ist Bullshit und führt nicht zur Zufriedenheit.
Das virtuelle Netzwerk scheint ein unbegrenzter »Spaßpark« zu sein, in dem wir gezielt oder wahllos umhersurfen, verschiedene »Räume« betreten und wieder verlassen und niemals den gesamten Cyberspace in einem Leben entdecken können. No Bullshit – das hat Suchtpotential.

Die Schattenseite dieser unbegrenzten Verfügbarkeit ist, dass wir uns selbst nicht mehr in realen Situationen testen, erfahren und ausprobieren müssen, sondern mit einer Wischbewegung konsumieren können. Frust erleben wir nur noch dann, wenn das Internet zusammenbricht, aber nicht mehr, wenn wir real scheitern. Das ist echter Bullshit, denn dabei entwickelt sich eigene Kreativität, die Notwendigkeit, neue Lösungen zu denken und Toleranz aufzubauen gegenüber eigenen Fehlern und Unzulänglichkeiten.

3.4.1. Zahlen, Daten, Fakten – ein Klick zur virtuellen Welt

Technik ist bei Männern immer noch hoch im Kurs, sodass der Zugang in die virtuelle Welt ein Klick entfernt ist. Doch haben sie sich noch im Griff?

- 80-90 Prozent Männeranteil in Technik- und Informatik-Berufen
- 71 Prozent der Führungspositionen werden von Männern gestaltet
- Viele Dax-Vorstände haben berufliche Wurzeln und Vorerfahrungen im IT-Bereich

- Anteil der männlichen Smartphone-Besitzer in Deutschland ca. 70 Prozent
- Anteil der männlichen Tablet-Besitzer in Deutschland ca. 60 Prozent
- Arbeitszeit, die pro Person und Tag durch die Nutzung von Social-Media-Aktivitäten am Arbeitsplatz verloren geht: 60 Minuten
- Jeder mitteleuropäische Mann besitzt elektronische und technische Geräte mit einem Durchschnittswert von ca. 3.500 € (Durch Bedienungsfehler und mechanisch erzeugte Schäden gehen diese Geräte deutlich schneller kaputt als in Frauenhänden)

Netzwerkgesellschaft

Wir leben heute in einer weltweiten Netzwerkgesellschaft. Die Wirtschaft steckt in der vierten industriellen Revolution und beschäftigt sich mit intelligenten Systemen, disruptiven Entwicklungen, Nanotechnologie, erneuerbaren Energien, Quantencomputer, Robotic und Genmanipulation. Virtuelle Welt heißt auch, mitten in einer Phase einer gigantischen Veränderung in allen Lebensbereichen zu stecken.

Laut Expertenmeinungen werden bis 2025 unterschiedlichste »Technology Tipping Points« (Umschlagspunkte) erreicht sein: von einer Billion Sensoren mit Internetverbindung bis zu 3D gedruckten Konsumgütern, von selbstfahrenden Fahrzeugen bis zur Buchprüfung in Großunternehmen durch künstliche Intelligenz, von Wirtschaftsleistung in Blockchain-Technologie (die Speicherung von Daten kann nicht nachträglich geändert werden) bis Mitarbeit von künstlicher Intelligenz bei Vorstandsentscheidungen.

Geisteswissenschaftler, Soziologen und einige wenige Ökonomen weisen in kleinen, kaum gehörten Diskussionsrunden darauf hin, dass sich durch Industrie 4.0 unsere gesamte Arbeitswelt global verändern wird. Bis jetzt gibt es nur wenige konstruktive Ideen dafür, Chancen und Entwicklungsmöglichkeiten für alle nutzbar zu machen bzw. durch Einbindung möglichst vieler den Weltfrieden zu erreichen. No Bullshit – wir reden hier über große Veränderungsdimensionen.

Wir werden die neue industrielle Revolution nicht zurückdrehen können, genauso wenig wie unseren ständigen Lebensbegleiter, das Mobile Phone. Facebook hat mehr aktive Nutzer als China Einwohner, mehr User treffen sich auf Twitter als in der gesamten USA leben und selbst die Instagram-Gemeinde ist fast so groß wie die Gesamtbevölkerung Nigerias. Fällt das Handy für eine Stunde aus, bekommen viele Menschen Zustände, welche wir klinisch als Angst- und Panikstörung begreifen. Es ist quasi über Nacht eine moderne Form der Angst vor Bindungsverlust eingetreten, die Angst, von der virtuellen Welt abgeschnitten zu werden.

Nun existieren wir ja auch noch real und sind in dieser echten Welt eben keine unsterblichen Helden, sondern versuchen jeden Tag zu gestalten, so gut wir es können. Wir stoßen an unsere Grenzen, machen Fehler, werden müde und sind wunderbar mittelmäßig. Um die weltweite Vernetzungsidee nicht zu einem gefährlichen Spinnennetz werden zu lassen, braucht es einen vernünftigen Umgang mit der virtuellen Welt. Kindertherapeuten empfehlen die Zeit mit elektronischen Medien auf maximal 90 Minuten zu begrenzen, um Schlafstörungen und Problemen der Aufmerksamkeitssteuerung entgegenzuwirken.
Da sich vor allem Männer und Papas technikaffin zeigen, versierter Umgang und technische Kompetenz zum männlichen Selbstbild zählen, sind genau dort **mutige Männer** gefordert, einen sinnvollen Umgang mit dem Netz vorzuleben. Die Fülle an Informationen einzuordnen, zu bewerten und einen eigenen Standpunkt zu finden, das sind die wirklichen

Herausforderungen, die mit dem globalen Netzwerk einhergehen. No Bullshit – im Umgang mit dem Cyberspace hilft nur Begrenzung und eine kritische Haltung.

Alles sofort

Nur 26 Prozent der Befragten sind bereit, auf den vollständigen Aufbau einer Homepage am Smartphone länger als fünf Sekunden zu warten. 32 Minuten für den Pizza-Lieferdienst sind für viele schon eine zeitliche Zumutung und 60 Minuten Bahnverspätung nach einer Reise quer durch Deutschland sind Gegenstand unzähliger Diskussionen. Sich online alle Waren dieser Welt aus einem Impuls heraus nach Hause zu holen, führt auch dazu, dass 2016 in Deutschland 2,95 Milliarden!! Paketsendungen verschickt wurden. Wir wollen alles. Und wir wollen alles sofort. Nichts duldet mehr Aufschub.

Für unsere sofortige Bedürfnisbefriedigung haben wir die technischen Voraussetzungen geschaffen. Es ist etwas paradox. Dem heranwachsenden Kind versuchen wir mühsam das Warten, Geduld und Begrenzung beizubringen, um im virtuellen Netz wieder zum »brüllenden Kleinkind« zu werden. Wer kennt diese Szenen nicht: der fünfjährige Jonas sitzt heftig quengelnd im Einkaufswagen und will im Supermarkt den leckeren roten Saft, die bunten Gummibären, das Comicheftchen und auf jeden Fall das größere Kuscheltier als der Konkurrent Marco im Nachbarwagen. Der jugendliche Schüler (Beispiel aus der Praxis) will 120.000 € Jahreseinkommen, geht nicht in die Schule aufgrund unfähiger Lehrer, sehnt sich nach einem Fotomodell als Freundin, lernt – wenn überhaupt – irgendwann mal für den Pilotenschein und träumt vom Haus in Singapur. Unabhängig davon, aus welchen Gründen die Eltern die Wünsche sofort erfüllen, unabhängig davon, ob sie sich dies finanziell erlauben können, aus Liebe möglich machen, aus Verzweiflung zugestehen – sie sind auf jeden Fall schlecht beraten und

schaden dem Kind. No Bullshit – sofort und alles ist schädlich. Wir brauchen Frusterlebnisse zur Festigung unserer Persönlichkeit.
Wenn wir alles sofort wollen und die virtuelle Welt in diesem Sinn handhaben, überfordern wir unsere Entscheidungskompetenz. Es gäbe immer ein »Mehr«, einen weiteren Anreiz, einen nicht bedachten Aspekt. Wir nehmen dann lieber alles, um wirklich nichts zu verpassen. Damit allerdings nehmen wir uns die Erfahrung der Entscheidungskompetenz und der »Bedeutsamkeit« des Tuns. Sogar das Gefühl, sich selber belohnt zu haben, geht verloren, denn das neuronale Belohnungssystem schaltet nach wenigen Augenblicken auf »normal« und der Einkauf landet achtlos im Bauch, im Schrank, in der Retour-Box. Teurer Bullshit!

Haben wollen und noch nicht haben können, Ziele formulieren und einen Lern- oder Trainingsweg dorthin in Kauf nehmen, Prioritäten setzen und Verzicht dafür üben, jemanden toll finden und seine Macken trotzdem akzeptieren, Misserfolge durchleben und das Selbstbewusstsein nicht dabei verlieren – alles Kompetenzen, welche mit der inneren Regulation von Impulsen, Bedürfnissen, Wünschen einhergehen. Ein **mutiger Mann** sagte, »Bei mir stand die »Hilfseinsatztruppe« in Form meiner Mutter schon immer vor meiner Tür, bevor ich sie überhaupt gerufen hatte. Niemals durfte ich Entscheidungen selber treffen oder Not aushalten. Ich habe mich jetzt im Internet verloren.«
Der Jugendliche möge sein Fotomodell finden, der Schreihals sein 65. Kuscheltier aufs Bett stellen, der Ehemann den dritten Bohrhammer und der Nachbar die Surround-Lautsprecher – alles kein Problem, solange alle vier die eben genannten Fähigkeiten der Selbststeuerung im Alltag zur Verfügung haben. Kündigung bei erster Kränkung, Schreiduell wegen eines Parkplatzes, Erbschaftsstreit für das neue Auto, pathologischer Führungsstil im Unternehmen, Tauchunfall

für den Kick mit dem Hai, nationalistischer Egoismus, zwei Jahre bezahlte »Pause« nach dem Abitur? No Bullshit: Es braucht **mutige Männer**, sich Ziele, Wünsche, Kompetenzen »anzueignen«, zu erleben und zu verinnerlichen, als diese sofort kurzfristig zu bedienen.

Internettechnisch ist Deutschland wahrscheinlich ein »Schlaraffenland«, kaum jemand ist ohne Online-Zugang, Hot-Spots sind überall, überflüssiges Geld in bestimmten Gesellschaftsschichten ist jederzeit vorhanden, der Bildungsstand noch ausreichend. Richtig glücklich macht uns das aber nicht. Glaubt man dem »World Happiness Report 2017« stagniert Deutschland auf Platz 16. Das persönliche Glück der Menschen gemessen am sozialen Umfeld, der Freiheit eigener Lebensentscheidungen, Großzügigkeit und Solidarität untereinander und das Vertrauen in unsere selbst gewählte politische Vertretung scheint also deutlich ausbaubar.

Besonders Männer sind technisch »verführbar«, sodass es genau dort mutige Entscheidungen braucht, nicht den leichten Weg per Mausklick zu wählen, sondern echte Erfahrungen mit Frust und Unlust vorzuziehen. No Bullshit – Scheitern stärkt.

Das Selfie-Syndrom

Allerorts trifft man Menschen, die mit einem langen Stab vor sich herumfuchteln und eine irrwitzige Kollektion an »Hier war ich auch«-Fotos anhäufen. Damit auch alle »friends« in Echtzeit dabei sein können, werden die Accounts der sozialen Medien mit Ego-Bildern überschwemmt. Jeder Helm, von Biker bis Fahrradfahrer, von Paddler bis Reiter, ist mit einer Gopro-Kamera ausgestattet. Der Blick vor dem atemberaubenden Sonnenuntergang, dem kühnen Bauwerk, der einzigartigen Wetterlage, der fröhlichen Freundesrunde geht exakt 180 Grad in die entgegengesetzte Richtung. Wir bilden uns selbst ab. Das erinnert uns an eine ganz alte

Geschichte aus der griechischen Mythologie. Der schöne Jüngling Narziss betrachtete selbstvergessen die Oberfläche eines Sees und verliebte sich in sein eigenes Spiegelbild. Das brachte jedoch ein unlösbares Problem mit sich. Narziss konnte das Objekt seiner Begierde niemals erreichen und war nicht in der Lage, von sich selbst loszukommen. Ein richtiges Dilemma. Der Blick alleine auf uns führt weder in die Beziehung noch in ein Erleben mit all unseren Sinnen. Wir werden zum Bild, verpassen dabei aber die wundervollen Momente der Gegenwart, die es zu durchleben, zu erleben und zu ersinnen gilt. No Bullshit – der permanente Blick auf uns führt in eine Sackgasse.
Mutige Männer bilden nicht ab, sondern sind mit ihren Sinnen in Echtzeit voll dabei.

3.4.2. Mutiger Mann sein – Selbstbestimmung der virtuellen Welt

Im Hinblick auf die virtuellen Welten ist es mutig, die Selbstbestimmung nicht aufzugeben, sich immer noch von Ereignissen »betreffen« und berühren zu lassen und »Mobile Diäten« einzuplanen. Seien Sie ein **mutiger Mann** und lassen Sie einfach das Mobile Phone zu Hause und genießen Sie den Waldspaziergang mit allen Sinnen. Bilden Sie nichts ab, sondern fassen Sie an. Haben Sie wieder Langeweile und werden Sie kreativ. Die nächste Tankstelle kommt auch ohne Tankstellen-App, und die Bahn darf auch fünf Minuten Verspätung haben. Vielleicht erinnern Sie sich auch ohne Piepton an den Geburtstag Ihrer Kinder.
Alles vorhersehbar zu machen ist langweilig! Und die Gefahr kommt dann von einer ganz anderen Seite. Wir liefern als User ununterbrochen Daten an »jemanden«, von dem wir weder wissen, nach welchen Kategorien diese Daten geordnet werden, noch mit welchen Daten sie verbunden

werden. Jegliche Nutzung, für und gegen uns, ist möglich. Wir steuern geradewegs auf eine neue Unmündigkeit zu, nichts von Kantischer Selbstbestimmung. Mutig wäre, sich des Verstandes wieder zu bedienen und eine Diskussion um die virtuellen Welten anzufachen. Ein gutes Maß zu finden, war schon immer ein Geheimtipp des Erfolges. Lassen Sie sich immer wieder auf das Abenteuer des realen Lebens ein, auf den sinnlichen Moment, auf Unperfektes, auf eine kurze Begegnung, auf eine Zeit der Stille und der Verbundenheit mit sich selbst. Männer betrifft dieses Thema besonders, da das Spielzeug »Technik« so leicht von der Hand geht. No Bullshit – seien Sie kritisch und lernen Sie wieder Karten zu lesen.

3.5. Vereint – (Männer) Freundschaften leben

Männerfreundschaften sind nicht erst seit Winnetou und Old Shatterhand durch die Prärie ritten ein Sagen umrankter Mythos. Männerbünde halten ein Leben lang, sind stärker als Geld, Macht und die Verbundenheit mit Frauen. Auch in Tolkiens Herr der Ringe verbindet Bilbo Beutlin und Frodo eine unauflösbare Brüderschaft, die im Angesicht der ständigen Gefahr für eine gute Sache kämpfen. Die drei Musketiere werden als treue und bärenstarke Kameraden beschrieben. Wirklich nur ein Mythos?
Nein, nur wirkliche echte Kumpels und authentische Freunde, die einem in geeigneten Momenten auch die Meinung sagen, sind eine Rarität geworden. Gespräche, die nicht an der Oberfläche bleiben, sondern ans Eingemachte gehen, weichen einer flachen Kommunikationskultur »Wie geht's dir?«, Prima und Dir?, »Supi!«. Wirklich schwierige Entscheidungen im Leben wie Probleme im Beruf, Beziehungsthemen und Selbstwertzweifel oder emotionale Berührtheit werden gehäuft alleine ausgehandelt. Wer kennt

das Vorurteil nicht, dass ein Mann lieber zwei Stunden durch eine fremde Stadt irrt, anstatt nach dem Weg zu fragen. Das Einzelkämpferdasein schützt zumindest vor Konkurrenz und dem Gefühl, der andere Mann weiß es besser, ist stärker als ich. Das ist doch Bullshit.

Ein weiterer Hemmschuh, Männernähe zuzulassen, ist die Sorge schwul zu sein. Umarmungen werden umgewandelt in einen Handschlag auf den Rücken oder einen Knuff gegen den Oberkörper. Sich als Männer in den Armen zu liegen, auch mal zu heulen und Emotionen zuzulassen, sich mal an der Hand zu fassen, ist in Deutschland noch kein gängiges Bild. In anderen Ländern sehen wir sehr wohl Männer, die händchenhaltend die Straße entlangschlendern oder sich umarmend den Döner bestellen. Das ist da einfach normal. Es ist mutig, auch diese Seite der Männlichkeit zuzulassen und dem gleichen Geschlecht herzlich und tiefgründig zu begegnen.

3.5.1. Zahlen, Daten, Fakten – Freundschaften verlängern das Leben

Freundschaften verlängern das Leben – so weit, so klar. Wirkliche Freunde sind rar gesät!

- Männerfreundschaften sind »side by side« statt »face to face«
- Enge Freunde erhöhen die Chance auf ein langes Leben und verringern die Gefahr einer Herz-Kreislauf-Erkrankung
- 90 Prozent der Männer geben an, einen Freund zu haben, aber nur 38 Prozent einen besten Kumpel und nur zehn Prozent einen wirklichen Freund
- Der »beste Freund« entspricht vielleicht nur zu 75 Prozent der Erwartung – ist aber dennoch der »beste Freund«
- Ein begleitender Freund verringert im Belastungs-Experiment das Stresslevel

- Männerfreundschaften bestehen nur zu 20 Prozent aus Gesprächen über sich selbst
- Über 50 Prozent der gemeinsamen Zeit widmen Männer ihren gemeinsamen Aktivtäten

Eine gelebte wahre Männerfreundschaft

Mir ist nix besonderes passiert. Was soll ich denn schon schreiben? Hin und wieder glitten meine Gedanken gelegentlich dennoch zur »Aufgabe«, bis mir eine Begebenheit aus der Mitte der 1980er-Jahre zum Thema Männerfreundschaft eingefallen ist. Eine Männerfreundschaft, die noch heute besteht.

Aufgewachsen in einem Dorf in der oberhessischen Provinz, war es dort damals üblich, nach der Konfirmation in den erfolgreichen Gesangverein einzutreten und darin zu singen. Es wurde in mehreren Chorgruppen geprobt, u.a. auch als Männerchor. Ebenso war es Tradition, dass die Burschenschaft (in der selbstverständlich aber auch Mädels Mitglied waren) bei Hochzeiten dem Brautpaar ein Ständchen brachte. In einem so sangesfesten Dorf war dies auch wirklich hörenswert. Natürlich setzte man sich anschließend in der örtlichen Kneipe zusammen und auch hier wurden alle Thekenlieder mehrstimmig geschmettert.

Nach einem solchen Abend schloss die Kneipe gegen Mitternacht. Was tun mit dem angefangenen Abend? Das fragten sich fünf Jungs. Einer von ihnen war ich. Da es ein wundervoller, warmer Spätsommerabend war, beschlossen wir uns in Ollis Garten zu treffen, nach dem wir anderen kurz nach Hause gehen sollten, um etwas zum Essen zu organisieren und eine Kiste Bier zu besorgen. So wurden Bier, Brot, Frikadellen und Hausmacherwurst zusammengetragen, um die letzte laue Spätsommernacht des Jahres draußen sitzend auszunutzen. Nach einer deftigen Mahlzeit begann einer von uns ein Männerchorstück anzustimmen. Ein Lied folgte auf das andere. Da zufällig jede Stimme besetzt war, natürlich immer vierstimmig. Mit »Pferde zu vieren traben« über »Das Elternhaus« bis »Nachtigall ich hör dich singen« oder dem »Slowenischen Weinstrauß« und »Gesang erschallet vor *dem Haus«, aber auch »Es löscht das Meer die Sonne aus« und vielen, vielen weiteren Stücken sangen wird uns quasi in einen Rausch ... wie auch immer man das deuten mag *lach*. Der Gesang klang in der Stille der Nacht so wunderbar, dass wir uns das Versprechen gaben, jedem von uns, der heiraten würde, ein Ständchen zu bringen. Für die gesangliche Darbietung in der Nacht bekamen wir zunächst am nächsten Tag viel Lob von Ollis Nachbarn. Der wurde nämlich durch unseren nächtlichen Gesang geweckt und bestätigte uns: »Ihre Junge, es woar so schie« (Jungs, es war so schön).*

Es kam, wie's kommen musste. Zwei Jahre später wurde bekannt, dass unser Mick heiraten würde. Wir waren zwar oft gemeinsam unterwegs, hatten bis dahin aber keine solche Zusammenkunft mehr. Doch wir vier Junggesellen erinnerten uns natürlich noch an das Versprechen und fühlten uns »Ein Mann ein Wort« selbstverständlich auch daran gebunden. Deshalb schmiedeten wir einen Plan. Es musste uns gelingen, in aller Heimlichkeit zu proben, ohne dass es das Brautpaar mitbekommen konnte. Klingt einfach, ist aber auf einem kleinen Dorf durchaus keine leichte Aufgabe. Wir redeten mit dem Revierförster über den »Geheimplan« und er willigte ein, dass wir in seiner abgelegenen Hütte mitten im Wald proben durften. In mehreren Proben, teils bei Kerzenlicht, teils mit Gaslaternen, wurden einige vierstimmige Männerchorsätze vom » Es-Quintett«, wie wir uns ab da nannten, einstudiert.

Ein paar Wochen später war die Hochzeit. Als gute Freunde des Brautpaares gehörten wir zu den geladenen Gästen. Irgendwann gegen 23 Uhr,nachdem die »entführte« Braut wieder zurück war, standen wir auf der Bühne und begannen mit dem »Ehestandlied«, das wir im »Heim«, einem sehr alten Chorbuch für Männerchöre von 1872, gefunden hatten. In den Augen des Brautpaares konnten wir schon während des ersten Stückes sehen, dass die Überraschung wirklich gelungen war.

Weitere drei Hochzeiten der »Mitglieder« mit Auftritten des »Quintetts« folgten im Laufe der Jahre.

Nachdem einer unserer Gefährten beruflich weiter wegziehen musste, endeten unsere gemeinsamen gesanglichen Aktivitäten, doch die Männerfreundschaft besteht noch heute. Nicht selten kommt am Samstagnachmittag eine kurze Anfrage an die Runde, wie es mit einem Dämmerschoppen in Mick's Grillkota ausschaut. Und sollte ich als Letzter von uns fünfen irgendwann doch noch heiraten, bin ich auch 30 Jahre später ganz sicher: »Es-Quintett« wäre da.«

Wer als Mann Freunde oder einen besten Freund hat, ist froh darüber. Ohne möglicherweise über diese Freundschaft wirklich nachzudenken, ohne darüber viel zu sprechen, vielleicht auch ohne viel »Beziehungsarbeit« – befreundete Männer wissen um den Wert dieser Beziehung. Fehlt der Freund, können Männer nur mit Frauen befreundet sein, dominiert die Männerkonkurrenz statt der Freundschaft, dann fehlt ganz viel im Männerleben. Die Befähigung zu Männerfreundschaft – so ein Gedanke eines spirituellen Meisters – ist ein wesentliches Kriterium für die Reife eines **mutigen Mannes**. No Bullshit – sorgen Sie aktiv für verlässliche Männerfreundschaften und stellen Sie sich die Frage: »Wer ist wirklich an meiner Seite?«

Männerfreundschaften im Alltag leben

Sich im Sportstudio zu treffen, am Wertstoffhof die Fortschritte der Kinder auszutauschen, vom gleichen Auto zu träumen und sich über den neu aufgebauten Radarkasten zu ärgern, sich nach dem Feierabend-Bier »bis morgen« zuzunicken, das reicht für eine tiefergehende Männerfreundschaft nicht. Dem Mythos einer Blutsbrüderschaft gerecht zu werden, die impliziert »Für dich gehe ich in den Tod«, durch eine gemeinsame Atlantiküberquerung im Segelboot zusammengeschweißt zu werden, oder gemeinsam den Mount Everest zu besteigen, ist auch nicht die notwendige Grundlage für eine tragende Männerfreundschaft. Die Mitte zwischen Alltagskontakt und Mythenpflege heißt für **mu-**

tige Männer vielleicht einfach, unaufgeregt und verlässlich verbunden sein.

Männerfreundschaften kennzeichnen sich durch »freiwillig« und »beruflich zweckfrei« und haben meist einen gemeinsamen Bezugspunkt wie Studienzeit, Reise, Engagement, Band, Grillkurs. Sich innerhalb einer Männerfreundschaft mit den jeweiligen Kompetenzen und Möglichkeiten zu unterstützen, verändert die »Zweckfreiheit« nicht. Wenn die Motivation Richtung karrierefförderndes Netzwerken, Richtung Stärkung der politischen Durchsetzungskraft, Richtung strategisches Sichern des eigenen Einflusses geht, dann ist dies eine nachvollziehbare Idee – aber keine Männerfreundschaft. Wenn mein Wissen von Vorlieben, Befürchtungen und Wünschen und wenn die gemeinsame Erfahrung von Sieg und Niederlagen auf ein Ziel hin funktionalisiert wird, ist die Freundschaft sicherlich gefährdet. Eine Freundschaft kann Status-Unterschiede gut aushalten, welch ein Gewinn für alle Beteiligten. Im Netzwerk könnte die Blöße in einem Bereich zur »Gefahr« werden.

Mutige Männer können Netzwerken und schützen gleichzeitig ihre Freundschaften.

3.5.2. Mutiger Mann sein – Gemeinsames Tun als Basis

Irgendwann ist das Gefühl, befreundet zu sein, einfach da. Die Treffen finden einen regelmäßigen Turnus und neben dem ernsthaften Austausch über sich selbst, wird über Arbeit, Politik, Aufgaben gesprochen und möglichst viel Zeit den gemeinsamen Unternehmungen gewidmet. In diesen können eventuell auch homophobe Ängste weggedrückt werden bzw. Nähe-Wünsche ausgelebt werden. Jeden Donnerstag an die Bar, einmal im Jahr an den Wörthersee, das fixe Wanderwochenende im Juli oder die Woche

Motorradtour in den Bergen. **Mutige Männer** üben sich in der »Beziehungsarbeit«, indem sie selber in Kontakt gehen und sich öffnen, neugierig nachfragen, den anderen für sich gewinnen, Freundeszeiten ins Familien- und Kinderleben einbauen, gemeinsame Erlebnisse teilen und hin und wieder sich darüber austauschen, was diese Freundschaft aufrechterhält. Auch sich gegenseitig ohne Konkurrenzgedanken Anerkennung zu geben, miteinander körperlich zu sein und sich anzuspornen sind wichtige Bausteine von Männerfreundschaften. Seid mutig und geht aufeinander zu.

Fazit

In der Regel sind wir keine einsamen Wölfe, sondern brauchen zur eigenen Entwicklung den Austausch und die Verbundenheit mit Menschen. Und wer jetzt **mutiger Mann** ist, stellt sich folgende Fragen: Bin ich mit mir selbst verbunden, kenne ich mich, kenne ich meine (sexuellen) Wünsche und Vorlieben, bin ich mir und anderen gegenüber ehrlich? Gestalte ich meine Beziehungen aktiv oder verharre ich passiv? Bin ich ein präsenter Vater? Wer ist mein bester Kumpel, den ich nachts aus dem Bett klingeln kann? Verliere ich mich im World Wide Web oder lasse ich mich auf das Abenteuer »Leben« ein? Darf ich mittelmäßig sein und auch mal stolpern?
No Bullshit: Verbundenheit ist Lebendigkeit und keine Hängematte. Verbundenheit ist ein aktiv geknüpftes Netz, das immer wieder ausgebessert und gepflegt werden muss. Was tue ich dazu, damit in meinem »Netz« nette Fische hängen bleiben?
Mutige Männer überlassen nicht den Frauen die Aufrechterhaltung der sozialen Kontakte, sondern sind selbst aktiv.

4 VERANTWORTUNGSVOLL

4.0. Einleitung

Warum haben viele Männer das Gefühl, manchmal unerträglich viel Verantwortung tragen zu müssen: für den Job, das Geld, die Familie, das Glück und Wohlbefinden der Ehefrau, das neue Auto, die schicken Reisen, das sportliche Talent des Filius usw. usw.? »Unerträglich« ist für viele Männer tatsächlich wörtlich gemeint – sie können nicht mehr, entziehen sich, schütteln die Verantwortung ab. Verständlich, denn das Ausmaß der Verantwortung im Lauf eines Lebens wird nicht kleiner, sondern größer. Da kann Mann schon mal Fluchtgedanken haben. Keine Sorge, Sie müssen wirklich nicht für alles die (**Kapitel 4.1.**) **»Verantwortung übernehmen«**, sondern können auch mutig sein, Grenzen setzen und nicht alle Aufträge annehmen. Geben und Nehmen heißt die Devise.

Zuerst ist der Wunsch nach »höher, schneller, weiter« noch moderat, doch dann breitet sich der »Selbstoptimierungsvirus« wie ein Lauffeuer aus. Durch permanente Kontrolle und Zahlenoptimierung versuchen wir **im Job** noch effektiver zu sein. Das ist Bullshit. **»Verbissen und vermessen«, Kapitel 4.2.**: Es geht nicht immer aufwärts. Wir können den beruflichen Lebenslauf »tunen«, unseren Puls und den Blutdruck optimieren und das richtige Netzwerk konstruieren, aber auf die Nase fallen wir trotzdem. Mutig ist es, dem Leben mehr mit Lust und Bedeutsamkeit als mit Angst vor falschen Zahlen zu begegnen.

Der häufigste Satz im Alltag dürfte sein: »Ich habe keine Zeit«, wir schauen genauer hin: **»keine Zeit – für was? oder für wen?«, Kapitel 4.3**. Wer noch Lücken im Terminkalender aufweist, gilt als verdächtig. Vollgestopft mit immer gleich wichtigen Verpflichtungen rasen wir durch den Tag. Das mo-

derne Phänomen der Rastlosigkeit ist kaum noch zu stoppen. Es ist mutig, für besondere Momente und Mußezeiten die Uhr einfach anzuhalten.
»Ohne Moos nicht los« ist ein nachvollziehbarer Satz aus dem Volksmund. Ohne Geld geht wirklich nichts, so dass die existenzielle Grundsicherung eine große Bedeutung hat. Doch was kommt danach? Das **Kapitel 4.4. Vermögend: wenn ich mir das erst einmal leisten kann – und andere Lügen** geht der menschlichen Versuchung nach, durch permanenten Kauf- und Goldrausch die Bodenhaftung und den Draht zu sich selbst zu verlieren. Es ist mutig, sich dem Thema »Mehrwert« im Leben zu stellen und den inneren Tresor aufzufüllen. Geld ist das eine, Fülle das andere.

4.1. Verantwortung – übernehmen

Das Thema Verantwortung birgt eine hohe Komplexität – nicht umsonst schrecken manche davor zurück. Von der Antike bis heute gibt es aus unterschiedlichen Quellen eine Vielzahl von Ideen dazu. Was heißt denn eigentlich Verantwortung? Irgendwie hat Mann so eine Intuition, so ein Gefühl »Ja klar Verantwortung, weiß ich doch«, aber wenn man sich näher damit beschäftigt, ist das nicht so leicht zu beantworten. Im Internet finden sich viele unterschiedliche Definitionen, die teilweise kaum zu verstehen sind, oder ziemlich banal daherkommen. Ein gesundes Mittelding fanden wir in den Oxford Dictionaries:
»Verantwortung ist die Pflicht, dafür zu sorgen, dass (in bestimmten Situationen) das Notwendige und Richtige getan wird und kein Schaden entsteht.«
Anders ausgedrückt könnte man auch Gewissenhaftigkeit, Moral, Pflichtbewusstsein, Pflichtgefühl, Pflichttreue, Commitment, Ethik, Ethos, Garantie, Gewährleistung, Haftbar-

keit, Haftung, Schuld oder Verpflichtung sagen. Im Englischen sagen wir häufig dazu »sense of responsibility«.

Eine schwierige Entscheidung

Dazu diese konkrete Situation: Ich war Fluggast auf einer Langstrecke von Frankfurt nach Manila. Mitten im zusammengekrümmten Tiefschlaf der Holzklasse drang die leicht panische Stimme der Flugbegleiterin an mein Ohr, »Ist denn hier ein Arzt an Bord?«. Da wurde schnell klar, dass ich die Rolle als Arzt nicht mit einem Flugticket ablegen kann, sondern in der Verantwortung stand, nachzusehen, was los war. Ein Passagier war bewusstlos geworden und brauchte dringend medizinische Hilfe. Mit den vorhandenen Bordmitteln tat ich das mir Mögliche, von den Vitalzeichen her (Atmung und Kreislauf) war der Passagier stabil. Der Kapitän fragte mich, ob er notlanden müsse – in was für eine Verantwortung war ich da hineingeraten. Hält der bewusstlose Mann noch eine Stunde durch oder muss ein ganzer Jumbo-Jet mit 300 Reisenden auf dem nächsten Flughafen notlanden. Die eine Konsequenz war genauso mies wie die andere. Ich traf die Entscheidung, weiterzufliegen, und forderte die Bereitstellung eines Notteams sofort in Manila an. Es verlief alles gut, doch es hätte auch anders ausgehen können.

In dieser Situation (im Flugzeug, 300 Passagiere, Flug nach Manila, ein stabiler bewusstloser Passagier) versuchte ich das *Notwendige* (medizinische Not-Versorgung des Patienten) und das *Richtige* (ausreichende medizinische Versorgung und Reflexion mit dem Kapitän, Sorge um die weitere Behandlung) zu tun, ohne dass ein *Schaden* (mögliche Todesfolge des Patienten, Notlandung mit 300 Fluggästen) entsteht. Der Entscheidungsspielraum betrug ca. fünf Minuten. Ganz ehrlich, da helfen keine FlipCharts mit Pros und Kontras oder »Wir fragen mal das Team«, »bilden einen

Arbeitskreis«, »schauen in unseren Leitlinien nach« oder »müssen uns erst juristisch beraten lassen«. Da hilft nur eine Bauchentscheidung, die aus einem soliden Erfahrungsschatz, aus einem eigenen Wertekanon und einer situativen Angemessenheit gefüttert wurde. Und es braucht Mut, potentiell die falsche Entscheidung zu treffen und dafür am Ende auch verantwortlich zu sein.

Wobei es Lebenssituationen gibt – und diese war so eine –, in denen die Kategorien »Falsch« oder »Richtig« keinen wirklichen Platz haben. Die Entscheidung ist so hochkomplex und berührt ein existenzielles Thema, dass es nur möglich ist, heute und hier mit meinen derzeitigen Möglichkeiten unter genau diesen Umständen und mit meinem heutigen Wissen oder meinen jetzigen Emotionen genauso zu entscheiden. Wer wagt es denn da eine Beurteilung in »Richtig« und »Falsch« anzusetzen?

Falsch wäre es allerdings, sich nie über die eigene Verantwortung qua meines Berufes, meiner Rolle in der Familie, meinen ausgeführten Handlungen, meiner Rolle als Bürger eines Landes, meiner Rolle aus dem Generationenvertrag und meiner Rolle als Weltbewohner Gedanken zu machen. Auch wäre es falsch, sich nicht immer wieder darum zu bemühen, meiner mir möglichen Übernahme von Verantwortung auch wirklich gerecht zu werden.

Wenn ich Vater werde, dann reicht es eben nicht, irgendwann mal aufzutauchen, da muss ich präsenter sein, das ist meine Verantwortung. Wenn ich Führungskraft in einer Firma bin, reicht es nicht, meine Schäflein ins Trockene zu bringen – da sind noch meine Mitarbeiter. Wenn ich Handwerker bin, dann reicht es nicht, das Abflussrohr irgendwie so hinzubiegen oder die Wand fleckig zu lassen – da gibt es ein Berufsethos. Wenn ich mit Drogen deale, schade ich anderen – und breche das Gesetz. Wenn ich in einer Beziehung gar nicht loslassen kann, dann manipuliere ich andere. Wenn ich nur auf meinen Vorteil bedacht bin, dann schade ich dem Miteinander. Wenn ich Politiker bin, dann reicht es nicht, die eigenen Machtgelüste und Interessen zu verfolgen – ich habe Verantwortung für meine Wähler, für ein Land. Diese Liste könnten wir jetzt noch seitenlang weiterführen. No Bullshit – Verantwortung denkt das Umfeld mit.

Zentrale Fragen

- Wer ist verantwortlich?
- Wofür ist jemand verantwortlich?
- In welchem Rahmen ist jemand verantwortlich?
- In welcher Art und Weise ist jemand verantwortlich?
- Was sind die Konsequenzen für das Handeln oder Nicht-Handeln?
- Wann ist es auch notwendig, die Verantwortung abzugeben?

Gar nicht so leicht zu beantworten ...

4.1.1. Zahlen, Daten, Fakten – Verantwortung? Da geht mehr!!

Der Begriff Verantwortung wird überall verwendet, dennoch finden sich wenige Statistiken, die dieses Thema aufgenommen haben. Es wird zum großen Teil daran liegen, dass verwertbare Daten schwer zu ermitteln sind.

- Die Studie »Typologie der Wünsche 2009« zeigt die Zustimmung/Ablehnung der Befragten zu der Aussage »Ich übernehme gerne Verantwortung«. 16 Prozent der Befragten gaben an, dass diese Aussage voll und ganz zutrifft. 24 Prozent gaben an, dass die Aussage voll zutrifft. 25 Prozent, dass die Aussage einigermaßen zutrifft. 35 Prozent der Befragten gaben an, nicht gerne Verantwortung zu übernehmen.

- In der Shell-Jugendstudie wurden Jugendliche und junge Erwachsene befragt, wie ihre Einstellung zur Übernahme von Verantwortung ist. 66 Prozent der befragten Jugendlichen gaben an, dass es ihrer Ansicht nach »in« ist, Verantwortung zu übernehmen.
- Jeder Dritte in Deutschland engagiert sich ehrenamtlich und spendet so unkomplizierte Hilfe
- Die Übernahme von politischer Verantwortung ist rückläufig
- Geht man davon aus, dass jeder Mitarbeiterin und jedem Mitarbeiter statistisch betrachtet eine Familie mit 2,15 Personen zugeordnet werden kann, so liegt die »Personalverantwortung« eines Unternehmens mit rund 1.000 Mitarbeitern bei etwa 2.150 Menschen
- Laut Gallup-Schätzung entsteht durch schlecht motivierte Mitarbeiter ein volkswirtschaftlicher Schaden von 98,5 bis 118,4 Milliarden Euro pro Jahr

In jedem Quadratkilometer Meer schwimmen heute bis zu 46.000 Teile Plastikmüll. Die Menge des treibenden Mülls an der Wasseroberfläche ist so groß, dass dieser vom Weltraum aus zu erkennen ist – als riesige Müllteppiche, die mit den Meeresströmungen wandern. Dabei sind die Abfälle an der Meeresoberfläche nur die Spitze des Eisberges. Mehr als 70 Prozent des Mülls sinken auf den Grund. Zurück an Land gelangen nur 15 Prozent der Plastikabfälle (WWF).
Die erneuerbaren Energien, auch regenerative Energien genannt, hatten laut Statistiken des Bundesumweltamtes 2016 in Deutschland einen Anteil von 14,8 Prozent am Brutto-Endenergieverbrauch.
Nahezu 85 Prozent der Bestände, darunter Thunfischarten, Rotbarsch, Scholle oder Nordseekabeljau gelten nach Schätzungen der »Food and Agricultural Organization« (FAO) der Vereinten Nationen trotz internationaler Regelungen und Fangquoten als überfischt oder stehen unmittelbar davor.

Sollte sich an der Situation nichts ändern, werden laut Prognose die meisten Fischbestände bis zum Jahr 2048 kollabiert sein
Die globale Erwärmung verändere 82 Prozent der ökologischen Schlüsselprozesse wie etwa Wanderungsbewegungen und genetische Vielfalt, heißt es in der jüngsten Ausgabe des Wissenschaftsmagazins »Science«.

Verantwortung lernen

Wir steigen wieder biografisch am Anfang ein. Unser 18-jähriges »Elternnest« legt Grundlagen für unsere Werthaltung und die innere Bereitschaft, Verantwortung für sich und andere zu übernehmen. »Mir wurde jegliche Verantwortung immer gleich abgenommen. Meine Mutter und meine Oma haben alles für mich gemacht«, berichtet ein 35-jähriger Architekt, der sich schwertut, seinen Gründerzeit-Möbel An- und Verkauf konsequent in ertragreiche Bahnen zu lenken. Er muss jetzt hart daran arbeiten, eine Tagesstruktur zu etablieren und nicht nach Lust und Laune zu wirtschaften. No Bullshit: früh Verantwortung zu übernehmen, macht stolz und gibt ein Gefühl der Selbstkompetenz. Erinnern Sie sich noch an Szenen, wo Sie als Kind den Erwachsenen unbedingt nacheifern wollten, sich selbst alleine anziehen, den Tisch decken, den Staubsauger über den Teppich ziehen. Wir wollen uns ausprobieren und unsere Wirksamkeit testen. »Fördern und Fordern« ist ein Leitspruch bei der Firma KPMG, einer Wirtschaftsprüfergesellschaft, ebenso wie inzwischen vieler Schulen. Und genau das trifft den Nagel auf den Kopf. Kinder brauchen auf der einen Seite Anregung, Erklärung und Förderung, auf der anderen Seite ist es wichtig, sie ausprobieren zu lassen, zu fordern und nicht alles abzunehmen.
Selbst den Weg zur Schule meistern, beim Kochen und Backen helfen, das Ei aufschlagen lernen, die Zähne gründlich putzen, das Telefon bedienen, mit Geld umgehen lernen und unzählige Dinge mehr, sind kleine Höhepunkte der ei-

genen Verantwortung. Und wenn etwas schiefgeht, ja dann muss jeder lernen, für die Konsequenzen Verantwortung zu tragen. »Als Kinder haben wir immer die Glasscheibe der Pfarrei mit dem Fußball eingeschossen. Wir mussten uns persönlich entschuldigen – ein echter Gang nach Canossa – und den Pfarrhof eine Woche lang kehren.« Ein wirksames Prinzip: sofortige Reaktion, persönliches Schuldeingeständnis und angemessene »Bestrafung«. Leider nimmt gerade die Tendenz überhand, die Verantwortung für Konsequenzen komplett abzulehnen und »Schuldlosigkeit« zu behaupten. Aus kleinen Bagatellen werden so juristische Prozesse und eskalierende Situationen, die für alle dann nicht mehr nachvollziehbar sind. Das ist Bullshit.

Ein 15-jähriger Junge hatte bei der Klassenreise mit drei anderen Kumpels aus einem Geschäft mehrere CDs geklaut. Keine Frage, das geht nicht. Die Begleitlehrer kochten diese Geschichte aber derart hoch, dass sofort die Eltern und der Direktor benachrichtigt wurden. Es folgte der Ausschluss von der Reise und Konferenzen mit allen Beteiligten. Darin wurde die Versetzung des Jungen in eine Parallelklasse beschlossen. Eine vulnerable Phase für diesen Pubertierenden, die er unter »mich mag sowieso keiner« verbuchte und in die Drogenszene abrutschte.

Wenn alltägliche Verantwortung nicht geübt wird, Konsequenzen nicht sofort und angemessen erfolgen, dann kann auch kein Selbstwertgefühl und das Erlebnis »Ich bin kompetent, ich kann etwas, es kann auch mal etwas schiefgehen.« wachsen. Dieses »Persönlichkeitsloch« hat dann später erhebliche Auswirkungen. In den Schulen gibt es mittlerweile einige Lehreinheiten zum Thema »Verantwortung übernehmen« mit Übungen, Gruppenarbeit und Arbeitsblättern, um dieses Loch wieder zu stopfen. Die Shell-Jugendstudie gibt doch Anlass zur Entspannung, zwei Drittel der Jugendlichen finden Verantwortung »in und cool« – also geben wir ihnen diese doch zurück.

Verantwortung für sich selbst

»Wer will, findet Wege, wer nicht will, findet Gründe«

Auch wenn es zuweilen mühselig ist – die Verantwortung für unser Leben, für unser geistiges und körperliches Wohlbefinden, für unsere Emotionsregulierung, für unsere Gedanken, für unsere Kontakte und auch für unseren beruflichen Werdegang tragen wir selbst. Das ist nicht immer fair und gerecht. Und manchmal wächst auch mutigen Männern die Verantwortung schlichtweg über den Kopf. Manche »Startbedingungen« sind mangelhaft bis unterirdisch, aber auch bei optimalen Startvoraussetzungen kann es mit der Übernahme von Verantwortung hapern. Es ist verführerisch, die Gründe nach außen zu delegieren, warum etwas nicht geht oder der innere Schweinehund überlegen ist: »Ich kann nicht, weil ...«; »Ich komme zu spät, weil der Wecker nicht geklingelt hat/der Hund noch rausmusste/das Auto nicht getankt war etc...«; »Ich habe schlechte Laune, weil der blöde Lehrer mir eine Drei gegeben hat«; »Du bist immer schuld«; »Ich wollte ja zum Sport/abnehmen/weniger Alkohol trinken, aber ...«; »Da kann man nichts machen«. Diese »Ausreden« mit »weil« bzw. »ja, aber«, »Du hast/ bist« sind Bullshit, aber schnell zu durchschauen. Komplizierter wird es bei subtilen »Verantwortungsblockern«, wie Angst, ständige Krankheit, Unzuverlässigkeit, Vorläufigkeit, Rachsucht, Depressionen, Sucht und Anhänglichkeit.

Ein 37-jähriger Polizist berichtete, »Ich habe ständig Herzrasen und mir ist permanent übel. Mein Hausarzt hat schon alles untersucht. Das Herz, der Magen und die inneren Organe sind völlig in Ordnung. Seit acht Wochen bin ich krankgeschrieben, schon der Gedanke, wieder Streife fahren zu müssen, macht mir Druck.«

Auf Nachfragen wurde das eigentliche Problem deutlich. Der Kollege des Polizisten war bei einer Rangelei verletzt worden und unser Mann hatte schlichtweg Angst vor dem nächsten Einsatz. Verständlich. Das Herzrasen und der Druck waren wie durch einen Zauber verschwunden, als der Polizist die

Verantwortung für seine Angst übernahm, diese aussprach und für sich bessere Schutzmaßnahmen überlegte.
Es gibt Ausnahmen, wo neben der eigenen Verantwortung Hilfe von außen notwendig wird. Es sind Situationen, in denen wir »Mayday« funken und mit unserem Lebensschiff in eine bedrohliche Schieflage geraten sind und die eigenen Kräfte nicht ausreichen. Hilfe in Notsituationen einzufordern ist auch eine Form der Verantwortung sich selbst oder anderen gegenüber. Wenn die Hütte brennt, braucht es die Feuerwehr und es ist Bullshit, alleine weiterzuwurschteln. Wenn ich bei allem Bemühen nicht mehr weiterweiß, frage ich. Wenn mir irgendetwas den Stecker gezogen hat, brauche ich einen Akku.
Doch SOS-Signale sind wirklich dem Notfall vorbehalten. Werden diese andauernd bzw. nicht situationsangemessen abgegeben und somit das Helfersystem überstrapaziert, generiert man Unverständnis und Wut. Wenn der Schiffbrüchige wie ein nasser Sack rumhängt und nicht zur Rettung beiträgt, ist das ziemlich Bullshit.

Verantwortung in der Gemeinschaft

Leben in sozialen Gemeinschaften setzt voraus, dass jeder für das Gelingen eine Mitverantwortung trägt. Sich immer nur aus dem gut gefüllten Kühlschrank zu bedienen, Nutznießer zu sein ohne jegliche Gegenleistung, immer erst abzuwarten, was die anderen so bringen, ist eine Einbahnstraße und in unserem Sinne Bullshit. Das gilt für kleine Gemeinschaften (z.B. Familie) genauso wie für größere Verbünde (Vereine, politische Parteien etc.), für das Land und am Ende für die Erde. Fangen wir klein an!

Verantwortung zu übernehmen bedeutet, in die Handlung zu gehen und für sich Sinn und damit auch Selbstzufriedenheit im Leben zu generieren. Es sind nicht die anderen, die mir das »falsche Unterhaltungsprogramm« bieten, sondern die Sattheit und Bequemlichkeit gepaart mit der Energie erstickenden Frage »Was bringt mir das?«. No Bullshit: Einsatz fordert zunächst etwas von uns: Zeit, Energie, Verzicht, Organisation eventuell sogar etwas Geld. Der Gewinn sind glückliche Augen, ein herzliches Dankeschön, ein unerwarteter Blumenstrauß, ein erlebtes Gemeinschaftsgefühl und die Füllung der eigenen Seele – ein nachhaltiges Gewinnprogramm. Wer geldwerten Vorteil, Fun-Park-Gefühle und den neuen Kick erwartet, ist hier an der falschen Adresse. Es ist ganz simpel: wenn sich jeder aus der Gemeinschaft nur bedienen würde, würde diese eintrocknen und zugrunde gehen. Wenn jeder nur geben würde, entleert sich der Einzelne. Optimal ist ein Geben und Nehmen, ein ausgeglichener Tauschhandel, der nicht auf Gewinnmaximierung ausgelegt ist. Das Prinzip des fairen Handelns und Handels ist auf alle Gemeinschaften anwendbar. Ein Hersteller einer »Hightech Natural Cosmetic« Team Dr. Josef, Südtirol, beschreibt es in seiner Broschüre mit passenden Worten: »Das Zusammenspiel aus vitalen Systemen verlangt uns nicht nur Respekt, Verantwortung und Ehrlichkeit ab, sondern auch das Versprechen, immer unser Bestes zu geben. Kein Verhältnis ist perfekter als das natürliche Gleichgewicht!« **Mutige Männer** gestalten im Rahmen ihrer Möglichkeiten die Gemeinschaft unter dem Motto: das Beste für sich und die anderen.

Verantwortung im Beruf

Der Lieblingsspruch eines 45-jährigen Freundes (Automechaniker) von mir ist, »Wer Spaß an der Arbeit hat, hat im Leben viele glückliche Stunden«. Das können wir sicher alle unterschreiben. Nun ist es nicht immer so einfach, mit der Freude am Beruf. Nach der Gallup Studie sind etwa 15 Prozent aller Arbeitnehmer wirklich »Feuer und Flamme« in Bezug auf ihren Arbeitsplatz, ca. 70 Prozent sind »gute Mitläufer« und ca. 15 Prozent haben innerlich schon resigniert und gekündigt. Da ist noch Potenzial in Richtung »Spaß an der Arbeit«. Arbeitsplätze sind allerdings so facettenreich und unterschiedlich, dass wir hier nur einzelne Aspekte herausgreifen können. Letztlich kommen wir wieder auf das »Geben und Nehmen-Prinzip« zurück. Es gibt mutige Arbeitgeber, die erstaunlich viel für ihre Mitarbeiter investieren und den Bereich der betrieblichen Gesundheitsförderung ernst nehmen, angefangen von flexiblen Arbeitszeitmodellen, Homeoffice, ausgewogenes Kantinenessen, Zuschüsse für gesundheitserhaltende Maßnahmen weitergehend über bezahlte Fortbildungen, Betriebsfeiern, regelmäßige Mitarbeitergespräche, hausinterne Schulungen etc. Andere Arbeitgeber versuchen Höchstleistungen von den Mitarbeitern zu fordern, sind aber sehr zögerlich, selbst einen Obolus in die Waagschale zu werfen, bezahlen nach Mindestlohn und statten ihre Mitarbeiter materiell nur notdürftig aus. Feste Arbeitsverträge sind bei diesen Firmen eine Rarität, sodass mit der existenziellen Sorge der Arbeitnehmer gespielt wird.

Es gibt höchst engagierte Arbeitnehmer, die loyal und mit Freude ihrer Arbeit nachgehen, nicht um Arbeitsminuten feilschen, mitdenken, neue Ideen einbringen und einen minimalen Krankenstand aufweisen. Eine zweite Gruppe macht ihren Job ordentlich im Sinne der Stellenbeschreibung und zeigt aber kein weitergehendes Interesse, sich über das normale Maß hinaus zu engagieren. Eine dritte Gruppe ist davon überzeugt, Lohn dafür einstreichen zu können, dass sie überhaupt am Arbeitsplatz erscheint. »Ich habe Anspruch auf ...« stellt eine spezielle Arbeitshaltung dar, die nicht besonders von Verantwortung geprägt ist.

Unübertroffen ist die Motivation aus uns selbst heraus, wenn der Beruf uns persönlich bereichert und Spaß macht. Der eigene Ansporn, gut zu sein, sich immer weiter zu verbessern, neugierig zu bleiben, Fragen zu stellen und immer wieder Verantwortung zu übernehmen, ist eine Quelle der kleinen Erfolge, der permanenten Anpassung und des persönlichen Wachstums.

Bei körperlich sehr fordernden Berufen (Bauarbeiter, Schweißer, Metallbauer, Untertagebau, Landwirt) bzw. Berufen mit besonderen Gefahrenquellen (Polizei, medizinische Dienste, Atomkraft, Chemie) oder Schichtarbeit (LKW-Fahrer, Industrie, Baustelle) sind im Sinne der Arbeitnehmer besondere Schutzmaßahmen zu treffen. Auch ist einzukalkulieren, dass solche Tätigkeiten nicht ein ganzes Arbeitsleben lang ausgeführt werden können. Die körperliche und auch seelische Gesundheit werden erheblich beansprucht. Die Verantwortung dafür kann nicht der Arbeitnehmer tragen.

No Bullshit: Auf der Arbeit hocken doch alle im selben Boot, meist 40 Jahre lang. Da sind **mutige Männer** mit mutigen Konzepten gefragt, die gesunde Arbeitsbedingungen schaffen.

Verantwortung als Führungskraft

In zahlreichen Trainings mit verschiedenen Unternehmen werden auf die Frage »Was macht eine gute Führungskraft aus?« folgende Stichworte gegeben: Respekt und Vertrauen, Transparenz, Kommunikation, Authentizität, Ehrlichkeit, starkes Rückgrat, fachliche Kompetenz, Verlässlichkeit, Team-Gedanke, Integrität, Konfliktfähigkeit, Entscheidungen treffen, Raum geben usw. Im Wesentlichen werden persönliche Qualitäten dabei aufgelistet, die für den Erfolg und die Führung eines Unternehmens entscheidend sind. Wir können fachlich noch so gut sein und betriebswirtschaftlich die letzten Kniffe berücksichtigt haben, ohne eine klare Führungshaltung gedeiht das Unternehmen nicht. Der Kapitän eines großen Schiffes hat ein Ziel vor Augen, kommuniziert mit den Mitarbeitern an Bord, fordert Einsatz, handelt vorausschauend, trifft Entscheidungen, trägt auch für absehbare Konsequenzen die Verantwortung und ist sich über den eigenen Wertekanon und seiner ethischen Haltung im Klaren. Der Erfolg heiligt nicht alle Mittel, immer »gut gemeint ohne Erfolg« ist auch keine Alternative. Das Erfolgsgeheimnis im wirtschaftlichen Handeln ist vielleicht die Kombination aus »Sach- und Menschengerechtigkeit«. Im Zuge der wirtschaftlichen Wandlung hin zur Hochtechnisierung, globalen Vernetzung, Robotik, Genveränderung und der Endlichkeit von Ressourcen werden wir Führungsverantwortung noch mal neu denken müssen – der Erde gerecht.

Verantwortung gegenüber der Umwelt

Wir lesen die Fakten, blättern aber weiter. Was kann der Einzelne dagegen schon tun? Die Vermüllung der Weltmeere schreitet rasant voran, unsere fossilen Brennstoffe und Bodenschätze gehen sichtlich zur Neige. Der Treibhauseffekt und die Erderwärmung nehmen konstant zu. Hat der Weltmarkt mit dem Einsatz von genmanipulierten Pflanzen und Saatgut auf den gewünschten Effekt der Ertragssteigerung und Verminderung des Pestizidverbrauchs gehofft, so ist das Gegenteil eingetreten. Und wir sind gerade im Begriff, die Wanderungsbewegung von Tieren und die genetische Vielfalt zu verändern. Das klingt nicht nur gruselig, No Bullshit: das ist es auch. George Orwell 2020 lässt grüßen. Doch wir brauchen unsere Verantwortung nicht in diese Dimensionen zu katapultieren, sondern dürfen und müssen die Umwelt in unserem Alltag mitdenken. Einige unserer Klienten sind auf Elektroautos umgestiegen, kaufen ihre Waren auf dem Wochenmarkt oder in Läden wie »Original Unverpackt, Berlin« (Supermärkte ohne Einwegverpackung). »Kleiderleichen« finden in Secondhandläden weitere Liebhaber und die »Ökobilanz« der Transportwege darf auch zuweilen mitgedacht werden. Für Schnäppchenpreise zahlt ein anderer meist die Zeche und für Lieferungen über Nacht schiebt der Kemal/Achmed/Alessandro Schichtarbeit zum Hungerlohn. Auch

Unternehmen werben mit umweltorientierten Maßnahmen und Zertifikaten, da dies immer mehr nachgefragt wird und zu Pluspunkten führt.
Wir sind alle nah dran, Zeitgeschehen direkt zu verändern und die Umwelt in all ihren Facetten mitzudenken. Wir wollen dabei nicht mit dem erhobenen Zeigefinger daherkommen, sondern zu mehr Bewusstsein aufrütteln und Freude vermitteln, alte Bahnen zu verlassen und neue Umweltwege mit zu etablieren. Vielleicht sind diese ja spannend und ökonomisch wertvoll.

Grenzen der Verantwortung – Verantwortung für Grenzen

Jede Übernahme von Verantwortung hat auch ihre Grenzen. Verantwortung kann in unserer Zeit einen derart komplexen Kontext aufweisen, dass eine klare Zuschreibung und eine eindeutige Personalisierung nicht immer gegeben ist. Es gibt die rechtliche, die moralische, die wissenschaftliche, die ökonomische, die ökologische, die politische, die elterliche, die partnerschaftliche, die generative usw. Verantwortung neben der Eigenverantwortung. Rechtlich sticht moralisch, oder wie war das?
Wir möchten dabei noch mal auf die sechs wichtigen Eingangsfragen zurückkommen. Es macht wirklich Sinn, diese gut für sich zu beantworten und den Kontext mitzudenken, um nicht in ein »Verantwortungschaos« zu geraten.
Ein Kind kann den Tisch mitdecken, ist aber nicht verantwortlich für die Stimmung des Vaters; Eltern sind verantwortlich für ihre Kinder, indem sie diesen klare Grenzen aufzeigen; das Unternehmen steht im Sinne einer Arbeitgeberverantwortung für die Mitarbeiter ein, ist aber kein Familienersatz und keine Sozialstation; wir alle sind verantwortlich für die Einhaltung der Gesetze, der Staat sorgt bei Übertretung für die Konsequenzen; wir sind im Notfall dafür verantwortlich, uns rechtzeitig Hilfe zu holen.

Nun gibt es die Fraktion der Übereifrigen, die für alles und jedes die Verantwortung übernehmen und möglicherweise durch ihre Grenzenlosigkeit selbst einen gesundheitlichen Preis zahlen (Burnout, Herzbeschwerden) oder an Respekt bei anderen einbüßen. Im anderen Extrem finden wir die Verantwortungslosen, die durch ihr NEIN, ihren Egoismus und ihre Grenzenlosigkeit mächtig sind und grundsätzlich das verantwortliche Handeln für sich abgeschafft haben. Verantwortung und Grenzen sind nahe Verwandte, die miteinander immer wieder in einen Dialog zu setzen sind.

4.1.2. Mutiger Mann sein – verantwortlich handeln

Geben und Nehmen zugleich

Es ist sehr mutig, das permanente Ringen um Verantwortlichkeit auf der einen Seite und die Grenzen der eigenen Verantwortung auf der anderen Seite aufzunehmen. Zu geben und zeitgleich zu fordern – nicht zu viel und nicht zu wenig, immer wieder Abwägungsentscheidungen zu treffen, bleibt eine große Herausforderung. Die Übernahme von Verantwortung hängt von vielen Kontextfaktoren, aber auch von individuellen Faktoren ab. Es gibt dafür einfach keinen Masterplan. Es braucht **mutige Männer**, die eine innere Idee entwickeln, was in einzelnen Situationen notwendig und sinnvoll ist und möglichst wenig Schaden anrichtet. Verantwortung ist nicht immer eine große Sache, sondern steckt in vielen kleinen Handlungen: das Kind beruhigen, das Auto tanken, dem Nachbarn ein Dankeschön sagen, die Eltern anrufen, den Müll wegbringen etc. Mutig ist es, für sich eine innere Haltung zu entwickeln, die in der Übernahme von Verantwortung im Außen sichtbar wird und die sich auch manchmal dem Mainstream widersetzt. »Es geht mich nichts an.«, »Es berührt mich nicht.« sind Aussagen, die das Schild »Verantwortung« in weite Ferne rücken nach dem Motto: »Die dahinten, die geht es was an.« No Bullshit: Verantwortung beginnt damit, sich ernsthaft an die eigene Nase zu fassen.

4.2. Verbissen und vermessen – mein Job

Besser Karriere machen, produktiver arbeiten, weniger schlafen und trotzdem fit sein, mehr Achtsamkeit an den Tag legen und auf alle Fälle gelassen bleiben – so heißen die Ziele eines besseren Ichs. Der »Selbstoptimierungsfimmel« hat sich wie ein Virus verbreitet und sorgt für eine verbissene Konzentration auf das eigene Ich.
Wenn Mann nur die richtigen optimierten beruflichen Schritte macht, dann ist Erfolg eine Garantie. Man mixe gute Noten mit den richtigen Ausbildungsstellen oder Universitäten, Praktika bei namhaften Firmen und ein nützliches Netzwerk bei Linkedin und Xing, eine Prise bewusster Kommunikation und fertig ist der hochbezahlte Spitzenmitarbeiter. Das klingt nach Bullshit. Nichts bleibt mehr dem Zufall überlassen, sodass wir das Maximale in unserer Lebenszeit auf allen Ebenen herausholen können.
Bullshit: auf Schritt und Tritt dem Effizienzgedanken nachzujagen, sich ständig zu kontrollieren und reflektieren, alle Kommunikationsregeln in der Giraffen- und Wolfssprache zu beherrschen, das nonverbale Auftreten in ein rechtes Licht zu rücken. Klingt verbissen und freudlos. Warum machen wir Männer das?

Szene

Ein junges Juristenehepaar, welches genau von diesem »Selbstoptimierungsvirus« angesteckt war und bis zum 35. Lebensjahr alles »richtig gemacht« hatte, fiel nach einer »Minibruchlandung« mit einem Klienten in ein tiefes Loch. Das

Selbstbewusstsein war so angeschlagen, dass sich das Gefühl der Angst und des Verlustes der eigenen Identität nicht mehr in den Griff bekommen ließ. Freunde gab es nur in Bezug auf die »berufliche Nutzung« und als Hobbys wurden vegane Kochkurse und Yoga angegeben, da diese der körperlichen Gesundheit dienten. Jegliche Lebensplanung war unter die Prämisse eines »Nutzwertes« gestellt worden. Der Mann beschrieb, dass er beim Arbeiten ein Programm öffnet, welches er das »Produktivitäts-Log« nennt. Jede halbe Stunde notiert er, was er gemacht hat, und bewertet die eigene Effizienz. Grafiken zeigen ihm, wie viel er in der letzten Woche geschafft hat. Wie viel im letzten Monat. Wie viel im ganzen Jahr. »Das Programm bringt mich dazu, konzentrierter zu arbeiten, wenn ich sehe, dass ich meine Ziele erreiche, macht mich das glücklich. Früher hatte ich immer ein gewisses Schuldgefühl, weil ich dachte, ich arbeite nicht genug oder ich verschwende meine Zeit. Und jetzt, da es messbar ist, kann ich mich endlich kontrollieren.«

Selbstoptimierung und »Quantified Self«

In der Literatur wird das Thema der Selbstoptimierung kontrovers diskutiert. Einige sehen darin die Möglichkeit der »völligen Kontrolle« und damit die Selbstaufgabe. Andere glauben, dass die permanente Selbstüberwachung und Selbstverbesserung eine letzte Bastion der persönlichen Autonomie ist. Die Hoheit über den eigenen Körper und das eigene Tun sei in einer unüberschaubaren Welt mit ihren unkontrollierten Dynamiken ein Lösungsversuch. Wieder andere bejubeln die Chancen und Herausforderungen der Disziplinierung und beschwören ungeahnte Fähigkeiten, die der Mensch entwickeln könnte, stünde ihm nicht die eigene Willenlosigkeit und Trägheit im Wege.

Mehr über sich selbst zu erfahren, über Reaktionen, Befindlichkeiten und Verhaltensmuster – das treibt viele Menschen an, die sich dem »Quantified Self« (quantifiziertes Selbst) verschrieben haben. Jeder Mensch produziert täglich Unmengen an messbaren Informationen: Wie hoch sind Pulsschlag, Blutdruck und Blutzuckerwerte? Wie viel habe ich geschlafen? Wie viele Kilometer bin ich gejoggt? Was habe ich gegessen? Wie viele Zigaretten habe ich geraucht? Wie war meine Laune? Die »Self-Tracker« erheben ihre Werte in regelmäßigen Abständen, sammeln sie, werten sie aus und teilen die Ergebnisse in sozialen Netzwerken. Dabei helfen intelligente Mobiltelefone (Smartphones), eine Vielzahl von Apps und kleine technische Apparate (Gadgets). Mit ihren immensen Datenspeichern können die Hilfsmittel das ganze Leben erfassen. Das Motto der Selbstvermesser lautet »self knowledge through numbers«, also Selbsterkenntnis durch Zahlen. Der amerikanische Journalist Gary Wolf hat die Bewegung »The Quantified Self« (Das gemessene Selbst) zusammen mit seinem Kollegen Kevin Kelly im Jahr 2007 ins Leben gerufen. Seitdem findet sie weltweit immer mehr Anhänger. Meist sind es junge, gesunde, technik-affine Männer, die sich für die Messungen begeistern.

4.2.1. Zahlen, Daten, Fakten – Selbstvermessung und Optimierung

Viele belastbare statistische Zahlen gibt es rund um das Thema der Selbstoptimierung und der Selbstvermessung noch nicht. Dafür ist diese Strömung noch zu jung.

- Für die Selbstvermessung begeistern sich junge, gesunde, technik-affine Männer
- Zu den Top Fünf der beliebtesten Self-Tracking Services in der Schweiz im Jahr 2016 gehörten Fitness-App Runtastic mit elf Prozent, gefolgt von zehn Prozent Apple Health, sieben Prozent Fitbit usw.
- Umfragen aus dem Jahr 2015 in Deutschland, ob Menschen zur Steigerung der geistigen Fähigkeiten sich

Implantate in den Körper einpflanzen lassen würden, beantworteten rund 48 Prozent der Befragten im Alter zwischen 40 und 49 mit »es sich gut bzw. sehr gut vorstellen zu können«

4.2.2. Mutiger Mann sein – loslassen statt verbeißen

Dem Vermessungskult des eigenen Ich und der endlosen Suche nach Optimum- Rezepten kann mit mutigem Loslassen entgegengetreten werden. Je stärker wir uns mental auf eine Sache fokussieren, umso schlechter werden die Ergebnisse. Das klingt paradox. Doch erinnern Sie sich an Momente, wo Sie krampfhaft nach einer Lösung gesucht haben, und Ihnen ist nichts eingefallen? Scheinbar nebenbei kam dann der erhellende Moment, beim Joggen, beim Kochen, beim »Vor-sich-Hindösen« oder banal beim Müllrunterbringen. Durch eine permanente Selbstachtsamkeit verkrampfen wir und verlieren den Zugang zu unserer Intuition, die wesentlich mehr Faktoren »verrechnet«, als uns überhaupt jemals bewusst werden kann. Der Fokus auf das Ich, auf Effizienz und Kontrolle verhindert, dass wir in den Flow kommen und Glücksmomente empfinden.

Bedeutsames finden

Mal »Fünfe gerade sein lassen«, nur den Moment erleben, es zulassen, dass viele Entdeckungen und Glücksfälle einfach so unseren Weg kreuzen, ohne dass wir danach aktiv suchen, das verbirgt sich hinter dem Fachwort Serendipität. Wir finden Bedeutsames, auf das wir nicht wirklich aus waren. Viele Forscher sind losgezogen mit einer Idee im Kopf und kamen mit ganz anderen Ergebnissen heim. Manch einer hat krampfhaft den Partner fürs Leben gesucht, der dann zufällig an der Tankstelle hinter uns stand. Wer lockerlässt, ist für die Gunst des Augenblicks offener.

Topleistung und innovative Ideen setzen keinen Zustand der Perfektion und der Selbstoptimierung voraus, sondern die innere Offenheit, das Neue zu erspüren. Wer permanent mit Mails, Fotos als Abbildung der Wirklichkeit, Anrufen, sozialen Netzwerken, dem Puls und dem Schrittzähler beschäftigt ist, der verpasst die Begegnung mit dem Menschen neben ihm, den neuen Moment um ihn.
No Bullshit: Immer »up to date« zu sein, ist eine ständige Stressbelastung, die zu einem Tunnelblick führt und leider nicht in die Weitung geht.

Lust statt Kontrollverlust
Wir können weder das berufliche noch das private Leben wirklich kontrollieren. Es gibt dazu ein gutes Beispiel aus der Medizin. Wenn das Herz völlig regelmäßig schlagen würde, wären wir sehr schwer herzkrank. Der Puls weist eine sogenannte Herzfrequenzvariabilität auf, die permanent Abweichungen von dem Masterplan aufweist. Es geht dem Herzen auch nicht so sehr um Kontrolle, sondern um Anpassung. **Mutige Männer** haben Lust, sich Neuem gegenüber offen zu zeigen und einen guten Spürsinn zu entwickeln. Mutig ist es, das Schiff zu besteigen und Amerika entdecken zu wollen, ohne zu wissen, wo es eigentlich liegt. Kontrolle ergibt sich aus der Angst heraus, sich Neuem eben nicht anpassen zu können, sondern eine »Pseudosicherheit« durch die Vorhersage des Neuen zu generieren. Das Herz ist da schlauer. Wenn Sie den Berg hinaufkraxeln, passt es sich an und schlägt einfach schneller, und zwar nicht starr, sondern ständig bedarfsangepasst. Wenn Sie schlafen, wird es langsamer. Wenn Sie sich verlieben, schlägt es schneller und vielleicht sogar unregelmäßiger. Es wäre echter Bullshit, sich nicht mehr zu verlieben, weil die Pulsuhr das nicht zulässt.

4.3. Verhindert – keine Zeit für was? Oder für wen?

Der Satz Nummer eins heutzutage dürfte sein: »Ich habe keine Zeit«, gefolgt von »Mal eben schnell gehe ich einkaufen/mache ich das Projekt fertig/gehe ich zum Sport etc.« Wir haben für nichts mehr Zeit, obwohl die Technik uns ja überall Zeit schenkt. Wir bekommen ständig mehr, und es kommt weniger dabei raus – das ist zugegebenermaßen schwer verständlich und ein mathematisches Rätsel. In meinem Mathematikunterricht war Plus immer ein Zuwachs. Na gut, Zeiten ändern sich und die Zeit wohl auch. Sie wird gefühlt weniger. Warum ist das so?

Always on

Wir haben genauso viel Zeit wie vor 100.000 Jahren, 24 Stunden am Tag. Unsere Lebenszeit ist sogar angestiegen auf 80 Jahre, sodass wir 700.800 Zeitstunden auf unserem Lebenskonto haben. Das Zeitempfinden unterscheidet sich aber sehr deutlich in verschiedenen Kulturen. Während westlich orientierte Länder die Prämisse verfolgen »Zeit ist Geld«, »Zeit ist Effizienz«, die »Zeit wird gestohlen« oder wir müssen »Zeit totschlagen«, orientiert sich das Zeitempfinden anderer Länder an dem Stand der Sonne oder »an der Zeit, wo die Kühe zum Fluss gehen«. Auf Wanderungen in Nepal bekam ich auf meine Frage »Wie weit ist es denn noch bis zum nächsten Bergdorf?« die gleichbleibende Antwort »ten minutes«. Diese zehn Minuten konnten eine halbe Stunde, aber auch vier Stunden bedeuten, wie ich feststellen musste. Irgendwann ließ ich das Fragen nach der Zeit und vertraute mich dem Weg an. Auch die Busfahrpläne in Nepal entsprangen eher einer Idee als der Wirklichkeit, und zurück in Deutschland musste ich unseren kollektiven Ärger über sieben Minuten Bahnverspätung auf 650 Kilometer mit einem Lächeln quittieren.
Die andere Zeitwahrnehmung in asiatischen Ländern geht auf den Einfluss der buddhistischen und hinduistischen Re-

ligionen zurück. Zentraler Aspekt in beiden ist der Gedanke der Wiedergeburt. Wer glaubt, viele Leben zu haben, nimmt das Hier und Jetzt als Teil eines tendenziell endlosen Projekts wahr. Gleichzeitig lehrt die buddhistische Religion die Wertschätzung des gegenwärtigen Augenblicks, der Sein-Zeit, in der allein wir unsere Existenz erfahren können.

Wir stopfen unsere Zeitstunde voll, sodass wir statt eines Briefs jetzt 20 Mails und 30 Social Network-Nachrichten beantworten können, aber auch 20 Vorgänge auf dem »Schirm« haben. Fastfood, Coffee to go, Fast Track, Schnellimbiss, 24/7, Mails mit Dringlichkeitsbutton sind Zeichen dafür, immer mehr in die 60 Minuten zu packen. Das sind 60 Bullshit-Minuten. Die Differenz zwischen unserem »Fast-Packmaß« und den übrig gebliebenen »Noch-Möglichkeiten« wird immer größer. Wir sind zu »Zeitpackprofis« geworden, die wie bei Momo von Michael Ende zu grauen hetzenden Wesen transformieren und vor sich hin murmeln: »Ich habe keine Zeit.«
Egal, was wir auch anstellen, unsere Zeit im Sinne von Chronos wird nicht mehr. Wir können noch mehr hineinpacken und vielleicht eine Stunde weniger schlafen, auf alle »Beschaffungswege« verzichten, Astronautenkost essen, die Gespräche streichen und unsere Kinder den Nannys überlassen. Physiologisch steigen unsere Körper und die Seelen ja jetzt schon aus. No Bullshit: Stresskrankheiten wie Überernährung, Diabetes, Herzkrankheiten, Depressionen und Ängste sind deutliche Hinweise, dass der Mensch an der Grenze der Zeitverdichtung angelangt ist.
Wir kehren zum mathematischen Paradox zurück. Wir bekommen mehr, wenn wir weniger machen. Unser Zeitkapital von 700.800 Stunden können wir nur einmal vergeben. Es gibt dafür keine Zinsen, wir können nichts einsparen und wir können uns davon auch nichts kaufen. Mehr als ein Drittel unserer Zeit schlafen wir, so bleiben ca. 450.000

Zeitstunden zum freien Verteilen. Und jetzt kommen wir zur entscheidenden Frage. Wofür und mit wem wollen wir unsere kostbare Zeit verbringen? Um diese Frage weise zu beantworten, lohnt es sich wirklich »Zeit zu investieren«. No Bullshit!

4.3.1. Zahlen, Daten, Fakten – Zeit nimmt Mann sich

Wenn hier nicht Veränderungspotenzial drinsteckt?

- Ca. 48 Prozent der deutschen Arbeitnehmer klagen darüber, dass der Stress am Arbeitsplatz in den letzten zwei Jahren sehr zugenommen hat
- Im Moment großer Beschleunigung, großer Gefahr oder bei Unfällen steht die Zeit still (wie in Zeitlupe)
- Ca. drei Sekunden dauert ein Gegenwartsmoment
- Schnelle intensive Momente wirken in der Erinnerung wie ein lang anhaltender Zeitabschnitt
- Lange Wartezeiten, Dauer und Gleichmäßigkeit schrumpfen in der Erinnerung – »duration neglect« wird dieses Phänomen genannt nach dem Nobelpreisträger Daniel Kahnman (»Wir waren zehn Jahre glücklich!«)
- Momente der Bedeutung werden in der Erinnerung größer gemacht – »Heiligenschein-Effekt« wird das Phänomen nach dem Ökonomen Phil Rosenzweig benannt (Rosenzweig 2007)
- Auch Fehlschläge können negativ übertrieben werden oder kleine Krisen in der Kindheit später als Traumata erinnert werden, weil wir aus der Überwindung einstiger Schreckensmomente unser Selbstbewusstsein ziehen
- »Unsere Erinnerungen verändern sich ständig, damit wir heute glücklicher leben können« (Gedächtnisforscherin Elisabeth Loftus in: Kucklick 2012)

- Rund 25 Jahre seines Lebens schläft der Deutsche
- Zwölf Jahre sieht er fern, bei Jugendlichen: Internet, Social Media, Musik hören
- Zwölf Jahre wird geredet
- Acht Jahre wird gearbeitet
- Fünf Jahre wird sich dem Thema Essen gewidmet
- 2,5 Jahre verbringt der Bundesbürger im Auto
- Zwei Jahre gehören der Schul- und Weiterbildung
- Ein Jahr und sieben Monate wird Sport getrieben
- Ein Jahr und vier Monate wird die eigene Wohnung gereinigt
- Ein Jahr besuchen die Deutschen Kino, Theater oder Konzerte
- Neun Monate wird gewaschen und gebügelt
- Neun Monate wird mit den eigenen Kindern gespielt
- Zwei Wochen wird gebetet

4.3.2. Mutiger Mann sein – ja, ich habe Zeit

Es ist mutig, den Terminkalender nicht vollzustopfen und mit voller Inbrunst zu sagen »Ja, ich habe Zeit.« Zeit zu haben wird fast schon mit »da ist etwas faul«, »hat der denn nichts zu tun« assoziiert. **Mutiger Mann** sein heißt, sich für besondere Momente, für Übergangszeiten und für Mußezeiten Freiraum gezielt einzuplanen. Das ist definitiv kein Bullshit!

Besondere Momente – Kairos

Eine andere Zeitidee, die die Griechen mit dem besonderen Moment, mit der Gelegenheit, die es zu ergreifen gilt, mit der lebensverändernden Wende verknüpft haben, verbirgt sich hinter dem Begriff Kairos. Wir alle haben solche Momente sicher auch schon erlebt, die Liebe auf den ersten Blick, das besondere Job-Angebot, die ungewöhnliche Fügung etc. Unklar bleibt, muss ich für diesen Moment etwas tun, ist er schicksalshaft eingeplant, fällt er mir einfach zu oder erfordert er Anstrengung? Kairos ist der rechte Zeitpunkt, den es zu ergreifen gilt und der nicht an einem vorbeistreichen sollte. Manchmal ist dieser Moment auch ganz klein, wenig spektakulär. Es ist das sich bewegende Ährenfeld, wenn der Wind dadurchstreicht, es ist ein Geruch, der Erinnerungen hervorruft, es ist der Sonnenstrahl, der wärmt, das Lachen oder die unerwartete Begegnung mit einem Menschen. Diese besonderen Momente bleiben in unserer Erinnerung verankert, wogegen Dauerhaftes und sich immer Wiederholendes verblasst. Statt Verlauf zählen Höhe- und Endpunkte. Schon in der Schule sollten wir das schönste Ferienerlebnis beschreiben, nicht die ganze Woche der Ferien.

Wenn die Zeit reif ist

Es gibt Zeitpunkte, in denen Abschied und Neubeginn zugleich liegt, eine Zeit der Veränderung. In keinem Gedicht ist dies so schön ausgedrückt wie von Herrmann Hesse in »Stufen«.

»Es muß das Herz bei jedem Lebensrufe
Bereit zum Abschied sein und Neubeginne,
Um sich in Tapferkeit und ohne Trauern
In andre, neue Bindungen zu geben.
Und jedem Anfang wohnt ein Zauber inne,
Der uns beschützt und der uns hilft, zu leben …«

Das Leben lässt uns verschiedene Lebensstufen durchschreiten, z.B. vom Kind zum Jugendlichen, vom Jugendlichen zum Mann und Vater, vom Auszubildenden zum Arbeitnehmer, vom jungen Helden zum Lebensweisen, vom Vater zum Großvater usw. Die neuen Lebensrollen setzen Abschied vom Alten und das Wagnis des Neuen voraus. Es ist sehr mutig und benötigt Tapferkeit, diesen Prozess immer wieder zu durchlaufen und sich den Ängsten zu stellen, die ein unbekanntes Gelände mit sich bringt. No Bullshit: die »Selbsterneuerung« ist notwendig, um sich im Laufe des eigenen Lebens »zu vollenden« und nicht stecken zu bleiben. Wir können die Zeit nicht anhalten und uns den Lebensstufen verweigern.

Ein 35-Jähriger, der immer noch Student ist, sich mit Gelegenheitsjobs durchschlägt und variable Freundinnen präsentiert, wirkt irgendwie deplatziert. Das »Hotel Mamma« auf 30 Jahre zu buchen ist auch kein überzeugender Plan. Immer vor den eigenen Problemen davonlaufen, führt zu einem »kostenspieligen« Zahltag. Es ist mutig, Altes ziehen zu lassen, sich zu verabschieden und Türen zu schließen. Und noch mutiger ist es, diese Türen nicht voller Wut zuzuschlagen, sondern diese sanft ins Schloss gleiten zu lassen. Andernfalls schleppt man alte Themen immer weiter mit. Es erfordert Überwindung, Neugierde und Geduld, sich das unbekannte Neuland zu eigen zu machen und sich dort wieder heimisch zu fühlen. No Bullshit: wirklich mutig ist, wer sich Neuem mit ganzer Kraft stellt.

Muße

Ein weiteres »Zeitmaß« ist der Zeitspielraum, den man sich nimmt, um sich auf sich selbst zu besinnen oder einer inneren Leidenschaft, einem Hobby nachzugehen oder auch einfach mal einem Gedanken nachzuhängen. Der Wortstamm »muoza« (althochdeutsch) hatte die Bedeutung von »freie Zeit, Bequemlichkeit, Spielraum«. Muße ist ein absichtsloses Tun, eine gewisse Gestimmtheit, die Offenheit voraussetzt und das gegenwärtige Erleben möglich macht.

Ein anderer Begriff, der sehr ähnlich klingt, aber eine ganz andere Bedeutung hat, ist die Muse. Das Wort stammt aus dem Griechischen und bezeichnet neun Schutzgöttinnen der Künste. Die Zuständigkeitsbereiche dieser Göttinnen sind die Geschichtsschreibung, die Tragödie, der Tanz, die

Komödie, das Flötenspiel, die Liebesdichtung, die Astronomie, der Gesang und die Rhetorik. Daher wird heute der Begriff immer noch für Personen verwendet, die andere Menschen zu kreativen Leistungen anspornen oder inspirieren – »mich hat die Muse geküßt«.

4.4. Vermögend: wenn ich mir das erst einmal leisten kann – und andere Lügen

Ein 38-jähriger Mann verwickelte sich immer mehr in eine (Unglücks-)Spirale, aus einer Stiftung Gelder zu entnehmen. Zunächst bemerkte keiner etwas von den Unterschlagungen und die Scham wurde immer weniger. Seine Ehefrau hinterfragte nicht, woher das Geld kam, das er nach Hause brachte. Ein Teil des Geldes wurde bei dem Paar benötigt, um insgesamt sieben künstliche Befruchtungen zu bezahlen. Bei der siebten dann klappte es mit dem lange ersehnten Kind. Weitere Gelder flossen in die Finanzierung eines höheren Lebensstandards.
Der biografische Film dieses Mannes zeigt ein Elternhaus mit einem überaus erfolgreichen Vater und einer angepassten Mutter. Auf den Sohn wurde insgeheim der Wunsch des »Stammhalters« und erfolgreichen Geschäftsmannes übertragen, dem der 38-jährige Mann auch versuchte gerecht zu werden, ohne diesen »Familienauftrag« wirklich zu realisieren. Er übernahm die Geschäftsleitung einer Firma und überging Anzeichen der ökonomischen Krise. Das Ende war leider bitterböse mit finanziellem Konkurs, Trennung des Paares und Unverständnis der Eltern.
Was hat den Mann so handeln lassen? Er ist dem Auftrag der Eltern gefolgt: »Sei erfolgreich und schenke uns Enkelkinder«, ohne diesen für sich zu hinterfragen und mit der Realität abzugleichen. Im Tunnelblick schraubte er sich dann immer tiefer in die Abgründe, anstatt sich nach den eigenen Bedürfnissen und wirklichen Wünschen in seinem Leben zu fragen.

Das Streben nach Reichtum

Der Streben nach Reichtum, nach Vermögen ist ein Urwunsch des Menschen. Viele Märchen haben das Bild des edlen Prinzen, der eine schöne Frau nach Bestehen einiger Prüfungen auf sein glitzerndes Schloss führt. Bei »Sterntaler« regnet es für das arme Mädchen Goldstücke, die es mit ihrem Kleid auffängt. Wenn man sich diese Märchen allerdings näher anschaut, so ist der »Reichtum« symbolisch gemeint und durch Herzenswärme, Klugheit, Besonnenheit und Geduld zu erreichen. Dort, wo das Streben nach immer mehr grenzenlos wird, wie z.B. im Grimms Märchen »Der Fischer und seine Frau«, bricht dieses Gefüge irgendwann zusammen.

No Bullshit: Das Gehirn ist unser größter »Dealer«, der bei Erfolg Glückshormone ausschüttet, von denen wir dann immer mehr brauchen, sodass ein folgendes Paradoxon entsteht: »Du definierst reich immer so, dass du arm bist.« »Eines Tages bist du der größte Fisch im Teich, so lange bis du in einen größeren Teich springst, wo noch größere Fische schwimmen. Irgendwann bist du dort der größte Fisch, bis du in den nächstgrößeren Teich mit noch größeren Fischen gelangst und so weiter und so weiter. Du wirst dich nie reich fühlen, wenn du dich immer mit anderen vergleichst, die mehr Geld haben« (Lorenzen J. 2014). Der US-Komiker Danny Kaye witzelte auf der Bühne »Geld allein macht nicht glücklich. Es gehören auch noch Aktien, Gold und Grundstücke dazu.«

Stabilität durch permanentes Wachstum?

Sicher gehören ökonomische Ressourcen genauso wie Freiheit zu den Grundgütern des Menschen. Mit Geld bestreiten wir unser normales Leben, aber Geld kann uns die Welt auch näherbringen. Mit Geld können wir uns alles kaufen, die Länder und Meere bereisen und uns sogar den Himmel zu eigen machen. Das Gleiche sagen wir über Bildung und Beziehungen: »Abitur und Fremdsprachen sind immer gut«, sagen Eltern ihren Kindern und »soziale Bindungen sind ein wichtiges Netzwerk«. Gesund, fit und attraktiv zu sein, ist ein notwendiges »Körperkapital« und eine Ressource für ein gelingendes Leben. Die moderne Gesellschaft hat sich auf die Vermehrung der verschiedenen »Kapitale – ökonomisches Kapital, Bildungskapital, Soziales Kapital, Körperkapital« und Ressourcen umgestellt. Momentan stabilisiert sich unsere Gesellschaft dadurch, dass sie immer wächst. Nun stellt sich aber die Frage, ob das wirklich die richtige Strategie ist (vgl. auch Rosa H. 2016). Wird unser Leben dadurch besser, dass wir die Ressourcenausstattung permanent optimieren und später im Schloss wohnen?

Zukunftsträumer

Wir sind Zukunftsträumer geworden: »Wenn die Kinder mal groß sind, wenn das Haus endlich fertig renoviert ist, wenn ich mir die zwölf Meter Jacht gekauft habe, wenn ich die Weltreise gemacht habe, wenn ich abgenommen habe, wenn die Wohnung geputzt ist, wenn ich die nächste Gehaltsstufe erreicht habe«. Wir verschieben das gute Leben auf einen unbestimmten Zeitpunkt in die Zukunft und sind derweil beschäftigt, die »To-do-Listen« abzuarbeiten. Das ist echter Bullshit! Der Traum vom »Mehr« ist in unser Gehirn eingebrannt und bedient das körpereigene Belohnungssystem. Ein kluger Lehrer von mir sagte immer: »Man ist reich, wenn es reicht.«

4.4.1. Zahlen, Daten, Fakten – Man ist reich, wenn es reicht

Die bestehenden Zahlen über die Verteilung von Vermögen zeigen erhebliche Ungleichheiten und Ungerechtigkeiten auf. Deutsche geben als wichtiges Lebensziel finanzielle Sicherheit an.

- Jeder Deutsche verfügt durchschnittlich über ein Nettovermögen von 83.000 €. (Deutsches Institut für Wirtschaftsforschung 2014) In Deutschland besitzen zehn Prozent der Bevölkerung rund 52 Prozent des gesamten Nettovermögens
- Die Ungleichheit in Deutschland wächst
- Durch die Globalisierung sind Einkommen aus Vermögen viel stärker gestiegen als Einkommen aus Erwerbstätigkeit. Dadurch konnte leichter Vermögen aus bestehendem Vermögen gebildet werden
- Die Reallöhne seien lange kaum gestiegen, erst in den vergangenen Jahren habe es einen spürbaren Zuwachs gegeben. Bestehende Vermögen seien dagegen weiter angewachsen, weil es seit Jahrzehnten keine äußeren Schocks wie Kriege oder Revolutionen in Deutschland gegeben habe, durch die Vermögen grundlegend neu verteilt würden. »Zwei, drei Generationen haben beständig Vermögen aufgebaut und vererbt«, »Das hat die Ungleichverteilung noch einmal steigen lassen, sagt Vöpel (in: Zacharakis 2016)
- Zuletzt hatte eine Studie der Hilfsorganisation Oxfam für Aufsehen gesorgt, wonach die 62 reichsten Menschen der Welt so viel besitzen wie die ärmere Hälfte der Weltbevölkerung (rund 3,5 Milliarden Menschen). Die 62 reichsten Personen besitzen zusammen 1,76 Billionen Dollar
- Viele Superreiche haben ihr Geld mit Technologie gemacht (Bill Gates, Mark Zuckerberg), in der Finanzbranche (Warren Buffet, George Soros), mit Konsumgütern oder Billigmode (Amancio Ortega von Zara, Stefan Persson von H&M). Vermutlich arbeiten viele von ihnen hart. Vor allem aber hatten sie einfach Glück, in einer lukrativen Branche unterwegs zu sein. Viele Arbeiter aber schuften bis zur Erschöpfung und erhalten dennoch einen Hungerlohn

- Menschen mit höherem Einkommen seien zwar im Durchschnitt glücklicher als Menschen mit niedrigerem Einkommen, sagt der Schweizer Wirtschaftswissenschaftler Frey (vgl. Siniawski 2013). Der Grenznutzen eines höheren Verdienstes sinkt allerdings, sobald Leute in obere Einkommensklassen vorstoßen. Wer wenig hat und dann anfängt, mehr Geld zu verdienen, dessen Lebensglück steigt deutlich. Wer viel hat und noch ein bisschen mehr bekommt, wird nicht viel glücklicher. Deswegen wäre es viel sinnvoller, auf immaterielle Güter hinzuarbeiten
- Für die Studie zum nationalen Wohstandsindex wurden von 2012 bis 2017 rund 40.000 Menschen in Deutschland danach gefragt, welche Zukunftsängste sie haben und was sie persönlich mit Wohlstand verbinden: Die meisten gaben dabei ein Leben frei von finanziellen Sorgen an. Für 70 Prozent der Befragten ist ein sicheres Einkommen wichtig, für zwei von drei Bürgern ein gesicherter Arbeitsplatz. Im Vergleich zu 2012 sind Reisen und Eigentumsbesitz deutlich wichtiger geworden. 71 Prozent der Befragten verbinden Wohlstand mit dem Besitz von Eigentum. Dieser Wert stieg innerhalb von fünf Jahren um 14 Prozentpunkte. In ähnlichem Maße wurde das Kriterium wichtiger, alle Reisewünsche erfüllen zu können. Auch eine gute medizinische Versorgung spielt in der Wohlstandsdefinition mit plus acht Prozentpunkten eine größere Rolle als noch 2012. Das Recht auf freie Meinungsäußerung ist dagegen nur für ein Drittel wichtig. (Der Zukunftsforscher Horst Opaschowski veröffentlichte gemeinsam mit dem Sozialforschungsinstitut Ipsos den Nationalen Wohlstandsindex) (vgl. Ipsos 2016)

4.4.2. Mutiger Mann sein – Den Mehrwert finden

Existenzielle Sicherung

Die aufgeführten Zahlen machen doch nachdenklich und bereiten vielleicht auch auf einen Wandel in unseren Gesellschaftszielen vor. Deutlich wird, dass in Deutschland ein starkes Bedürfnis nach finanzieller Sicherheit besteht und die Bedeutsamkeit nach immer größerem finanziellen Polster durch existenzielle Ängste gestützt wird. »Kann ich meine Familie morgen noch ernähren?«; »Die Ausbildung der Kinder wird immer teurer – ich habe keine Ahnung mehr, wie ich das bezahlen soll?«; »Reicht die Finanzierung für meine Rente?«; »Durch die Unterhaltszahlungen lebe ich fast an der Armutsgrenze«.

No Bullshit: Es sind berechtigte finanzielle Ängste, die besonders die Männer umtreiben, da die Versorgungsverantwortung meist in deren Händen liegt. Nicht nur ein »ruhiges Gewissen ist ein sanftes Ruhekissen«, sondern auch eine abgesicherte Existenz.

Die Existenz ist auch damit verbunden, zur Gesellschaft dazuzugehören und damit auch eine gewisse Anerkennung zu haben. Arbeitslosigkeit macht seelisch und körperlich krank, wie viele Statistiken aufzeigen. Für Männer spielen berufliche »Gratifikationskrisen« wie Jobverlust, Konkurs des Unternehmens, Ablehnung von 50 Bewerbungen, Degradierung etc. eine erhebliche Rolle für das gesundheitliche Befinden. Viele Männer mit Herzerkrankungen haben solche Themen in ihrem Lebenslauf zu berichten. No Bullshit: Es bedeutet einen lebenslangen Mut, die existenzielle Sicherung zu verankern und zeitgleich mit sich selbst in Kontakt zu bleiben.

Das Dagobert-Syndrom

Erinnern Sie sich an die alten Mickey-Mouse-Hefte? Donald war der ewige Verlierer und Onkel Dagobert genoss das Bad in seinem Geld. Rolex, Haus, Porsche, Jacht sind die Steigerungsformen des gemachten Mannes. Angefixt durch den Goldrausch, wird dem Mammon alles untergeordnet. Schon die Berufswahl ist eine Weichenstellung hin zu viel oder wenig Geld. Die Finanzbranche, der Konsum und die digitale Technik sind Zauberstäbe der Geldvermehrung, wogegen sozialer Einsatz, Künstlerdasein, Lehre und Dienstleistung wenig geldwerten Vorteil bringt. Verhandlungstechnik, Auftreten und Forderungen optimieren die »Win-Situation«. Am besten ist jedoch, wenn man bereits mit (vererbten) Vermögen in das Geldkarussell einsteigt und nur noch auf das richtige Pferd setzen muss. Berauscht von immer mehr Nullen hinter dem Komma, erreicht der »Winner« die Schicht der reichen Leute. Die geschüttelten Hände gehören nicht mehr Hinz und Kunz, sondern VIPs, It-Girls und Superstars. Mann ist oben angelangt.

Selbst schlechte Stimmung und Ängste lassen sich für eine Weile »wegkaufen« und »wegkonsumieren« nach dem Original-Ton eines 54-jährigen Geschäftsmannes: »Es weint sich besser in einem Fünfsternehotel als in der Zweizimmerwohnung.«

Aber auch die reiche Lebensbiografie erfordert eine Auseinandersetzung mit der eigenen Persönlichkeit und macht vor Lebensschicksalen keinen Halt. Wir sitzen dann doch wieder im selben Boot. No Bullshit.

Nun gibt es auch eine Reihe an betuchteren Menschen, die selbstreflektiert, bescheiden und verantwortungsvoll mit der Geldfülle umgehen und im Sinne einer Gemeinschaftsverantwortung ihr Mehr anderen zur Verfügung stellen. Ohne Stiftungsgelder, Erbschaften, gemeinnützige Vereine oder Klubs, ehrenamtlich engagierte Menschen ist ein gesellschaftliches Miteinander nicht denkbar. Es ist ein mutiger Weg, mit anderen zu teilen.

Das Bruttoinlandsglück – Bhutan, ein mutiges Land

Ein kleines Bergland, eingeklemmt zwischen China und Indien, wagt es dem ökonomisch orientierten Erfolgskreisel der restlichen Welt wie das »kleine gallische Dorf aus Asterix« entgegenzutreten. Bhutan fragt sich seit vielen Jahren, wie die Zufriedenheit des Volkes mit insgesamt ca. 700.000 Einwohnern erhöht werden könne. Dabei sind vier Leitlinien formuliert worden: gerechte Wirtschaftsentwicklung, Bewahren und Fördern der Kultur, Leben im Einklang mit der Natur und gutes Regieren. In bhutanischen Augen ist der Kapitalismus ein Haus mit nur einer Säule – dem Wirtschaftswachstum. Es entstand das Konzept des »Gross National Happiness«, das Bruttoinlandsglück mit einem Ministerium für das Glück. Jedes Programm, jedes Gesetz muss nun durch ein »Sreening Tool«, um zu eruieren, wie viel Glück für die Gesellschaft in einem neuen Projekt steckt. Es gab ein Sägewerk in Bhutan, das 2009 getestet wurde. Das Werk brachte dem Land viel Geld, aber es verbrauchte auch viel Wald. Zu viel, erkannte das Glücksministerium – und die Regierung schloss das Sägewerk. Laut Verfassung müssen sechzig Prozent des Landes zu jeder Zeit von Wald bewachsen sein. Aktuell sind es fast achtzig Prozent.

Ein Minister des Landes erklärt: »Um das Bruttoinlandsglück zu definieren, müssen wir erst einmal herausfinden, was Glück bedeutet. Das heißt nicht: Vergnügung, Aufregung, Nervenkitzel. Es geht um eine tiefe Form von Zufriedenheit. Wir wissen, dass diese Zufriedenheit in dir liegt. Es gibt keine externe Quelle: das schnellere Auto, das größere Haus, schönere Kleidung. Das ist alles vergänglich. Es liegt also in der Verantwortung des Staates, die Bedingungen dafür zu schaffen, dass seine Bürger nach Glück streben können.«

Es ist mutig für ein kleines Land, dem Strom der gesamten restlichen Welt entgegenzutreten und andere Konzepte zu testen. Wir haben dieses Land besucht und sind auf einfache, aber zufrieden lebende Menschen gestoßen.

Mehrwert – in Resonanz sein

In dem Moment, wo es nicht mehr um die notwendige Existenzsicherung geht, sondern um Vermehrung, Optimierung und den Konsum von Gütern, stellt sich der eine oder andere vielleicht die Frage, ob ein mehr an Vermögen nicht eher einen immensen Stress und vielerlei Abhängigkeiten bedeutet. Um mit Buthans Augen zu sprechen, das Wirtschaftswachstum ist nur eine Säule des zufriedenen Lebens. Was könnte uns aber neben dem Geld und der teuren Reise einen Mehrwert im Leben geben?

Wir alle kennen in unserem Leben Momente des Gelingens, Erfahrungen, die wir als Oasen erlebt und in uns abgespeichert haben. Momente, in denen wir sagen, so sollte es sein. Hartmut Rosa hat für solche Momente den Begriff »Resonanz« gewählt. Ein innerer Mehrwert entsteht, wenn wir auf die richtige Weise mit anderen Menschen, mit der Natur, mit dem Raum, mit Musik oder dem gesprochenen Wort und besonders mit uns selbst verbunden sind. Der Volksmund sagt »Wir sind auf einer Wellenlänge«, wenn wir passende Schwingungen spüren, die uns Energie geben. Ich selbst habe Energie ausgesendet und Energie empfangen. Etwas hat mich erreicht, mich bewegt, mich verändert, mich in Schwingungen versetzt. Es mag ein schöner Stuhl sein, auf dem wir gerne sitzen, mein Lieblingsgericht, ein berauschender Moment unter dem Sternenhimmel, ein Satz, ein Vortrag, ein Konzert, eine Berührung oder anderes. Wenn mich etwas anrührt, bin ich bereichert.

Resonanz sieht Helmut Rosa als Gegenstück zur »Entfremdung«. Wir sitzen neben unserer langjährigen Freundin am Frühstückstisch und fragen uns: »Was habe ich mit diesem Menschen eigentlich zu schaffen? Was verbindet uns noch?«

Wir beugen uns über unsere Akten im Büro und wissen instinktiv, dass wir hier nicht mehr lange bleiben können. »Ich weiß gerade nicht mehr, ob mein Beruf wirklich der richtige

für mich ist, obwohl er mir Spaß macht«, sagt ein 40-jähriger IT-Experte mit Herzbeschwerden. »Ich biege in meine Wohnstraße ein und fühle mich wie ein Alien«, berichtet bildhaft ein 21-jähriger Student. Oder wir haben zu etwas Ja gesagt, obwohl wir genau wissen, dass es innerlich nicht stimmt. An manchen Tagen mag uns auch gar nichts gelingen und wir fühlen uns selbst fremd. Es sind Situationen, auf die wir innerlich nicht mit einem Mehr an Energie, sondern mit einem »Verlorensein« reagieren. Die radikalste Form von Entfremdung ist die eines »Burnout«, einer Depression. In uns ist die Resonanz verstummt, wir fühlen uns leer. Der Resonanzdraht zur Welt vibriert nicht mehr.
Durch mehr Konsum, Glücksspiele oder Alkohol ist diese Entfremdung nicht zu kitten, sondern verstärkt sich weiter. No Bullshit: Mehrwert entsteht durch die Wiederentdeckung der kleinen Momente des Gelingens. Es ist mutig, den Draht zu sich und den Draht zu der Welt nicht zu verlieren und einen Mehrwert durch »Oasenmomente« zu schaffen.

Fazit

In allen Punkten dieses Kapitels geht es um das richtige Maß, um Geben und Nehmen, um Struktur und Loslassen, um innere Fülle und äußere Sicherheit, um das Zeitoptimum und um »Zeit schenken, um Verantwortung und Versorgung, um finanzielle Sicherheit und großzügig sein«. Es geht auch um den Dipol der Selbstbetrachtung und der Bezug zu anderen Menschen, zur Natur zur Umwelt. Wir reden keinen Bullshit, wenn **mutige Männer** in der Lage sind, das richtige Maß immer wieder neu auszuloten. Es gibt da einfach kein fixiertes Pendel. Wir müssen uns schon die Mühe machen, situativ neu zu entscheiden. Was genau ist uns wichtig? Wofür setzen wir Zeit, Energie und Geld ein? Was bedeutet für uns »Mehrwert«? Wo drücken wir uns um Verantwortung? Wo halten wir alles fest, um die maximale Kontrolle zu behalten? Extreme sind Bullshit und führen irgendwann zu einer üblen Schieflage. Mutige Männer haben Freude daran, Geben und Nehmen als »Perpetuum mobile« in den Alltag zu integrieren.

5 VERÄNDERN

5.0. Einleitung

Meine Großmutter konnte sich ihr Lachen nicht verkneifen, als ich als kleiner Junge Hand in Hand mit meinem Großvater des Weges kam. Erstmalig hatte ich geschafft, bei der Schrittlänge des großgewachsenen Mannes mitzuhalten. Bis heute kann ich dieses tolle Gefühl des »auch groß Werdens« wachrufen.

Persönliche Erfahrungen mit dem eigenen Segelboot verhalfen uns zu richtungsweisenden Überlegungen zum Thema **»Verankert – Leben mit Grund«** im **Kapitel 5.1**.

Unsere notwendige **Orientierung an Vorbildern** und Erfahrungen mit Menschen, die uns auf unserem Lebensweg geprägt haben, stehen am Anfang dieses Abschnitts in **Kapitel 5.2**.

Zehn Jahre auf dem Chiemsee umfassten viele tolle Segeltage, und dennoch gehören diese Tage der Vergangenheit an. Die Phase des Studiums war ausgefüllt mit neuen Erkenntnissen, und dennoch gilt es in der aktuellen Arbeitswelt wiederum Neues zu lernen. Und die kommende Versorgung von Eltern ist zunächst für Sohn und Tochter eine ungewohnte Aufgabe. Viele Lebensmomente sind zu würdigen und Rituale helfen uns, den Stress der Übergänge zu reduzieren und in symbolischer und gemeinschaftlicher Form zu feiern. Denn spätestens wenn der Freund in seinen Jugendtagen der Mutter von einer Reise in den Bayerischen Wald erzählte und Tage später aus Kabul die erste Ansichtskarte schrieb, können wir getrost von einer Initial-Reise des jungen Mannes sprechen. Unsere Überlegungen zu **Ritualen** finden sich im **Kapitel 5.3**. Und zum Schluss, **Kapitel 5.4**, kommen wir zu einer der größten Mutproben: Wir können die **Veränderungen im Leben** nur als persönliche Herausforderung mutig meistern. Wir können sie weder verhindern noch im Zorn drüber wegspringen. Kein Thema für schwache Nerven, definitiv no Bullshit!

5.1. Verankert – Leben mit Grund

Nach Stunden oder Tagen auf See liegt das Segelboot vor Anker in der Bucht. Der abendliche thermische Wind kräuselt die Wellen und lässt das Boot an der Ankerkette schaukeln. Alle Hektik und Aufregungen sind wie weggeblasen und der Tag schenkt uns noch wenige Stunden. Erst mit diesen Momenten werden die Erlebnisse auf dem freien Wasser zu einem »Gesamtpaket«. Die Bewegungen von Wellen, Wind und Boot, das Zusammenspiel der Crew und dieser Moment vor Anker ergeben ein Ganzes.
Das vor Anker liegende Boot ist hier als Symbolbild zu verstehen. Als Bild für unser Leben. Wir sind stets in Bewegung und brauchen immer wieder einen Zwischenstopp zur Orientierung, einen Stopp, um uns zu »verankern«.

5.1.1. Zahlen, Daten, Fakten – Halt im großen Meer

Verankert – persönliche Erinnerung
Das ankernde Boot ist ein bleibendes Bild für mich geblieben. Voller Leidenschaft für das Segeln besaß ich acht Jahre lang am Chiemsee ein kleines Kajütboot, in dem etwas campingmäßig unsere beiden kleinen Kinder und zwei Erwachsene schlafen konnten. Es lag bei einem wortkargen Fischer mit drei weiteren Booten am Steg. Dort gab es die herrlichsten Steckerlfische an offener Flamme gegrillt zu essen. Mit dem Boot durchlebten wir alle Wetterlagen, von windstillem Wetter bis zum heftigen Sturm. Wir ankerten häufig an den Inseln Herren- und Frauenchiemsee und ließen die Mond-

nächte auf uns wirken. Bewegung, Wechsel, Verankerung, Losmachen und Ankommen, gutes und schlechtes Wetter, Ruhe und Sturm – das waren die Koordinaten auf dem Boot.

5.1.2. Mutiger Mann sein – Klarschiff und ankern

Klarschiff

Leben mit Grund, sich verankern zu können, den Wogen des Meeres trotzen zu können, erfordert zunächst ein einigermaßen seetaugliches Boot. Mit einer Nussschale über den Ozean zu schippern, ruft zwar kreative Fähigkeiten hervor, birgt aber immer wieder die Gefahr des Scheiterns. Laufen Sie doch mal um Ihr Boot herum, bessern Sie Löcher und morsche Planken aus, ordnen Sie die Schot und das Fall des Segels, überprüfen Sie die Knoten – das schafft Grundsicherung. Eine Mannschaft à la Jack Sparrow in »Fluch der Karibik« ist bedenkenswert. Fähige Mitstreiter helfen, kritische Situationen zu überstehen. Und dann ist da noch die Fracht. Whiskey-Fässer, Schwemmgut und altes Zeug füllen zwar Ihr Schiff, sind aber wenig hilfreich, wenn es drauf ankommt. Reden Sie sich nicht raus, machen Sie Klarschiff – in Ihrem Leben.

Halt finden – ankern

Auf ewig als »Fliegender Holländer« umherzuirren und nur alle sieben Jahre an Land gehen zu dürfen, um die eine zu finden, die durch Ihre Liebe Erlösung bringt, klingt nicht nach entspannter Bootstour. Auf dem weiten »Lebensmeer« unterwegs zu sein, ist das eine. Das andere, innehalten zu können, Halt zu finden und ankern zu dürfen. Wir brauchen alle zwischendurch ruhige Momente oder vielleicht sogar einen Platz, wo wir dauerhaft bleiben möchten.
Was gibt uns denn nun Halt in unserem Leben? Der innere Anker ist unsere eigene Haltung und Wertschätzung. Zum äußeren Anker können wir finanzielle Sicherheit, Freunde

und soziale Bindungen, stabile politische Verhältnisse und ein größtmögliches Maß an Freiheit zählen. Keiner mag ständig Ankerplätze zugewiesen bekommen, sondern will diese selbst bestimmen.

Bewegung im Rahmen – Spielraum und Klarheit

Ist der Anker fest im Grund und die Ankerkette festgezogen, hat das Boot Bewegungsspielraum. Fest verankert sein, heißt also nicht völlig starr in einer Position zu verharren oder sich gegen alle Widrigkeiten zu stemmen. Es gibt einen dynamischen Spielraum. Dieser Spielraum ist in unserem Leben natürlich nicht durch die Länge einer Ankerleine bestimmt, sondern durch unsere inneren Überzeugungen und durch unsere persönliche Haltung. Wenn unsere Freunde wie in Kindestagen ein Stammbuch für uns schreiben würden:

- Welche Gesinnung würden diese Freunde uns unterstellen?
- Welche Werthaltung lesen diese Freunde aus unserem alltäglichen Leben?
- Mit welchen Anliegen würde die Freunde zu uns kommen und mit welchen uns verärgern?
- Wie schätzen die Freunde unseren Umgang mit unseren Fertigkeiten ein?
- Wie würden sie unsere Kontaktangebote bewerten?
- Wie unseren Lebensstil?
- Wie unsere Sinnsuche?
- Wie unsere Spiritualität?

Diese Fragen bringen uns unserer persönlichen inneren Haltung näher, sodass der innere Anker an Stärke gewinnen kann.

Ankerwache – wachsam bleiben

Um das Boot und meine Mannschaft sicher zu ankern, muss ich mich mit Boot, Wetter und örtlichen Begebenheiten auskennen. Ich muss also Erfahrung und seemännisches Können erwerben und meinem Können vertrauen. Und selbst wenn das Boot sicher vor Anker liegt, braucht es die Ankerwache. Ein regelmäßiger Blick auf Wetter und Seile, spitze Ohren für die Veränderungen der Geräusche, hinspüren in die Bewegung des Bootes und ohne Angst dennoch für Unerwartetes bereit sein, das alles steht auf dem Wasser hinter dem Begriff der »Ankerwache«. Übertragen auf das Leben an Land könnte eine wöchentliche Familienkonferenz notwendige Absprachen erleichtern, könnte ein Monat Fasten den stetig steigenden Alkoholkonsum deutlich werden lassen, könnte das Hinhorchen auf den Unterton im gemeinsamen Gespräch vielleicht bereits den Hinweis auf die Konfliktlösung geben.

Erfahrungsschatz und Dankbarkeit

Gehören wir eher zur Spezies der »Angsthasen«, dann neigen wir dazu, unsere Kompetenzen zu übersehen, das gelungene Manöver auf »Glück gehabt« zu reduzieren und innerlich immer auf das böse Ende zu warten. Zählen wir uns zu den »Stars«, glauben wir uns stets für den Erfolg verantwortlich und der Umgebung überlegen. Beide Positionen sind leider am Ruder eines Segelbootes oder für die Steuerung der Lebenswege relativ ungeeignet und lassen Mut vermissen. Was sind schon 300 Segeltage auf einem See im Vergleich zum Erfahrungsschatz des dort aufgewachsenen und lebenden Fischers? Dessen aufmunternder Zuruf während des Auslaufens mit den Kindern an Bord gab die Sicherheit für die kommenden Tage am See. Dessen scheinbar rhetorische Frage, ob wir wohl an Ankern gedacht hätten, machte klar, dass die kommende Nacht für ein kleines Segelboot auf dem offenen Wasser zu gefährlich wird. Mutig sein heißt eben auch, sich Fachleuten in ihrem Gebiet anzuvertrauen und in deren Erfahrungsraum zu wachsen. Und mutig sein kann auch mit Dankbarkeit zu tun haben! Seemännisches Können hin oder her, vor zwei sich überlagernden Gewittern durch die natürliche Bucht geschützt zu sein, ist durch ein perfektes Ankermanöver oder gekonntes Beidrehen nicht aufzuwiegen.

5.2. Vorbild – finden und sein

»Welche Vorbilder hatten Sie bisher im Leben?« Wen fanden Sie klasse, nachahmenswert, überzeugend, beeindruckend? »Ich möchte mal so werden wie ...« oder »Ich werde später Feuerwehrmann« sind beliebte Jungensätze. Auch durch Kinderspiele wie Räuber und Gendarm, Höhlenbau im Wohnzimmer, Vater – Mutter –Kind werden erlebte Vorbilder nachgeahmt und erlernte Muster ausprobiert. In Kindertherapien offenbaren sich diese Erlebnisse mit Bezugspersonen im Spiel und werden dadurch ohne Worte deutlich.

Helden und Bösewichter

Menschen, die uns berühren, geben Halt und inspirieren. Wir können uns an deren Verhalten, an deren Werken orientieren und entlanghangeln. Vorbilder sind wie ein Sicherungsseil über unbekanntes Lebensterrain. Wir verankern Vorbilder als dauerhafte Innenbilder (Introjekte), die wir bei Bedarf abrufen können. »Was würde mir mein Onkel jetzt raten?« ist der Auftakt eines inneren Dialogs. Vorbilder nachzuahmen ist ein wichtiger Schritt, uns auszuprobieren und damit in ein inneres Erleben zu kommen. Wie fühlt sich das an, wenn ich als Kleinkrimineller etwas ausfresse und der Polizist mir Handschellen anlegt? Wie supercool ist es, wenn ich mich vor meinem imaginären Publikum verbeuge, nachdem ich irre laut die Songs meines Idols in das Mikrofon, sprich in Mutters Haarbürste, gebrüllt habe – oder in die Karaoke-Anlage? Wir probieren fiese und gute Seiten aus, die in uns schlummern. Wir wollen den Feind an den Marterpfahl binden und die Straßengang mit Holzstöcken erschießen. Auch die Hexe in Hänsel und Gretel wurde verbrannt. Wir sind nicht nur nett und brauchen das Ausloten von Grenzen und die Reaktion des Gegenübers. Normalerweise gibt es aber ab einer gewissen Grenzüberschreitung eine »Beißhemmung«.

Von Vorbildern haben wir die Poster an der Wand, das Trikot zum Fußballspielen am Körper, das Autogramm auf der CD-Hülle und den raschen Zugang zur Facebookseite – herrliche Idol-Fetische.

Innenbilder sind allerdings nicht nur Helden. Es berühren uns auch die Menschen, die schlecht mit uns umgegangen sind. Der alkoholkranke oder gewalttätige Vater bleibt als Bild hängen und verändert unser Selbstbild möglicherweise in Richtung »Du bist wertlos« oder »Gewalt ist die Lösung«.

Um uns selbst zu »erfinden«, sammeln wir verschiedene Vorbilder und bilden mit diesen ein »inneres Team«. Im Männer-Jargon könnten man den Vergleich der »inneren Fußballmannschaft« anstellen. Da gibt es rücksichtslose Stürmer, gnadenlose Schiedsrichter, überforderte Verteidiger, bedürftige Verletzte, fitmachende Trainer, schnelle Torhelden, jubelnde Fans, bedrohliche Hooligans und wunderschöne Begleiterinnen.

Vorbilder – ein alter Hut

Vorbilder gab es schon immer. Und das zeigt, wie immanent wichtig diese Gestalten sind, um uns im Lebensweg gut zu geleiten. Überall auf der Welt gibt es religiöse Vorbilder unterschiedlicher Couleur aus den großen Weltreligionen. Der Wunsch nach Heldentum, nach Heilung, nach mütterlicher Wärme, nach Reinheit, nach Erlösung, nach Schutz, ist so alt wie die Menschheit selbst. Heutzutage suchen wir unsere Helden im Sport, in der Politik, in der Bildung und Wissenschaft, in der Kunst und Literatur, in der Musik, in der Werbung, im Film und in den Helden des Alltags.

Szene
Nepal – wir waren unterwegs zu einem Kloster, zu dem ein steiler Pfad hinaufführte. Die Begegnung mit den weisen Mönchen musste man sich erst hart verdienen, und wir kamen an jeder Serpentine bei vielen Buddhas, Stupas, Altären und Heiligenbildern vorbei. Einheimische hinterließen überall kleine Opfergaben und beteten. In der Luft hing der Geruch nach Fettlampen und Räucherstäbchen. Erschöpft bei den Mönchen im Kloster angelangt, setzten wir uns ohne Schuhe auf den Boden und lauschten den Antworten auf Lebensfragen. Als unsere Blicke umherschweiften, entdeckten wir in einer Nische des Klosters tatsächlich ein großes Plakat von Sebastian Schweinsteiger. Besser konnte das Zusammentreffen von alten und modernen Vorbildern nicht sein.

Szene
Ein Mann sackte bei einem Besuch des Wiesbadener Weinfestes in sich zusammen. Er war total blass. Bevor ich selbst hineilen konnte, hatten schon mutige Alltagshelden das Mobilphone gezückt, den Sanitätern Bescheid gegeben und dem Mann einen Pullover unter den Kopf gelegt. Die beiden Begleiterinnen wurden beruhigt. Hand in Hand konnte souverän mit der unerwarteten Situation umgegangen werden.

Szene
Eine Kollegin suchte recht verzweifelt ein Zimmer in einer WG, da sie sich gerade von ihrem Freund getrennt hatte. Mit ihr erschienen noch 15 andere Bewerberinnen zum Besichtigungstermin. Der Besichtigungstermin entpuppte sich als kollektives Show-Laufen, als narzisstische Selbstdarstellung der eigenen Vorzüge und erlebten Weltreisen. Unsere Kollegin verließ mit Rückgrat und souverän dieses Bauchnabel-Casting mit den Worten: »Das bin ich nicht.« Sie erhielt das WG-Zimmer.

5.2.1. Zahlen, Daten, Fakten – Vorbilder prägen unser Leben

Vorbilder prägen unser Leben und dienen der Orientierung.

- Mutter Theresa, Greenpeace, Michael Schumacher und Steffi Graf waren 1999 Vorbilder, 2017 sind dies für Jugendliche Fußballer, Musikbands, Topmodels, Schauspieler wie Angelina Jolie oder TV-Moderatoren, aber auch Jesus steht weit oben auf der Liste der Vorbilder
- Jungen haben Vorbilder hauptsächlich aus dem Sport (43 Prozent), TV und Film (35 Prozent) und aus dem privaten Umfeld (8 Prozent)
- In einem Zeit-Sonderheft von 2009 wurden 50 Deutsche von gestern für die Welt von morgen als Vorbilder ausgewählt. Darunter findet sich z.B. **Carl von Carlowitz**, der bereits vor 300 Jahren formulierte, dass wir nur mit der Natur leben können und daher Nachhaltigkeit ernst nehmen müssen. **Friedrich Fröbel** formulierte, dass Kinder froh und selbstbewusst werden, indem sie die Welt im Spiel entdecken. Der Mediziner **Rudolf Virchow** erklärte den Ärzten, den Blick für das Ganze nicht zu verlieren und die Medizin als soziale Wissenschaft zu verstehen. **Karl Wilhelm Raiffeisen** stellte die Kraft des Kapitals in den Dienst der sozialen Entwicklung. Seine Genossenschaftsidee öffnet dem Finanzmarkt noch immer eine Tür in die Zukunft. **Dietrich Bonhoeffer** predigte Liebe gegen Hass und lebte seine Überzeugung mutig bis zum Tod durch die Nationalsozialisten. Er wurde in der Haft hingerichtet. **Willy Brandt** stand dafür, dass man in der Politik immer neu anfangen muss.
- Sportblogs haben ca. 24.000 Besucher/Tag, Wissenschaftsblog ca. 9.000 Blogger/Tag, dazwischen liegen Funnyblogs, Wirtschafts-, Spiele- und Gourmetblogs liegen bei ca. 5.000 Besucher/Tag, gefolgt von Literatur- und Reiseblogs mit 4.500 Besucher/Tag

- Männer wählen mittlerweile Vorbilder, denen Gefühle zeigen wichtiger ist als Härte, Zärtlichkeit wichtiger als Überlegenheit

Für die Jungen sind die Väter zu wenig Vorbild, da sie zu wenig präsent sind.

5.2.2. Mutiger Mann sein – Vorbild sein und Orientierung geben

Vorbild sein

Los, Männer, habt den Mut, selbst Vorbilder zu sein! Manche sind Vorbild im fachlichen Können, andere durch ihre Grundhaltung, wieder andere durch ihre Lebenserfahrung oder durch eine kreative Art, Neues zu denken. Vielleicht ist es niemandem so richtig klar, wie sehnsüchtig der eigene Sohn vom Papa etwas lernen möchte oder wie tief sich in sein Herz Ihre letzte Bemerkung eingegraben hat.
Heute noch kann Ihr bester Freund die intime Stimmung mit Ihnen auf der lange zurückliegenden Motorradfahrt hervorrufen und der gemeinsame Lauf durch den Starkregen bleibt für immer ein prägendes Ereignis.
»Sie ahnen nicht, wie wichtig Ihr Zuspruch im letzten Meeting für Frau Schmid war und wie beruhigend Ihre klaren Worte beim Verlassen des Raumes.« Der ermunternde Klaps auf die Schulter – eine lebensverändernde Geste. Wir sind Vorbilder – jetzt, in ganz vielen Lebenssituationen.
Sollte es nicht Ansporn sein, dass Jungen auch von Personen im privaten Umfeld schwärmen können und nicht nur unerreichbare Stars zu Helden küren? Unser Alltag bietet zudem pausenlos Gelegenheit, sich als Vorbild zu zeigen. Gestaltend und aktiv im Leben zu stehen, hält obendrein gesund. No Bullshit.

Über die eigenen Vorbilder hinauswachsen

Vorbilder sind zunächst Orientierungsmuster, die uns eine Leitlinie geben, wie Situationen zu gestalten sind und wie wir uns persönlich durch Nachahmen ausprobieren können. Wir nennen das »Lernen am Modell«. Je mehr wir uns selbst »erfinden«, zu einer eigenen Persönlichkeit heranwachsen, desto kritischer dürfen wir auch die Vorbilder sehen und »entidealisieren«. Neben den tollen Seiten unserer Helden, entdecken wir nun auch deren Kehrseiten. Das ist ein völlig normaler Prozess. Wir wollen ja auch kein »Double« der Vorbilder, sondern »einzigartige« Personen werden. Sich von den »Vorvätern« und Vorbildern zu lösen ist ein mutiger Schritt auf dem Weg der eigenen Persönlichkeitsentwicklung. Damit werden Sie dann selbst zum Vorbild.

Der Staat als Vorbild

Wir sprechen von »Vater Staat« und meinen damit eine gute väterliche Institution, die für uns Sorge trägt. Unser Grundgesetz stellt die Menschenrechte und die Gleichheit aller Personen in den Vordergrund und möchte den Mitbürgern ein zufriedenes Leben ermöglichen. In Not geratene Menschen werden in unserer Solidargemeinschaft unterstützt. Im Hinblick auf die Männer zeigen sich jedoch Punkte, die einer besseren väterlichen Fürsorge bedürfen: Durch die vorwiegend weibliche Grunderziehung (Mutter, Kindergärtnerin, Grundschullehrerin, Psychotherapeutin, Kinderärztin, Hausärztin) fehlen schlicht männliche Vorbilder in den ersten zehn Lebensjahren. Die Schulform geht zu Lasten der Jungen, da diese einfach nicht acht Stunden am Tag stillsitzen können. »Fleißig und brav« widerspricht dem Testosteron-Einschuss, welcher Rangelei und Sichausprobieren befördert. Da hilft auch kein Anti-Aggressions-Training, denn das Kräftemessen ist normal für Jungen. Männliche Jugendliche sind auf dem Weg zum Mann sehr vulnerabel, wofür Rituale sich als haltgebend erweisen. Für Männer gibt es kaum Anlaufstellen, die sich ihnen ausschließlich widmen. Angebote wie Gewaltprävention, niederschwellige Anlaufstellen für Jungen und Jugendliche, maßgeschneiderte Internetseiten, Gesundheitsangebote für Männer, Burnoutprävention, Schuldnerberatung sind rar gesät. Vorhandene Institutionen, die schon hervorragende Arbeit leisten, sind wenig bekannt. Also los, »Vater Staat« – No Bullshit, da geht noch mehr.

5.3. Verlernt – Übergangsrituale und Initiation

Spektakulär ist es für uns als Beobachter, wenn ein brasilianischer Junge seine Hand in einen Handschuh steckt, der gespickt ist mit den giftigsten Ameisen des Urwaldes. 20 Mal wird er dieses Ritual durchlaufen, bis er den Regeln seines Stammes entsprechend heiraten darf. Spektakulär ist es auch, wenn sich melanesische Männer vom Turm stürzen, nur gesichert durch an den Füßen festgebundenen Lianen. Jährlich können so die Männer der Insel ihre Männlichkeit unter Beweis stellen und ihre soziale Ordnung in der Gruppe verändern. Spektakulär ist es, wenn trotz ihres Wissens um die extrem hohen Gefahren junge Männer im Wingsuit von Gebäuden oder Felskanten fliegen. Auf der ganzen Welt finden sich für solche Initiations- und Übergangsrituale die erstaunlichsten Formen.

Alltagsrituale

Zeitgleich zeigen uns Beobachtungen an einem beliebig ausgewählten Tag in Wiesbaden den Formenreichtum von Alltagsritualen. Der neue Bundespräsident trägt sich unter Blitzlichtgewitter ins Gästebuch der Stadt ein, Menschen trinken ihren morgendlichen Stehkaffee auf dem Balkon, Hochzeitsballons mit Wünschen für das Brautpaar steigen vor dem Standesamt in den Himmel, der Arbeitskreis be-

ginnt die Sitzung mit einem Sektempfang, ein Teammitglied hat an den Geburtstag gedacht und Kuchen gebacken, in der Mittagsandacht treffen sich Jung und Alt in der evangelischen Kirche, der junge Mann startet die erste »Abenteuerreise« und ist auf dem Weg nach Nepal zum Trecking, der Jugendliche versendet seine Dankeskarten anlässlich seiner Konfirmation, der Blumenladen bietet in Anlehnung an christliche Symbole Kränze zur Dekoration der Wohnung und ein Kollege zeigt mir stolz sein neues Tattoo.
Rituale sind soziale Ereignisse und Handlungen, die im Alltag Orientierung geben.

Tagesrituale

In ihrer einfachsten Form begleiten uns Rituale durch den Tag. Der Kaffee morgens am Bett und der Gutenachtkuss vor dem Einschlafen können einen Tag einrahmen und dem Paar Sicherheit in der Beziehung vermitteln. Die morgendliche Runde um den Block und die abendlichen Zeilen im Notizbuch rahmen die Komplexität des beruflichen Alltags. Fünf Minuten Pause in der stillen Kirche am täglichen Weg durch die Fußgängerzone helfen zur Standortbestimmung und spiegeln unser tägliches Tempo wider. Die Männerrunde am Donnerstag in der Kneipe ums Eck endet zwar mit zu hohen Ausgaben für die Getränke, verschafft aber gleichzeitig einen gemeinsamen Blick auf die aktuellen Themen aus der Perspektive der Peers.

Anfang und Ende, Alpha und Omega

Rituale kennzeichnen den Beginn eines Projekts und den Abschluss und heben besondere Lebensmomente in symbolischer Form hervor. Zum Beginn der Schullaufbahn sind wir neugierig auf den Inhalt der Schultüte, beim Abi-Ball neugierig auf die Worte der Tanzpartnerin. Die festliche Freisprechung der Lehrlinge markiert deren Ausbildungsende und gibt ihnen die Freiheit, entweder auf die Walz zu gehen oder als Geselle berufliche Verantwortung zu übernehmen. Die Einkleidung und die Vereidigung bei der Bundeswehr markieren den Übergang in die Verantwortlichkeit für Aufgaben aus Staatsinteresse und kennzeichnen den rituellen Beginn eines Entwicklungslaufs. Der Geburtstagsthron im Kindergarten, die Zeugnisverleihung im Anzug, der Junggesellenabschied auf Mallorca, die Feiertage im Kreis der Kernfamilie, die rituelle Verbrennung der Faschingsfigur am Aschermittwoch, Allerheiligen am Friedhof, das Gruppenfoto nach der jährlichen Konferenz – warum ist das wichtig?

Markierung von Lebensübergängen

Warum stellen die Soziologen und Ethnologen wiederkehrend fest, dass alle Kulturen solche rituelle Markierung von Lebensübergängen entwickeln und leben? Und warum bleibt immer noch etwas »Echtes« bestehen, selbst wenn die Fernsehteams und die Zuschauer am liebsten mitten im Perchtenlauf (Brauch mit hässlichen Masken in Österreich, um die Geister zu vertreiben) oder in der vordersten Reihe beim Lianensprung stehen wollten? Mit symbolischen Ritualen würdigen wir besondere Momente im Leben. Und wir üben mit jedem einzelnen Ritual immer wieder für die Gestaltung des » großen Bogens« unseres Lebens. Wir üben als Gemeinschaft und jeder übt immer auch für sich alleine.

Spätestens die Schultüte macht deutlich, dass der Knirps Sohn einer Familie und Schüler in einem Klassenverbund ist. Und sie macht auch deutlich, dass das Kind sich von der alleinigen Orientierung durch die häusliche Umgebung verabschiedet, denn ab sofort sprechen fremde Personen in der Rolle als Pädagogen auch maßgeblich in seinem Leben mit.

Ob der Junggesellenabschied aus einem gemeinsamen Fallschirmsprung besteht, die feuchtfröhliche Runde durch die Stadt in rauschhaften Zuständen endet oder das Skitourenwochenende auf der Hütte eher zum Nachdenken anregt, allen beteiligten Männern ist klar, dass dies ein Abschied ist. Der Verabschiedete tritt aus der Runde der Peers heraus und wird zukünftig an der Seite seiner Frau in die Lebensphase der »Generativität« eintreten. Partnerschaft und die kommende Generation werden im Mittelpunkt stehen – unabhängig davon, dass hoffentlich die Freunde erhalten bleiben.

Die feierliche Einkleidung und Vereidigung beim Bund nimmt ebenso wie eine Mönchskutte oder ein weißer Arztkittel vom Kollegen in der Notaufnahme des Krankenhauses einen Teil der Individualität sichtbar weg. Es gibt Situationen, in denen wir die Ausgestaltung der Individualität zugunsten höherer Ideen hintanstellen müssen oder wollen.

Alle diese Rituale markieren also immer wieder eine Veränderung und sie vermitteln Sicherheit in diesen Übergängen. Sie reduzieren Angst, Stress und Unsicherheit und kennzeichnen einen Verlust und den Beginn einer neuen Phase. Sie ermöglichen den kontrollierten Umgang mit einer neuen Aufgabe oder einer neuen Herausforderung. Und genau damit üben wir eben in jedem Ritual den »großen Bogen unseres Lebens«. Im Leben angekommen, verabschieden wir uns fortwährend aus Phasen und Aufgaben, welche für sich genommen meistens stimmig und gut waren. Nach einer unbeschwerten Kindheit gilt es, sich in der Gleichaltrigengruppe der Jugendlichen zurechtzufinden. In der glücklichen Partnerschaft beanspruchen die Kinder nun auch ihren Platz; obwohl die Ausbildung spannend war, kann es sein, dass die Veränderungen am Arbeitsplatz neues Lernen erfordern. Nach vielen guten Ehejahren kann der Tod des Partners eine neue Lebensform erzwingen. Und wir, glücklich oder unglücklich, wissen fortwährend darum, dass unser Leben begrenzt ist. Und während die Trauergemeinde Erde auf den Sarg wirft, sind die Erfahrungen aus den vielen erlebten Ritualen präsent: Abschied nehmen und an den Neuanfang glauben, sich über die Lebendigkeit freuen und die Ruhe aushalten, in der Gemeinschaft sich aufgehoben wissen und für sich alleinstehen können, in den Tränen Weinen und Lachen nicht mehr unterscheiden müssen.

5.3.1. Zahlen, Daten, Fakten – Rituale bestätigen Gewohntes und markieren Veränderungen

- 9200 Gäste besuchten 2016 die Hochzeits-Fachmesse »Trau Dich!« in Frankfurt
- Anzahl der Jugendlichen bei der Jugendweihe 2000: 96.100; Anzahl der Jugendlichen bei der Jugendfeier 2009: 25.000
- Anzahl der (evangelischen) Konfirmanden in Deutschland 2014: 210.000; Anzahl der (katholischen) Firmlinge 2014: 160.000
- Zehn Millionen Euro Umsatz erzielte die FriedWald GmbH 2014 mit »Bestattungen in der Natur«
- 41.500 Zuschauer feuerten durchschnittlich in der Saison 2016/17 ihren Verein in der Ersten Bundesliga im Stadion an
- Neun Kilometer lang war der Mainzer Rosenmontagszug 2016
- 22,7 Millionen Personen in Deutschland spenden im Jahr 2015 durchschnittlich 6,6 Mal und zahlen dabei durchschnittlich 37 Euro. Das ist ein Rekord. Das größte Spendenaufkommen ist jährlich im Dezember
- Sechs von zehn Deutschen starten den Tag mit Kaffee, sieben Prozent treiben morgendlichen Sport
- 68 Prozent der Väter und 82 Prozent der Mütter nehmen gemeinsam mit ihren Kindern das Abendessen ein
- Rituale fürs Lottospielen: 61 Prozent spielen immer die gleichen Zahlen, 16 Prozent spielen immer im gleichen zeitlichen Abstand, acht Prozent glauben an die eine »glücksbringende« Lottoannahmestelle

5.3.2. Mutiger Mann sein – Rituale lebendig halten

In den Tälern des Toten Gebirges in Österreich waren wir im Fasching Zeugen eines Laufes von wilden Figuren: mit großen Holzmasken, riesigen Hüten mit allerlei Gewächs und ausgestopften Tieren auf den Köpfen und mit Kleidern, ganz aus unzähligen Stoffstreifen bestehend, zogen die »Fetzen« in Ebensee durch den Ort. Die Ordnung im Dorf hatte längst eine andere Gruppe von maskierten Personen übernommen und so konnten mit wilder Musik, Tänzen, Schabernack und derben Späßen u.a. all die Themen und Begebenheiten benannt werden, welche den Rest des Jahres besser ungesagt geblieben sind. Zugleich festigt die gemeinsame Teilnahme am Fetzenzug den Zusammenhalt in den Familien und im Dorf. Eine »verdrehte« Zeit! Würden wir nun die miterlebten vergleichbaren rituellen Feste in Peru und in Nepal ebenfalls kurz beschreiben, könnte die Struktur von (Übergangs-) Ritualen leicht nachvollzogen werden: In der Vorbereitung werden durch Waschungen oder Einkleidung (Gewänder, Masken, Kopfbedeckungen) Rollen neu definiert. Die Ritualfeier selber besteht meist aus Tänzen zur Musik, rauschhaften Zuständen, farben- und formenreichen Bildern und durch einen festgelegten Handlungsablauf. Geschlechterrollen werden kurzfristig getauscht, Machtverhältnisse umgekehrt (z.B. der Rathausschlüssel in den Händen der Karnevalsgesellschaft) und Triebhaftes darf öffentlich gemacht werden. Gleichzeitig gelten dennoch strenge Regeln, indem z.B. nur der Einheimische eine besondere Rolle übernehmen darf, indem der Tänzer sich in Trance tanzen darf, nicht jedoch der Trommler, indem das Ende des Rituals für alle klar und verbindlich ist. Denn nachfolgend muss das Erlebte in der Wiedereingliederungsphase in die geltende Sozialstruktur übersetzt werden.

Es braucht also **mutige Männer**, die nicht als Zuschauer, sondern als Aktive Rituale lebendig halten. Es braucht auch

Mut, Rituale mitzufeiern, die auf den ersten Blick vielleicht ein wenig wie aus der Mottenkiste der Religion, der Tradition oder der Volkskultur stammen. Die aktive Teilnahme ermöglicht das Erleben des Erfahrungsreichtums und der symbolischen Verdichtung aus der Entwicklungszeit des Rituals. Auch wenn es »spooky« klingt, das nächtliche Feuerritual verändert den Morgen, der erste Walzer des Brautpaares im Kreis der Gäste zeigt überdeutlich das neue vitale »Wir« und die rituelle Namensfindung für die Männerrunde schafft Nähe und Zusammenhalt.

Damit Rituale immer wieder sinnstiftend wirken können, braucht es auch **mutige Männer**, die kreativ Formen für bestimmte Anlässe neu erfinden können. Denn durch die gemeinsame, mehrtägige Paddeltour mit dem jugendlichen Sohn könnte dieser die Aufnahme in den Kreis der erwachsenen Männer direkt erleben. Das abschließende Familienfest am Zeltplatz könnte für ihn leichter nachvollziehbar sein als die Familienfeier nach der Konfirmation.

Mutiger Mann sein kann daher auch bedeuten, sich über Rituale zu einer Gruppe von Menschen, zu einer Geisteshaltung oder zur Spiritualität zugehörig zu zeigen.

5.4. Veränderung zulassen

»Man kann nicht zweimal in denselben Fluss steigen«

Veränderungsprozesse sind unsere ständigen Lebensbegleiter. Wir können nichts auf Dauer festhalten und so werden von uns permanente Anpassungsleistungen gefordert. Der griechische Philosoph Heraklit hat das Leben mit einem Fluss verglichen, welcher permanent weiterfließt und sich ständig verändert. Es ist eine Metapher für die Prozessualität der Welt. Die Worte »panta rhei – alles fließt« sind daher bis heute vielzitiert.

Vielen Männern sind Veränderungsprozesse aus dem beruflichen Kontext bekannt. Diese Veränderungsprozesse gehören zur modernen Organisationsentwicklung und müssen »gemanaged« werden. Die entstandenen Fachbegriffe heißen Veränderungsmanagement oder im Englischen change management. In Seminaren werden Führungskräfte auf diese Prozesse vorbereitet und geschult. Sich in diesem Kontext auf Veränderungen einzulassen, das bekommen viele Männer gut hin.

Die fünf Phasen der Veränderung

»Sei unbesorgt. Die Lebenskraft liegt im Innern, und aus dieser Lebenskraft wird das Neue hervorgehen. Wisse, dass das Alte sterben muss, damit das Neue geboren werden kann.« (Eileen Caddy)

Eine Veränderung ist in der Regel kein punktueller Moment, sondern ein Prozess mit inneren und äußeren Dialogen, mit mehr oder minder bewussten Handlungen, mit schmerzhaften und orientierungslosen Phasen und später mit sichtbaren Wandlungen. Dieser Veränderungsprozess beginnt meist schleichend, kaum merklich fühlen wir uns nicht mehr wohl, steigen wiederholt Bilder in unserem Kopf auf – erst noch vage, später konkreter –, die wie ein Probehandeln uns Neues versuchen lassen. Wie könnte es sein, wenn .....? Wäre dieser Job nicht eine Alternative? Soll ich doch noch studieren? etc. Veränderungsprozesse erfolgen in der Regel in fünf Phasen.

Phase 1 – Unstimmigkeit und Zweifel

Kaum merklich beschleicht uns in der ersten Phase ein Gefühl des Unwohlseins, der Unstimmigkeit, das dazu führt, bekannte Lebensmuster infrage zu stellen. Wir zweifeln an unserem Lebenskonzept, an vertrauten Menschen, sind vielleicht unleidlich und spürbar aggressiver. Als umgangssprachliches Bild erläutert diese Zeit sehr gut: »Wir fühlen uns nicht mehr wohl in unserer Haut.« Ein Veränderungsprozess hat bereits begonnen, die dahinterliegenden Gründe und Bedürfnisse sind meist noch unbewusst, eine (Los-)Lösung ist noch lange nicht in Sicht.

Phase 2 – innere Dialoge und Abwägen

In der zweiten Phase setzt ein reger innerer und äußerer Dialog ein. Viele Sinnfragen tauchen auf, die beantwortet werden wollen, z.B.: »War das schon alles in meinem Leben?«; »Ist das wirklich der Partner, mit dem ich leben will?«; »Darf ich meine Eltern im Stich lassen?«; Kann ich den Geldhahn für meine Kinder zudrehen?«; »Finde ich nicht doch noch eine besseren Job?«; »Möchte ich mich weiter so behandeln lassen?«; »Wie kann ich es verhindern, älter zu werden?« Der Katalog der inneren Fragen ist unendlich lang und sehr individuell. Die innere Balance, durch wie viele Kompromisslösungen auch immer hergestellt, ist aus den Fugen geraten. Das »Alte« trägt nicht mehr.

Phase 3 – Unsicherheit

Das »Alte« gilt nicht mehr und das »Neue« ist noch nicht gefunden, die Komfortzone ist verlassen. Es ist eine Phase, die vielen Männern sehr unangenehm ist, da die gewohnte Sicherheit verloren gegangen ist und ein rein lösungsorientiertes Vorgehen nicht greift. Mit dieser gefühlten Hilflosigkeit und Angst vor Niederlagen können aggressive, ungerechte, trotzige und radikale Haltungen einhergehen, die den Begleitungsprozess erschweren und zu weiteren Komplikationen führen können. Auch Aktionismus oder Selbstmedikation durch Alkohol sind hinderliche Lösungsansätze. Veränderungen verlangen das Vertrauen in einen Prozess, in eine nach innen und außen gerichtete Aufmerksamkeit, in ein geduldiges Abwarten, in die Sinnhaftigkeit von leidvollen, depressiven und hilflosen Gefühlen. Ein Veränderungsprozess kann leider nicht abgekürzt werden oder an andere delegiert werden: »Sag du mir, was ich tun

soll.« Auch steht nicht die 100 Prozent Superlösung parat, sondern meistens sind kleine Zwischenschritte notwendig, um dann später eine größere Stufe zu überwinden. Druck hilft hier überhaupt nicht nach dem Motto »Das Gras wächst nicht schneller, wenn man daran zieht«.
Wer die Unsicherheit schlecht aushält, neigt dazu, nach einer scheinbaren Lösung zu greifen, die wiederum einen erneuten Kompromiss darstellt. Das ist Bullshit.

Phase 4 – Neuorientierung

Je nachdem welche Veränderungen anstehen und in welchem Ausmaß, kann der Prozess der Neufindung kurz, aber auch sehr lang sein, manchmal sogar Jahre andauern. Die vierte Phase beginnt nicht selten mit einer blitzartigen Erkenntnis. Scheinbar plötzlich weiß Mann, wie die Lösung auszusehen hat. »Dieses Wort, in diesem Augenblick, durch dieses Bild, der eine Satz usw. hat mir geholfen, den neuen Weg zu finden.« In Wirklichkeit sind es die vorherigen Phasen, die Dialogprozesse, die Erfahrungen und die eigene Persönlichkeit in ihrer Gesamtheit, die es ermöglicht haben, in bewussten und unbewussten Prozessen eine Lösung herbeizuführen. In diesem Moment ist klar geworden, wie eine Neuorientierung aussehen kann, so als hätte sich bei einer Bergwanderung der Nebel gelichtet und der Weg liegt deutlich vor einem. Das Wissen um den neuen Weg wird als psychisch entlastend wahrgenommen. Die Zeiten der Unsicherheit, des Bangens, des Zweifelns sind vorbei, das Ziel ist klar erkennbar. Damit können jetzt alte Handlungsmuster wieder aktiviert und neue mit hinzugenommen werden. Die Gefühle der eigenen Sicherheit, des Selbstvertrauens, der Selbstwirksamkeit und der Handlungsfähigkeit kehren zurück. Aber auch schleichende Veränderungsprozesse, die selbst unbewusst, aber im Außen sichtbar werden, können eine Möglichkeit sein.

Phase 5 – Abschied und Neubeginn

In der fünften Phase geht es um den Abschied von alten Mustern, Vorstellungen, Verhaltensweisen, Lebenskonzepten, Freunden, Arbeitsplätzen, Wohnorten etc. und um die Implementierung von Neuem: »Wenn du etwas haben willst, was du noch nie gehabt hast, so musst du etwas tun, was du noch nie getan hast« (N. Peseschkian). Jetzt gilt es, in konkreten Schritten und Handlungen im Hier und Jetzt, sich vor dem »Alten« zu verneigen und dieses zu verabschieden und das »Neue« zu gestalten. »Gelebter Abschied bringt Fülle im Neubeginn.« Im Kleinen gedacht, kann es in einem Veränderungsprozess um das Streichen der Schlafzimmerwände gehen, im Großen um die Trennung einer zwölf Jahre langen Ehe mit drei Kindern. In dieser Phase sind nun konkrete Handlungen erforderlich, um das Neue in die Realität umzusetzen, z.B. muss die Farbe ausgewählt und gekauft, der Maler geholt oder der Pinsel selber geschwungen werden, die Rechtsanwälte müssen kontaktiert, die Besuchsregelung für die Kinder festgelegt und die gemeinsame Wohnung aufgelöst werden.

5.4.1. Zahlen, Daten, Fakten – für den Wandel offen sein

- Das Lebensalter zwischen 40 und 55 ist eine Zeit des Wandels – In der Mitte des Lebens realisieren viele, dass sie in Bezug auf Familie und Beruf nicht mehr unendlich viele Möglichkeiten haben, dass ihr Körper älter wird – und älter aussieht – und dass das Leben irgendwann vorbei sein wird
- Wer offen für neue Erfahrungen bleibt, reagiert schneller und kann besser logisch denken
- Wer sich mit unangenehmen Erfahrungen auseinandersetzt, Lösungen sucht, sich mit anderen austauscht und zuversichtlich bleibt, ist zufriedener als jemand, der sich als Opfer des Schicksals betrachtet

- In der Lebensmitte wächst bei vielen, wenn auch oft unbewusst, das Bedürfnis, der Nachwelt etwas zu hinterlassen und so ein Stück weit unsterblich zu werden
- Junge Männer entwickeln einer Studie aus Helsinki zufolge zunehmend Persönlichkeitsmerkmale, die in der Wirtschaft erwünscht sind – etwa Selbstbewusstsein, soziale Kompetenz und Führungsbereitschaft
- Mehr als ein Viertel aller Väter geht inzwischen in Elternzeit. In der großen Mehrzahl bleiben sie aber nur zwei Monate daheim bei ihren Kindern

5.4.2. Mutiger Mann sein – Wendepunkte aktiv gestalten

Lebensereignisse bewältigen

Jeder einzelne Mensch, aber auch Paare und Familien haben ihre eigene Biografie. Sie durchlaufen in ihrem Lebenszyklus Phasen mit typischen Lebensübergängen, aber auch mit unvorhersehbaren Ereignissen positiver und negativer Wahrnehmung: Schuleintritt – Pubertät – Partnerwahl – Heirat – Geburt des ersten Kindes – Auszug der Kinder – Großeltern werden. Ehescheidung – Kranksein – Arbeitslosigkeit – Ruhestand etc. So, wie man das Leben von einzelnen Menschen als Folge von Stufen und Ereignissen bezeichnen kann, die durch die Bewältigung gewisser Entwicklungsaufgaben genommen werden, so sind auch allgemeingültige Lebensereignisse von uns zu bewältigen. Thomas Holmes und Richard Rahe haben in einer Tabelle 43 Items zusammengefasst und durch eine Punkteskala einem Stresswert zugeordnet, die »Social readjustment rating scale« (SRRS) nach Holmes und Rahe, 1967. Sowohl positiven als auch negativen Ereignissen wurde ein Stresswert zwischen 0 -100 zugewiesen. Demnach ist der Stress umso größer, je mehr Lebensbereiche den neuen Umständen angepasst werden müssen.

Rang	Ereignis	Stresswert
1	Tod des Partners	100
2	Scheidung	73
3	Trennung vom Partner	65
4	Tod eines Familienangehörigen	63
5	Gefängnisaufenthalt	63
6	Eigene Verletzung oder Krankheit, medizinische Behandlung	53
7	Heirat	50
8	Verlust des Arbeitsplatzes	47
9	Aussöhnung mit dem Partner	45
10	Eintritt in den Ruhestand	45
11	Änderung im Gesundheitszustand eines Familienangehörigen	44
12	Schwangerschaft	40
13	Sexuelle Schwierigkeiten	39
14	Familienzuwachs	39
15	Geschäftliche Veränderung	39
16	Erhebliche Einkommensveränderung	38
17	Tod eines nahen Freundes	37
18	Berufswechsel	36
19	Änderung in der Häufung der Auseinandersetzungen mit dem Partner	35
20	Aufnahme eines Kredites über 10.000 Euro	31
21	Kündigung eines Darlehens	30
22	Veränderung im beruflichen Verantwortungsbereich	29
23	Kinder verlassen das Elternhaus	29
24	Ärger mit der angeheirateten Verwandtschaft	29
25	Großer persönlicher Erfolg	28
26	Anfang oder Ende der Berufstätigkeit der Ehefrau	26
27	Schulbeginn oder -abschluss	26
28	Änderung des Lebensstandards	25
29	Änderung persönlicher Gewohnheiten	24
30	Ärger mit dem Vorgesetzten	23
31	Änderung von Arbeitszeit und -bedingungen	20

32	Wohnungswechsel	20
33	Schulwechsel	20
34	Änderung der Freizeitgewohnheiten	19
35	Änderung der kirchlichen Gewohnheiten	19
36	Änderungen der gesellschaftlichen Gewohnheiten	18
37	Aufnahme eines Kredites unter 10.000 Euro	17
38	Änderung der Schlafgewohnheiten	16
39	Änderung der Häufigkeit familiärer Kontakte	15
40	Änderung der Essgewohnheiten	15
41	Urlaub	13
42	Weihnachten	13
43	Geringfügige Gesetzesübertretungen	11

(Tabelle: Social readjustment raing scale (SRRS) nach Holmes und Rahe, 1967)

Jeder Mensch muss, unabhängig vom Geschlecht, im Laufe seines Lebens zahlreiche Anpassungsleistungen vollbringen. Manche dieser Veränderungen sind dem biologischen Prozess (z.B. Pubertät und Älterwerden) zuzuordnen, andere der individuellen Biografie. Anpassungsleistungen sind mit physiologischen Stressreaktionen auf körperlicher (erhöhter Muskeltonus, schnellerer Herzschlag), emotionaler und kognitiver (erhöhte Vigilanz) Ebene begleitet. Ob eine Anpassungsleistung von jemandem als positiver oder negativer Stress erlebt wird, ist von zahlreichen individuellen Faktoren abhängig.

Lebens-Übergänge bei Männern

Uns hat sich in diesem Buch die Frage gestellt, ob an Männer eine bestimmte Erwartungshaltung hinsichtlich der Gestaltung ihrer Lebensbiografie und der Bewältigung von Übergängen herangetragen wird, wie z.B. der »starke Mann«, die männliche »Erfolgsstory«, der »Held«, der »Unverletzbare«, der Versorger, der »Fels in der Brandung«. Vier Wendepunkte im Leben eines Mannes erfordern eine umfassende Anpassungsleistung.

Vom Jungen zum Mann

(Lernender, Schüler, Student, Held, Rebell)

»Man wird nicht als Mann geboren, zum Mann wird man gemacht«

Der meist von weiblichen Bezugspersonen geprägte und von äußeren Männlichkeitsvorstellungen gedrängte Junge wird durch den Testosteron-Schub körperlich geschlechtsreif, hinkt aber meist mit der psychischen Entwicklung hinterher: »Wie bin ich denn ein Mann?« Wer will ich sein?« Die männliche Identität erfolgt durch Kraft und Potenz, durch »Nicht-Frau-Sein«, die Entscheidungen sind oft »alles oder nichts«. In dieser Phase ist potentiell noch alles möglich, konkrete Ziele können in Sicht sein oder es herrscht eine Orientierungslosigkeit und Unsicherheit. Die beiden Letztgenannten bergen die Gefahr in sich, diese unangenehmen Gefühle mit Alkohol, sexuellen Exzessen, Delikten, Antihaltungen oder aber mit depressiven Einbrüchen bis hin zur Suizidalität zu verdrängen bzw. zu kompensieren. Mit der innerpsychischen Spannung zwischen den Fragen »Wie soll ich ein richtiger Mann sein?« und »Darf ich ein schöpferischer-ganzheitlicher Mann sein; Wer bin ich?« ist der Heranwachsende meist alleine gelassen. Darüber redet Mann nicht, da das Hinterfragen des bestehenden Männlichkeitsschemas immer noch die Vorurteilsschublade des »Weicheis«, des »Frauenverstehers« oder der »Schwuchtel« öffnet. Gerade das Patriarchat schlägt auf die Nivellierung der männlich-weiblichen Unterschiede mit Wucht zurück: mit Gewalt, mit Radikalisierung, mit medialem Sexismus oder Scheinbastionen der Männlichkeit in Sport und Musik. Aber auch auf der Frauenseite ist zu hinterfragen, ob ein halbtagsarbeitender Vater, ein geschlechtersensibles Berufs- und Bildungsangebot, eine Aufteilung der Elternzeit, ein Teilzeitchef wirklich Unterstützung findet. Immer noch fehlen in den frühen Jungenjahren positive Rollenbilder eines integrierten neuen/anderen Mannseins. Alarmsignal hierfür ist auch das schlechtere Bildungsniveau von Jungen im Vergleich zu Mädchen.

Mein Haus, mein Auto, meine Familie, mein Baum
(Berufsheld, Vater, Verdiener, Anti-Held, der Fliegende Holländer)

In dieser Phase kann sich die männliche Identität durch Haben, durch das Vorzeigen von Besitz entwickeln. Besonders das Auto dient der männlichen Ich-Erweiterung: »Ich (mein Mercedes, BMW, Audi, Porsche) stehe da drüben.« Es ist mehr ein plakatives »Mann-Bild«, eines des erfolgreichen Manager, des Karrieristen, welches als anzustrebende Norm in den Medien gerne dargestellt wird. Es impliziert das Motto: »Dann hat Mann es geschafft, dann ist Mann wer.« Besitz und Geld als männliche Identifikationsmöglichkeiten, sicher auch als Machtinstrumente und als Unabhängigkeitssymbole.

Die Vielzahl der Männer kann aber dieses Besitzziel in der »glanzbroschürten« Form nicht erreichen, da die Gehaltsoptionen im Beruf das nicht ermöglichen. Nehmen wir als Beispiel den Verwaltungsbeamten, den Polizisten, den Handwerker, den Lehrer, den Fachhochschulprofessor, den Friseur, den Techniker, den selbständigen Kleinunternehmer etc. mit Familie. Diese Gruppe schafft es oft mit Mühe, mit einem Lohn »über die Runden« zu kommen, die Wohnung zu bezahlen, sich eventuell ein Auto zu leisten, zu verreisen und die Kinder zu fördern. Die Wohnung wird auch nicht geputzt, sondern Mann oder Frau putzt selbst. Das reale Leben ist ein ständiges Ringen um die Erfüllung aller Rollenerwartungen, um ein gesellschaftliches »Überleben«, um die Förderung der nächsten Generation und dann vielleicht auch noch um die eigene persönliche Entwicklung. Von dieser überwiegenden Gruppe vollbeschäftigt arbeitender Männer ist in den Medien weniger die Rede, sie sind nicht spektakulär, zu wenig skandalös oder glamourös, eben Durchschnitt. Wir möchten unbedingt auf die Höchstleistung dieser Gruppe Männer aufmerksam machen, die gleichzeitig (Mit)Ernährer, Partner, Vater, Freund, Sportkamerad, Alltagsorganisator, Steuerzahler, Grillmaster und Ich-Entwickler in einer Person sind. Diese Hauptgruppe stützt unsere Gesellschaft auf unspektakuläre Weise.

Andere Wege, die den vorangegangenen Schemata nicht entsprechen, sind gesellschaftlich weitaus schwieriger darstellbar: der brotlose Künstler, der tingelnde Musiker, das Mamasöhnchen, der Antiheld, der rastlose Abenteurer, der Hartz-IV-Empfänger, der Kleinkriminelle, der immer mit halbem Bein im Gefängnis steht, der ewige Student, um einige Beispiele zu nennen. Zumindest können diese Lebensentwürfe wieder medial genutzt werden, da der »Erfolgs-Gegenentwurf« eine große Faszination ausübt. Die Sensationslust, Neugier und die heimliche Abgrenzung »Ich bin ja nicht so!« sind geweckt.

Die Übergänge vom Junggesellen, dem noch viele Türen offen standen, zum verantwortlichen Familienvater, Manager oder Antiheld sind mehr oder minder vollzogen. Es entstehen Fragen nach der Treue, dem Erhalten, der Pflege des Erreichten, der Festlegung oder dem Fortschreiten der »Besitz-Karriere« (größeres Auto, weitere Reisen, die höhere Position). Auch in dieser Phase ist (fast) noch alles möglich, lässt sich das Leben vielleicht noch mal »drehen«, besteht die illusionäre Vorstellung der Omnipotenz. Sicher ist aber, dass eine Veränderung des Lebenskonzeptes in dieser Phase mit Verlusten, erheblichen Anstrengungen und damit auch mit Abschieden einhergeht.

Wechsel-Jahre **(Fragender, Suchender, Visionär, Gesellschaftlich Aktiver, Gestrandeter)**
Viele Männer kommen gerade in dieser Lebensphase zur professionellen Beratung oder Psychotherapie. Es ist eine Zeitspanne, wo Mann sich die Frage nach dem Sinn des Lebens stellt: »War das schon alles? Wo soll es weiter hingehen? Möchte ich mich noch auf anderen Gebieten entwickeln?« Die eigene Biografie weist Ereignisse auf, durch die Mann »wachgerüttelt« worden ist: vielleicht die Scheidung, finanzielle Verluste, Todesfälle in der nahen Familie, Krankheiten, Arbeitsplatzverluste, erwachsene Kinder etc. Das Leben mag nicht nur »glatt« verlaufen sein und die Vergangenheit ist nicht mehr abzuschütteln. Es ist eine Phase, in der die Frage nach dem Sinn in den Vordergrund drängt. Wichtig wird die Vertiefung der eigenen Identität, der eigenen männlichen Vorstellung, die Beantwortung der Fragen: »Woher komme ich und wohin gehe ich?«; »Welche Spuren werde ich hinterlassen?«, »Habe ich bisher Wesentliches vergessen?«. Auch die nahende Endlichkeit und Begrenzung wird bewusster, es ist nicht mehr alles möglich. Der Alterungsprozess und damit auch die körperliche Begrenzung werden deutlicher. Wir erleben in dieser Phase viele Männer, die nach einem neuen inneren und äußeren Lebensentwurf suchen. Manche gehen in die Verleugnung und versuchen durch massive Fitnessprogramme, die 20 Jahre jüngere Freundin und eventuell den Nachzügler dieser Begrenzung zu entgehen. Andere gestalten nur noch wenig Aktives und »warten, bis es vorbei ist«, wieder andere setzen sich intensiv mit den vorangegangenen Fragen auseinander, um für sich eine neue Lebensidentität integrieren zu können. Es ist ein längerer Veränderungsprozess, der alle Lebensbereiche umfasst.

Weisheit oder Starrsinn **(alter Weiser, Mentor, Großvater, Starrkopf, Eremit, Gütiger Loslassender)**
Die Phase des Alters und des Abschiednehmens ist erreicht. Gesund, agil, selbstständig – die Werbung vermittelt uns das Bild von fitten Senioren, die auf Weltreise gehen. Die Wirklichkeit sieht zumeist anders aus, die Krankheitsanfälligkeit nimmt im hohen Alter zu, die Selbstständigkeit geht zurück. Es geht daher vielmehr darum, die eigenen Belange wie Testament, Erbregelung, Patientenverfügung, eigene Versorgungssituation usw. gut zu regeln und so weit wie möglich noch am aktiven Leben teilzunehmen. Diese Phase ist von vielen Faktoren abhängig: körperliche und geistige Stabilität, soziale Einbindung, Partnerbindung, Wohnverhältnisse, finanzielle Möglichkeiten, Pflegesituation, Bewegungsradius etc. Welche Rolle können Männer in dieser Phase einnehmen, was kann noch sinnstiftend, was erfüllend sein? Welche Lebensbilanz kann gezogen werden? Ist der alte Mann mit seinem Leben im Einklang, in der Versöhnung? Sind wesentliche Punkte offen geblieben, die nie integriert wurden? Gibt es Geheimnisse, die am Ende des Lebens psychisch belastend wirken? Möchte Mann sich noch mit jemandem aussöhnen? Dies sind nur einige Fragen, die am Ende des Lebens eine große Rolle spielen können und die in einer professionellen Begleitung zu klären sind. Ältere Menschen verlieren an körperlicher Attraktivität, Potenz und an Einfluss, den sie möglicherweise jahrzehntelang ausgeübt haben. Manche fühlen sich von den engsten Verwandten zurückgestoßen. Vereinsamung, Hilflosigkeit und die Furcht vor Pflegebedürftigkeit und Immobilität sind die Folge.

Fazit

Jede Körperposition ist vielfach geübt, die Technik kontrolliert, die Aufmerksamkeit auf die Umgebung gelenkt und dann – erst im Loslassen von allem – gelingt der Schwung mit dem Snowboard durch den tiefen Schnee! Es braucht das Vorbild eines guten Lehrers und das Vertrauen in die eigene Bewegung. Es braucht Halt und Beweglichkeit in einem selbst, um dieses Gefühl zu bekommen und diese Linien in den Schnee zeichnen zu können. Um unsere Lebenslinie zu zeichnen, stehen wir in jedem Abschnitt vor einer vergleichbaren Aufgabe: wir brauchen ein Modell für den Lebensabschnitt und müssen dieses gleichzeitig loslassen, um unsere eigener Hausherr zu werden.

No Bullshit – mutiger Mann sein

Jeder Mann wird in diesem Buch bei den No Bullshit-Kommentaren mit dem Kopf genickt, mit leicht erhöhtem Pulsschlag die eigenen »Notlügen« entdeckt und sich bei manchem Gedankengang ertappt gefühlt haben. Gut so!
Wir hoffen, dass letzte Zweifel oder »Das kann doch nicht sein«-Blitzlichter durch Zahlen, Daten und Fakten überzeugend beseitigt wurden. No Bullshit – genauso ist es!!
Mutige Männer überlesen die gestellten Fragen nicht einfach, sondern beantworten diese für sich. Erkenntnisse und erweckte Gefühle sind die Motivatoren zum Handeln. Werden Sie wieder lebendig, anpackend und offenherzig. Folgen Sie mutig Ihren Visionen und gestalten Sie die »Mutige-Männer-Gruppe« mit. NO Bullshit – mutiger Mann sein!

Referenzen für No Bullshit

No Bullshit ist unser erstes populäres Sachbuch und unterscheidet sich stilistisch von unseren wissenschaftlichen Veröffentlichungen. Unsere Arbeitsweise im Hintergrund hat sich jedoch nicht verändert! Wissen aus fünf akademischen Abschlüssen, jahrzehntelanger Lehrtätigkeit, jahrelanger praktischer und wissenschaftlicher Beschäftigung mit dem »Männerthema« und aus 80 Metern Regalbretter, welche sich in Wohn- und Arbeitsräumen kontinuierlich mit Büchern füllen und leeren, bilden die Ausgangslage – auch für No Bullshit.

Wer zum Weiterlesen Literaturverweise sucht, sei auf die Bibliografie in: Christ & Mitterlehner: Männerwelten. Männer in Psychotherapie und Beratung. Schattauer 2013, verwiesen. Ausgezeichnete Informationen und tagespolitische Akzente zum Thema finden Sie natürlich im Netz.

Und – natürlich haben wir nicht alle Grundgedanken in diesem Buch selber erdacht. Es gibt viele Vor- und Mitdenker – diesen allen ein herzliches Dankeschön!

WEITERFÜHRENDE LITERATUR UND QUELLEN

Baur, N. & Luedtke, J., Männlichkeit und Erwerbsarbeit bei westdeutschen Männern. In: Luedtke J, Baur N (Hrsg.). Die soziale Konstruktion von Männlichkeit. Hegemoniale und marginalisierte Männlichkeit in Deutschland. Opladen: Barbara Budrich 2008. 81-103.

BauSteineMänner (Hrsg.), Kritische Männerforschung – Neue Ansätze in der Geschlechtertheorie. Hamburg: Argument 2001.

Behning U., Implementation von Gender Mainstreaming auf europäischer Ebene. Geschlechtergleichstellung ohne Zielvorstellung? In: Meuser M., Neusüß C. (Hrsg.). Gender Mainstreaming. Konzepte, Handlungsfelder, Instrumente. Bonn: Bundeszentrale für Politische Bildung 2004. 122-134.

Bigler RS, Liben LS., Developmental intergroup theory: Explaining and reducing children´s social stereotyping und prejudice. Current Directions in Psychological Science 2007; 16/3: 162-166.

Bönt R., Das entehrte Geschlecht. Ein notwendiges Manifest für den Mann. München: Pantheon 2012.

Bourdieu P., Die männliche Herrschaft. Frankfurt a.M.: Suhrkamp 2005.

Brand eins. Die Welt in Zahlen 2012. Hamburg: brand eins 2011.

Budde J., Bildungs(miss)erfolge von Jungen und Berufswahlverhalten bei Jungen / männlichen Jugendlichen. Bonn: Bundesministerium für Bildung und Forschung (Bildungsforschung Band. 23) 2008.

Bundeskriminalamt. Polizeiliche Kriminalstatistik, PKS; Wiesbaden 2016. https://www.bka.de/DE/AktuelleInformationen/StatistikenLagebilder/PolizeilicheKriminalstatistik/PKS2016/pks2016_node.html. (24.04.2017)

Christ C., Mitterlehner F. Männerwelten. Männer in Psychotherapie und Beratung. Stuttgart: Schattauer 2013.

Connell R., Der gemachte Mann. Konstruktion und Krise von Männlichkeit. Wiesbaden: Verlag für Sozialwissenschaften 2006.

Deida D., Der Weg des wahren Mannes. Ein Leitfaden für Meisterschaft in Beziehungen, Beruf und Sexualität. Bielefeld: Kamphausen 2011.

Döge P., Geschlechterdemokratie als Männlichkeitskritik. Männerforschung, Männerpolitik und der »neue Mann«. Politik und Zeitgeschichte 2000; 31-32 (B): 18-23.

Driessen B., Zu wenig Schlaf macht dick, dumm und krank. WELT Print Wissen 2009. https://www.welt.de/welt_print/wissen/article5282516/Zu-wenig-Schlaf-macht-dick-dumm-und-krank.html. (17.04.2017)

Ehmann H., Männerängste – Wovor Männer sich wirklich fürchten. Freiburg i.B.: Kreuz-Verlag 1997.

European Commission, The State of Men's Health in Europe – Report, Printed by the services of the European Commission 2011.

Felber Ch., Ethischer Welthandel – Alternativen zu TTIP, WTO & CO. München: Deuticke 2017.

Fine C., Die Geschlechterlüge. Die Macht der Vorurteile über Frau und Mann. Stuttgart: Klett-Cotta 2012.

Gesterkamp Th., Die neuen Väter zwischen Kind und Karriere. Opladen & Farmington Hills: Barbara Budrich 2010.

Glaesmer H., Traumatische Erfahrungen in der älteren deutschen Bevölkerung. Zeitschrift für Gerontologie und Geriatrie 2014; 47/3: 194-201.

Good, G.E.; Robertson, J.M., »To Accept a Pilot? Adressing men's Ambivalence and Altering. Their expectancies about therapy, Psychotherapy Research 2010; 47/3: 306-315.

Haesko U. In: http://www.shackleton-fuehrung.de/#top. (23.04.2017)

Hammer E., Männer altern anders. Eine Gebrauchsanweisung. Freiburg i.B.: Herder 2007.

Heim CM, Mayberg HS, Mletzko T, Nemeroff CB, Pruessner JC., Decreased Cortical Representation of Genital Somatosensory Field After Childhood Sexual Abuse. American Journal of Psychiatry 2013; 170/6: 616-623.

Hollstein W., Geschlechterdemokratie Männer und Frauen: Besser miteinander leben. Wiesbaden: Verlag für Sozialwissenschaften 2004.

Hollstein W., Was vom Manne übrig blieb. Krise und Zukunft des starken Geschlechts. Berlin: Aufbau Verlag 2008.

Hüther G., Männer. Das schwache Geschlecht und sein Gehirn. Göttingen: Vanderhoecke & Ruprecht, 2009.

Ickes W. Gesn PR, Graham T., Gender differences in empathic accuracy: Differential ability or differential motivation? Personal Relationships 2000; 7: 95-109.

Jungnitz L., Lenz HJ., Puchert R., Ruhe H., Walter W., (Hrsg.), Gewalt gegen Männer. Personale Gewaltwiderfahrnisse von Männern in Deutschland. Opladen: Barbara Budrich 2007.

Keupp H. In: Schießl M. Scheitern im Job. Verzeih dir selbst. 2013. http://www.spiegel.de/karriere/umgang-mit-niederlagen-gescheites-scheitern-laesst-sich-lernen-a-918911.html. (23.04.2017)

Kiselica MS, Englar-Carlson M., Identifying, Affirming and Building Upon Male Strengths: The Positive Psychology/Positive Masculinity model of psychotherapy with boys and Men. Psychotherapy Research 2010; 47/3: 276-287.

Kucklick Ch. Jetzt oder nie! 2012. ZEIT ONLINE, Gesellschaft Lebenskunst. http://www.zeit.de/2013/01/Kairos-Antike-Magische-Moment/seite-2. (27.04.2017)

Küstenmacher M., Haberer T., Küstenmacher WT., Gott 9.0. Wohin unsere Gesellschaft spirituell wachsen wird. München: Gütersloher Verlagshaus 2010.

Lautmann R., Soziologie der Sexualität. Erotische Körper, intimes handeln und Sexualkultur. München: Juventa 2002.

Leimbach BT., Männlichkeit leben – Die Stärkung des Maskulinen. Hamburg: Ellert & Richter 2011.

Lenz HJ., Gewalt und Geschlechterverhältnisse aus männlicher Sicht. In: Gahleitner SB, Lenz HJ (Hrsg.). Gewalt und Geschlechterverhältnisse. Interdisziplinäre und geschlechtersensible Analysen und Perspektiven. München: Juventa 2007. 21-52.

Lenz K., Adler M., Geschlechterbeziehungen: Einführung in die sozialwissenschaftliche Geschlechterforschung, Band 2. Weinheim: Juventa 2011.

Lenz K., Adler M., Geschlechterverhältnisse: Einführung in die sozialwissenschaftliche Geschlechterforschung, Band 1. Weinheim: Juventa 2010.

Limmer R., Mein Papa lebt woanders – Die Bedeutung des getrenntlebenden Vaters für die psycho-soziale Entwicklung seiner Kinder. In: Mühling T., Rost H. (Hrsg.). Väter im Blickpunkt. Perspektiven der Familienforschung. Opladen: Barbara Budrich 2007. 243-267.

Linda E., Key Topics in Public health – Essential Briefings on Prevention and Health Promotion, München: Elsevier 2005.

Lorenzen J. 31 knallharte Gründe warum du nie reich sein wirst. 2014. http://aktienboss.de/warum-du-nie-reich-sein-wirst. (25.04.2017)

Luedtke J., Baur N., Die soziale Konstruktion von Männlichkeit. Opladen & Farmington Hills: Barbara Budrich 2008.

luk [Namenskürzel]: Historische WM-Niederlagen. 2014. http://www.spiegel.de/sport/fussball/fussball-wm-historische-niederlagen-bei-weltmeisterschaften-a-980003.html. (20.06.2017)

Luy M., Wegner Ch., Lebe langsam, stirb alt. Geschlechterspezifische Mortalitätsforschung mit der Klosterstudie. Journal für Gynäkologische Endokrinologie 2011; 4: 18ff.

Lytton H., Romney DM. Parents´ differential socialization of boys and girls. A meta-analysis. Psychological Bulletin 1999; 109/2: 267-296.

Meuser M., Ernste Spiele. Zur Konstruktion von Männlichkeit im Wettbewerb der Männer. In: Luedtke J., Baur N (Hrsg.). Die soziale Konstruktion von Männlichkeit. Hegemoniale und marginalisierte Männlichkeit in Deutschland. Opladen: Barbara Budrich 2008. 33-44.

Mühling T., Rost H (Hrsg.). Väter im Blickpunkt. Perspektiven der Familienforschung. Opladen: Barbara Budrich 2007.

Nachförg H., Alles bestens! Gewöhnliche Männer erzählen von ihren Siegen, Außergewöhnliche von ihren Niederlagen. Wien: Amalthea 2011.

Nationaler Wohlstandsindex für Deutschland. https://www.ipsos.com/de-de/nationaler-wohlstandsindex-fur-deutschland-leicht-unterm-vorjahresniveau?language_content_entity=de-de. (24.04.2017)

Nitzschke B., Männerängste. Männerwünsche. München: Matthes & Seitz 1984.

ots [Namenskürzel]. Womit verbringen wir unser Leben. 2014. http://www.presseportal.de/pm/24835/2631810. (16.03.2017)

Oxford Dictionaries. Stuttgart: © PONS GmbH unter Lizenz von Oxford University Press. 2014.

Pech D., »Neue Männer« und Gewalt. Gewaltfacetten in reflexiven männlichen Selbstbeschreibungen. Opladen: Barbara Budrich 2002.

Peukert R., Familienformen im sozialen Wandel. Wiesbaden: Verlag für Sozialwissenschaften 2008.

Epidemiologischer Suchtsurvey 2015, Bundesministerium für Gesundheit. Vgl. Piontek et al. 2016

rav [Namenskürzel]. Kindheitstraumata wirken Jahrzehnte nach. 2015. ZEIT ONLINE. Studie. http://www.zeit.de/wissen/gesundheit/2015-02/trauma-kindheit-folgen-studie. (02.07.2017)

Richter-Kuhlmann E., Zivilisationskrankheiten nehmen zu. Nach der Studie zur »Gesundheit Erwachsener in

Deutschland« sind Adipositas und Diabetes auf dem Vormarsch. Die Untersuchung liefert Ansätze für die Prävention. Deutsches Ärzteblatt 2012; 109/26: A1376f.

Rinehart MS, Kiselica MS., Helping Men with the Trauma of Miscarriage. Psychotherapy, Theory, Research, Practice, Training 2010; 47/3: 288-295.

Rosa H., Resonanz – Soziologie einer Weltbeziehung. Berlin Suhrkamp-Verlag 2016.

Rosenzweig P., The Halo Effect. New York: The free Press 2007.

Scheub U., Heldendämmerung. Die Krise der Männer und warum sie auch für Frauen gefährlich ist. München: Pantheon 2010.

Schmidt G., Matthiesen S., Dekker A., Stark K., Spätmoderne Beziehungswelten. Report über Partnerschaft und Sexualität in drei Generationen. Wiesbaden: Verlag für Sozialwissenschaften 2006.

Schnack D., Neutzling R., Die Prinzenrolle. Über die männliche Sexualität. Hamburg: Rowohlt 1993.

Shafy S., Crash der Alpha-Männchen. Der Spiegel 2012; 27:111.

Sigusch V., Neosexualität. Über den kulturellen Wandel von Liebe und Perversion. Frankfurt a.M.: Campus (Kindle-Ausgabe) 2005.

Siniawski A., Auf der Suche nach langfristigen Trends. 2013. http://www.deutschlandfunk.de/auf-der-suche-nach-langfristigen-trends.1148.de.html?dram:article_id=263328. (19.02.2017)

Sinn HW., Verspielt nicht eure Zukunft. München: Redline Verlag 2013.

Solis CB., Fantin R., Kelly-Irving M., Delbierre C., Physiological wear-and-tear and later subjective health in mid-life: Findings form the 1958 British birth cohort. Psychoneuroendocrinology 2016; 74: 24-33.

Statistisches Bundesamt. Bevölkerung und Erwerbstätigkeit. Natürliche Bevölkerungsbewegung. Fachserie 1.1.1. Wiesbaden 2016. https://www.destatis.de/DE/Publikationen/Thematisch/Bevoelkerung/Bevoelkerungsbewegung/Bevoelkerungsbewegung2010110137004.pdf?__blob=publicationFile (02.07.2017)

Statistisches Bundesamt. Gesundheit. Diagnosedaten der Patienten und Patientinnen in Krankenhäusern. Fachserie 12.6.2.1. Wiesbaden 2015. https://www.destatis.de/DE/Publikationen/Thematisch/Gesundheit/Krankenhaeuser/DiagnosedatenKrankenhaus.html (29.06.2017)

Statistisches Bundesamt. Strafvollzug – Demographische und kriminologische Merkmale der Strafgefangenen. Fachserie 10.4.1. Wiesbaden 2017. https://www.destatis.de/DE/Publikationen/Thematisch/Rechtspflege/StrafverfolgungVollzug/Strafvollzug2100410167004.pdf?__blob=publicationFile (29.06.2017)

Statistisches Bundesamt. Wie die Zeit vergeht? Ergebnisse zur Zeitverwendung in Deutschland 2012/2013. Wiesbaden 2015. https://www.destatis.de/DE/Publikationen/Thematisch/EinkommenKonsumLebensbedingungen/Zeitbudgeterhebung/Begleitheft_WieDieZeitVergeht_Presse.html (29.06.2017)

Süfke B., Männer: Erfindet. Euch. Neu. Was es heute heißt, ein Mann zu sein. München: Wilhelm Goldmann Verlag 2016.

Vogelmann W., Weggefährtenschaft an Lebensübergängen: Kirchliche Männerarbeit. In: Bischöfliches Ordinariat der Diözese Rottenburg Stuttgart (Hrsg.). Männernetzwerk 2005; 1/1: 49-53.

Wingfield A., Racializing the glass escalator: Reconsidering mens's experiences with women's work. Gender & Society 2009; 23/1: 5-26.

Wippermann C., Calmbach M., Wippermann K., Männer: Rolle vorwärts, Rolle rückwärts? Identitäten und Verhalten von traditionellen, modernen und postmodernen Männern. Opladen & Farmington Hills: Barbara Budrich 2009.

Wolferdorf M., Schulte-Wefers H., Straub R., Klotz T., Männer-Depression: Ein vernachlässigtes Thema – ein therapeutisches Problem. Blickpunkt Der Mann 2006; 4/2: 6-9.

Wolff LW., MannsBilder. Von Männern. München: Deutscher Taschenbuch Verlag 1993.

www.mantherapy.org. online mental health awareness campaign. Colorado 2012.

Zacharakis Z., Reich sein lohnt sich. 2106. ZEIT ONLINE. Vermögen. http://www.zeit.de/wirtschaft/2016-01/vermoegen-erben-einkommen-ungleichheit. (19.05.2017)

Zukunftsinstitut (Hrsg.). Die Männerstudie. Strategien für ein erfolgreiches Marketing. Kelkheim 2008.

Bildnachweis

Freudenberger Burnout-Modell: Burnout Selbsthilfe Lübeck. www.burnout-selbsthilfe-luebeck.de. (30.06.2017)

Für alle Lebensliebhaber bietet das Gütersloher Verlagshaus Durchblick, Sinn und Zuversicht. Wir verbinden die Freude am Leben mit der Vision einer neuen Welt.

UNSERE VISION
EINER NEUEN WELT

Die Welt, in der wir leben, verstehen.

Wir sehen Menschlichkeit als Basis des Miteinanders:
Mitgefühl, Fürsorge und Beteiligung lassen niemanden verloren gehen. Wir stehen für gelingende Gemeinschaft statt individueller Glücksmaximierung auf Kosten anderer.

Wir leben in einer neugierigen Welt:
Sie sucht ehrgeizig und mitfühlend Lösungen für die Fragen unseres Lebens und unserer Zukunft. Wir fragen nach neuem Wissen und drücken uns nicht vor unbequemen Wahrheiten – auch wenn sie uns etwas kosten.

Wir leben in einer Gesellschaft der offenen Arme:
Toleranz und Vielfalt bereichern unser Leben. Wir wissen, wer wir sind und wofür wir stehen. Deshalb haben wir keine Angst vor unterschiedlichen Weltanschauungen.

Das Warum und Wofür unseres Lebens finden.

Wir helfen einander, uns selber besser zu verstehen:
Viele Menschen werden sich erst dann in ihrem Leben zuhause fühlen, wenn sie den eigenen Wesenskern entdecken – und Sinn in ihrem Leben finden.

Wir ermutigen Menschen, zu ihrer Lebensgeschichte zu stehen:
In den Stürmen des Alltags geben wir Halt und Orientierung. So können sich Menschen mit ihren Grenzen aussöhnen und zuversichtlich ihr Leben gestalten.

Wir haben den Mut, Vertrautes hinter uns zu lassen:
Neugierde ist die Triebfeder eines gelingenden Lebens. Wir wagen Neues, um reich an Erfahrung zu werden.

Erfahren, was uns im Leben trägt und erfreut.

Wir glauben an die Vision des Christentums:
Die Seligpreisungen der Bergpredigt lassen uns nach einer neuen Welt streben, in der Vereinsamte Zuwendung, Vertriebene Zuflucht, Trauernde Trost finden – und Gerechtigkeit, Barmherzigkeit und Frieden herrschen.

Wir geben Menschen die Möglichkeit, den Glauben (neu) zu entdecken:
Persönliche Spiritualität gibt Kraft, spendet Trost und fördert die Achtung vor der Schöpfung sowie die Freude am Leben.

Wir stehen mit Respekt vor der Glaubenserfahrung anderer:
Wissen fördert Dialog und Verständnis, schützt vor Fundamentalismus und Hass. Wir wollen die Schätze anderer Religionen kennenlernen, verstehen und respektieren.

GÜTERSDIE
LOHERVISION
VERLAGSEINER
HAUSNEUENWELT

Bibliografische Information der Deutschen Nationalbibliothek

Die Deutsche Nationalbibliothek verzeichnet diese Publikation in der Deutschen Nationalbibliografie; detaillierte bibliografische Daten sind im Internet über https://portal.dnb.de abrufbar.

FSC
www.fsc.org
MIX
Papier aus verantwortungsvollen Quellen
FSC® C014496

Verlagsgruppe Random House FSC® N001967

1. Auflage

Umschlaggestaltung: Gute Botschafter GmbH, Haltern am See
Umschlagmotiv: © Shutterstock/VA22EN
Druck und Bindung: GGP Media GmbH, Pößneck
Printed in Germany
ISBN 978-3-579-08689-7
www.gtvh.de